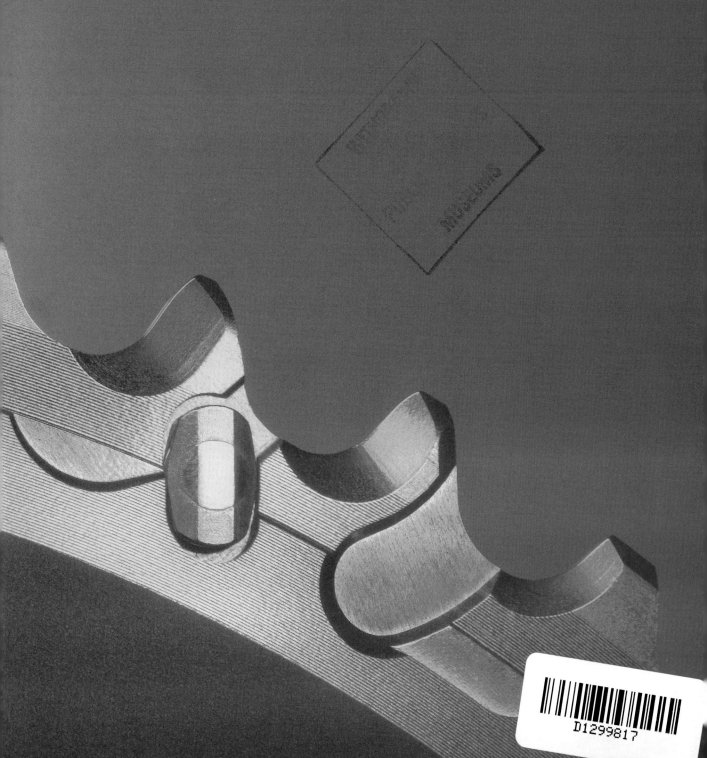

VÉLO!

■ Hurtubise

Vélo!
Concepteurs de génie, machines de légende

Copyright © 2014, Éditions Hurtubise inc. pour l'édition en langue française au Canada

Titre original de cet ouvrage:
Bike!
A Tribute To The World's Greatest Cycling Designers

Édition originale produite et réalisée par:
Quintessence Editions Ltd.
230 City Road
Londres EC1V 2TT, R.-U.

Direction éditoriale: Simon Ward
Édition: Becky Gee, Ben Way, Olivia Young, Jane Laing et Mark Fletcher
Direction artistique: Tom Howey
Direction de la publication: Anna Pauletti
Reproduction des couleurs: Chroma Graphics Pte Ltd., Singapour
Traduction de l'anglais: Laura Orsal
Montage de la couverture: Geneviève Dussault

Copyright © 2012, Quintessence Editions Ltd.
Copyright © 2014, Dunod pour la traduction en français

ISBN : 978-2-89723-309-9

Dépôt légal: 2e trimestre 2014
Bibliothèque et Archives nationales du Québec
Bibliothèque et Archives Canada

Diffusion-distribution au Canada:
Distribution HMH
1815, avenue De Lorimier
Montréal (Québec) H2K 3W6
www.distributionhmh.com

Imprimé en Chine

www.editionshurtubise.com

VÉLO!
CONCEPTEURS DE GÉNIE, MACHINES DE LÉGENDE

RICHARD MOORE & DANIEL BENSON
PRÉFACE DE BERNARD HINAULT

Hurtubise

Sommaire

Préface

de Bernard Hinault

Que de chemin parcouru par les vélos en à peine une trentaine d'années !

Au cours de ma carrière, j'ai eu la grande chance d'être à la fois le témoin, mais aussi l'acteur de plusieurs des « révolutions » qui sont racontées dans ce livre.

Quand j'ai commencé la compétition au milieu des années 1970, mes premiers vélos étaient en acier et, même si c'était le meilleur matériel de l'époque, ils pesaient quand même douze kilos. Aujourd'hui, un vélo de course en carbone pèse moins de sept kilos ! Cette spectaculaire progression est le fruit des incessantes recherches qui ont été menées sur les matériaux.

Il y a d'abord eu l'aluminium qui a laissé espérer un moment qu'on était au début d'un grand changement, avant de finalement décevoir. Puis les constructeurs se sont tournés vers la fibre de verre ; j'ai participé à ces essais, mais cette voie a été rapidement abandonnée parce qu'en cas de casse ce matériau pouvait se révéler dangereux pour les coureurs.

La grande révolution est venue du carbone. Au début bien sûr les constructeurs ne maîtrisaient pas bien les procédés de fabrication et les vélos avaient des défauts de jeunesse. Mais constructeurs et coureurs ont toujours eu un intérêt réciproque à améliorer leur matériel. Les coureurs ont donc testé les vélos, et les ingénieurs ont trouvé des solutions. J'ai utilisé pour la première fois un cadre carbone en course avec l'équipe Look pendant toute la saison 1985, et donc pour le Tour de France et le Tour d'Italie… Le succès fut au rendez-vous !

Les progrès ne sont pas venus que des cadres. Quand j'étais dans l'équipe Renault-Gitane nous avons pu travailler l'aérodynamique des vélos en faisant des tests dans la soufflerie que Renault utilisait pour mettre au point la forme de ses voitures. Ces essais, très novateurs à l'époque, nous ont permis notamment d'optimiser la forme de l'ensemble du vélo, par exemple celle des roues avec les premières roues à bâtons et roues lenticulaires, mais aussi la position des coureurs sur leur vélo.

En lisant ce livre vous découvrirez l'histoire des hommes qui ont fondé les grandes marques du cyclisme. J'ai eu la chance de rencontrer certains de ces « noms », comme par exemple Tullio Campagnolo, le mythique inventeur du dérailleur. C'était en 1978, peu après ma première victoire dans le Tour. Les vélos de l'équipe Gitane étaient équipés de matériel Campagnolo, j'avais 24 ans et lui était déjà un vieux monsieur. La rencontre fut très sympathique et nous avons partagé ensemble le plaisir de la victoire.

Notre collaboration ne s'est pas arrêtée là. Ainsi pour les championnats du monde sur route en 1980, à Sallanches, le parcours était très escarpé et la société Campagnolo m'a fourni avant la course un tout nouveau plateau à seulement 41 dents, particulièrement adapté aux ascensions. C'était le plus petit plateau existant à l'époque et c'était la première fois qu'il était utilisé en course. Cette première fois fut la bonne, tant pour moi que pour Campagnolo, avec une belle victoire à l'arrivée.

Une autre amélioration, capitale à mon avis, a été la pédale automatique inventée par Look au milieu des années 1980 pour remplacer les anciens cale-pieds à lanières qu'il fallait serrer et desserrer à la main. Pour nous coureurs ce fut un réel progrès, surtout en termes de sécurité, car en cas de chute les risques de blessure étaient fortement diminués. Au début les premiers prototypes pesaient près d'un kilo chacun : autant dire qu'ils n'avaient aucune chance d'être adoptés par les coureurs. La difficulté pour les ingénieurs de Look était de transformer les fixations de ski qu'ils avaient l'habitude de construire en deux parties, une devant la chaussure et l'autre derrière, en un dispositif unique fixé sur une pédale qui, de plus, tournait. Ils y parvinrent, et en 1984 j'étais le premier, et le seul, coureur du Tour de France équipé de pédales automatiques. Aujourd'hui tout le monde les utilise, et le poids de chaque pédale dépasse à peine la centaine de grammes.

Le grand intérêt de ce livre est de montrer que, depuis un siècle, les courses ont toujours été les laboratoires d'essais des constructeurs. C'est toute l'histoire du cyclisme de compétition qui se déroule au fil des chapitres, à travers l'histoire de ces marques et de ces entrepreneurs audacieux, dont un grand nombre étaient d'ailleurs d'anciens coureurs.

Si vous aimez les vélos de course ce livre va vous passionner…

Bonne lecture !

Bernard Hinault

Introduction

Par Richard Moore et Daniel Benson

Cet ouvrage célèbre le vélo mais rend hommage tout particulièrement aux vélos de course.
Il y a deux raisons à cela : le vélo de route, avec son cadre en forme de diamant,
existe maintenant depuis plus d'un siècle, et une grande partie de l'histoire et du
folklore de ce sport a été écrite par des hommes et leurs machines au cours de
légendaires étapes alpines du Tour de France, ou dans celles des Dolomites pendant
le Tour d'Italie, ou encore sur les pavés de Paris-Roubaix. Les constructeurs
historiques de cadres et de composants méritent tout autant leur place au panthéon
du cyclisme que les coureurs légendaires comme Fausto Coppi, Eddy Merckx, Jacques
Anquetil, Bernard Hinault et Greg LeMond.

Nous avons entrepris de conter l'histoire des plus grands constructeurs en
décrivant tous les aspects de leurs divers succès, de la contribution des hommes dans
les ateliers à l'évolution des produits de la marque, en passant par les champions qui
ont honoré leurs vélos. On ne peut imaginer certaines marques sans les associer à des
coureurs ; elles n'auraient pas eu la même image.

On pourrait même dire que les coureurs cyclistes légendaires ont « fait »
certains des grands vélos – ou du moins ils en ont fait la promotion auprès du plus
grand nombre. Bianchi occuperait-il une telle place dans le cyclisme et serait-il si
largement connu dans le monde sans le palmarès du grand coureur italien des années

■ Raphaël Géminiani
dans la descente du
Tourmalet lors de la
dix-huitième étape
du Tour de France,
le 14 juillet 1952.

1950, Fausto Coppi ? Et inversement, Coppi aurait-il accompli tout ce qu'il a fait s'il n'avait pas roulé avec un Bianchi ? (Edoardo Bianchi répondrait non, mais on ne le saura jamais.) Les coureurs ont fait bien plus pour leurs vélos que rouler avec et les promouvoir. Le mariage entre les meilleurs professionnels et les constructeurs a toujours été fondé sur un intérêt réciproque. Les coureurs ont besoin de machines qui leur soient parfaitement adaptées et qui, dans l'idéal, leur donnent un avantage compétitif. De leur côté, les constructeurs ont besoin des retours des coureurs qui testent leurs vélos dans un environnement intense, pour améliorer sans cesse leurs produits et en faire profiter le plus grand nombre.

Le couple Coppi-Bianchi est peut-être le meilleur exemple d'alliance entre un coureur et une marque, mariage très important pour le constructeur. D'autres

■ Coppi en 1951.
Il remporta ses plus
belles victoires
sur un Bianchi.

■ Gros plan sur le
pédalier Campagnolo
du vélo Bianchi
de Felice Gimondi.

■

vainqueurs sont indissociables d'un constructeur : Eddy Merckx avec Colnago et plus tard avec De Rosa ; le « Roi des classiques », Roger De Vlaeminck avec Flandria ; le sprinteur britannique Reg Harris avec Raleigh ; Cyrille Guimard et Bernard Hinault avec Gitane ; Miguel Indurain avec Pinarello ; Mario Cipollini avec Cannondale ; Lance Armstrong avec Trek… et la liste continue.

Sans compter les constructeurs de cadres moins connus qui n'ont pas – ou pas ouvertement du moins – équipé les grands coureurs, mais qui se sont néanmoins construit une bonne réputation. Prenons l'exemple de Dario Pegoretti, un artisan italien, moins célèbre que ses compatriotes Edoardo Bianchi, Ernesto Colnago ou Giovanni Pinarello. Dans son atelier à Caldonazzo, dans les Dolomites, Pegoretti fabrique des cadres, sur commande et à la main. Comme le remarque le contributeur Rohan Dubash dans cet ouvrage : « *Seules des instructions concernant la préférence de couleurs sont nécessaires. Dario, avec son humeur et son imagination, s'occupe du reste. Le résultat est une interprétation vraiment personnelle* ». Vous pouvez attendre deux ans pour un cadre (et dépenser beaucoup d'argent), mais à en juger par l'absence de Pegoretti d'occasion sur le marché, peu de gens sont déçus.

L'expérience d'un fabricant de cadres comme Pegoretti met en lumière un autre phénomène qui ne permet pas, dans certains cas, d'apprécier un constructeur à sa juste valeur. À partir de 1975, Pegoretti, comme son mentor Luigino Milani, a construit des cadres pour de nombreux vainqueurs dont les vélos ont été par la suite présentés sous la marque d'un autre fabricant. C'est le monde caché de la fabrication de cadres, et connaître ce monde peut servir de guide à ceux qui désirent acheter un cadre prestigieux.

Si la plupart des vélos présentés dans ce livre viennent d'Europe, berceau du cyclisme, on observe la progression de quelques constructeurs américains d'exception. Aujourd'hui, le Tour de France a autant de chance d'être gagné avec un cadre construit aux États-Unis qu'avec un cadre fabriqué en Italie, pays qui compte le plus grand nombre de constructeurs. Trek, Cannondale et Specialized sont devenus des géants, mais il y a aussi de la place pour l'équivalent américain de Pegoretti, Ben Serotta. Ellis Bacon écrit dans cet ouvrage : « *En recherchant sans cesse à se procurer les bons matériaux et un cadre parfaitement adapté au cycliste, Serotta s'est imposé comme l'un des constructeurs les plus convoités* ».

Les vélos ne sont pas de simples machines, ils ont une histoire. Les contributeurs de cet ouvrage, qui sont tous des journalistes spécialistes du cyclisme, racontent des anecdotes sur les meilleurs coureurs et décrivent leurs particularités et leurs obsessions. Est-ce une coïncidence si Merckx, le plus légendaire de tous, était tant obsédé par son vélo ? « Le Cannibale » était obnubilé par son équipement, et au début de sa carrière il avait même démonté toutes les pièces de son vélo pour en

L'artiste Damien Hirst décora ce cadre Trek de chatoyants papillons pour Lance Armstrong.

compter tous les composants. Il retouchait sans cesse la hauteur de sa selle pendant qu'il roulait à l'entraînement, et parfois en course.

Certains constructeurs et entrepreneurs sont aussi passionnés et extravagants que Merckx. Tullio Campagnolo voulait à tout prix réinventer la roue (au sens propre) et son nom fut associé aux composants les plus prisés sur un vélo. Campagnolo et Shimano, plus reconnus pour leurs composants, Mavic pour ses roues et Columbus et Reynolds pour leurs tubes, sont présentés pour avoir fortement contribué au développement des vélos de course, même s'ils ne sont pas connus comme constructeurs de cadres.

Quant aux personnalités « atypiques », les histoires vont du sublime au ridicule, avec une touche de fantaisie et d'excentricité. L'une des meilleures est celle de la société belge Flandria, dirigée par une famille qui se querella et se divisa en deux, littéralement. Un mur de briques fut construit au milieu de l'usine, passant même au travers des machines trop lourdes pour être déplacées.

Précisons que les vélos de route classiques célébrés dans cet ouvrage existent depuis plus d'un siècle et que les innovations radicales ont eu tendance à être rejetées par l'Union cycliste internationale (UCI). Beaucoup sont favorables aux directives strictes de l'UCI sur la conception et le poids des vélos car même si des constructeurs peuvent se sentir contraints (en témoigne la campagne de protestation de Cannondale « *Legalize my Cannondale* »), elles permettent de préserver le modèle classique pour un sport simple et abordable. C'est pour remercier tous ceux qui ont tenté de repousser les limites que nous rendons hommage à ces machines de légende, comme l'Old Faithful de Graeme Obree, dans l'une des doubles pages intitulées *Un vélo, une histoire*. Tous les constructeurs, ingénieurs ou coureurs présentés dans ce livre ont écrit l'une des pages magnifiques et hautes en couleurs de l'histoire des vélos de course.

Alors en selle, nous espérons que la lecture de cet ouvrage vous enchantera !

Richard Moore et Daniel Benson

Le Pegoretti Blob est fabriqué à la main et décoré d'un motif caractéristique du constructeur italien.

Atala

L'histoire du fabricant de bicyclettes italien Atala est étroitement liée à celle du « *Giro* », le Tour d'Italie. Atala remporta même la victoire en 1912, lorsque le *Giro* distingua les équipes cyclistes plutôt que les coureurs.

Les passionnés de cyclisme savent bien que le maillot rose du vainqueur du *Giro* est de la même couleur que le sponsor historique du tour, *La Gazzetta dello Sport* ; mais peu d'entre eux connaissent le rôle que joua le constructeur italien dans la création de cette course.

L'une des nombreuses histoires du *Giro* porte sur la rivalité initiale entre deux journaux qui voulaient lancer un événement sportif. Bianchi travaillait avec le *Corriere della Sera* pour créer une réponse au Tour de France. Atala, une société plus petite et plus récente, le

découvrit et le rapporta à *La Gazzetta*. On connaît la suite…

L'entreprise Atala fut fondée par Guido Gatti à Milan en 1908, un an avant l'organisation du premier *Giro*, elle sponsorisa une équipe presque immédiatement. Dès 1910, pour la deuxième année, elle remporta le prix par équipe, puis en 1912 ce fut Atala-Dunlop alors que les organisateurs tâtonnaient encore avec le format de la course et qu'il n'y eut aucun vainqueur individuel. Cette dernière victoire fut due en partie à Carlo Galetti (le maillot rose des deux

années précédentes) qui remporta la cinquième étape ainsi qu'à Giovanni Micheletto qui démarra la course en beauté et gagna les première et huitième étapes.

La Première Guerre mondiale entraîna l'interruption du *Giro*. Lorsqu'il reprit, Atala ne put renouveler ses premiers succès. En 1919, l'entreprise fut vendue au Milanais Steiner, puis rachetée en 1938 par Cesare Rizzato, un fabricant de bicyclettes qui avait lancé sa propre société, Ceriz, en 1921.

L'équipe Atala n'offrit plus de vainqueur au *Giro*, mais ses vélos furent présents dans les meilleurs classements des courses cyclistes italiennes. Elle sponsorisa des cyclistes de temps à autre entre 1923 et 1947 – un seul en 1947, un certain Giovanni Pinarello qui établira ensuite sa propre entreprise. Puis entre 1948 et 1962, Atala remporta vingt-quatre étapes du *Giro*. L'entreprise cessa de sponsoriser des équipes mais revint vingt ans plus tard, en 1982, et gagna dix-neuf étapes de plus en sept ans après avoir intégré Urs Freuler au sein d'une équipe jusqu'alors entièrement italienne.

Freuler était un cycliste suisse aux divers talents plus célèbre sur piste où il fut sacré huit fois champion du monde de la course aux points entre 1981 et 1989, et deux fois champion du monde du keirin en 1983 et 1985. Pendant ses dix-sept années de carrière (1980-1997), il remporta 77 victoires et gagna douze de ses quinze étapes au *Giro* avec Atala. Freuler ne fut pas le seul cycliste de l'équipe à gagner, mais il fut de loin le plus titré, et lorsqu'il quitta l'équipe en 1987, elle ne lui trouva aucun remplaçant.

En 2002, la marque fut vendue à un consortium sous le nom d'Atala SpA et devint plus connue pour les vélos enfants. Depuis 2011, à l'instar d'autres grands fabricants de vélos, elle est détenue par Accell Group. Aujourd'hui, la marque Atala perdure à travers les vélos de ville et de loisir, le matériel de sport et les accessoires. *sc*

■ Gravure de 1909, publiée dans le journal italien *La Domenica del Corriere*, montrant des cyclistes franchissant la ligne d'arrivée d'une étape du *Giro*.

■ Vélo Atala des années 1980 équipé (de haut en bas) : d'une fourche en acier, d'un groupe Shimano 105, du macaron Atala sur le tube de direction et d'une tige de selle Campagnolo Aéro.

Batavus

Ce fabricant hollandais a plus d'un siècle d'existence et doit ses plus grandes victoires aux meilleures coureuses cyclistes du pays comme Monique Knol et l'inégalée Leontien van Moorsel.

Lors de la préparation de l'épreuve de cyclisme sur route des Jeux Olympiques de 1988 en Corée du Sud, tous les regards étaient tournés vers la superstar française Jeannie Longo qui revenait d'une blessure à la hanche. Le parcours à Séoul était plat, et quand l'Américaine Inga Benedict attaqua à 3 km de l'arrivée, c'est Longo qui se lança à sa poursuite. Cependant lors du sprint final, personne ne fut plus rapide que Monique Knol, 24 ans, qui se détacha et accéléra, remportant en beauté l'or pour les Pays-Bas.

Quatre ans plus tard, Knol gagna le bronze derrière l'Australienne Kathy Watt et la Française Jeannie Longo, rapportant ainsi une nouvelle médaille après celle d'Erik Dekker, arrivé deuxième chez les hommes. Et quelle était la marque de vélo de l'équipe néerlandaise ?...

Batavus n'est pas étranger au succès du cyclisme néerlandais. En 1975, Tineke Fopma remporta le titre mondial du cyclisme sur route avec un modèle Batavus. Cet exploit fut renouvelé en 1991 par Leontien van Moorsel, l'une des meilleures athlètes néerlandaises de tous les temps et l'une des meilleures cyclistes au monde (huit fois championne du monde et quatre fois championne olympique sur route et sur piste). Van Moorsel connut deux années triomphales avec des vélos Batavus dont une victoire au Tour de France féminin en 1992 avec un vélo Batavus. Ce sont sans aucun doute les moments sportifs les plus marquants pour l'entreprise néerlandaise centenaire.

Celle-ci fut fondée en 1904, lorsque Andries Gaastra ouvrit une boutique pour vendre des horloges et des machines à coudre. Peu après, il ajouta les bicyclettes à son offre. Au début, il importa des vélos Presto d'Allemagne, mais il reprit bientôt une usine pour produire des bicyclettes sous le nom de Batavus.

Entre 1932 et 1936, l'entreprise se diversifia pour fabriquer et vendre des motos 150 cm^3 et des cyclomoteurs. La Seconde Guerre mondiale mit un terme à la production. Mais une fois le conflit terminé, les affaires reprirent de plus belle et la demande de vélos explosa.

Dans les années 1970, Batavus était le principal fabricant de vélos au Pays-Bas, produisant 70 000 cyclomoteurs et 250 000 vélos par an.

Depuis les années 1960, l'entreprise produit tout en essayant de respecter au mieux l'environnement ; elle a développé ses propres peintures à base d'eau et des revêtements en acrylique sans émission. Quant à l'usine de 6 000 m^2 située à Heerenveen aux Pays-Bas, elle est équipée de dispositifs solaires et éoliens de production d'énergie ainsi que de sa propre usine de traitement de l'eau.

La gamme moderne est désormais vendue dans le cadre d'Accell Group qui détient plusieurs anciennes marques de vélo européennes dont Koga, Redline et Hercules. Accell se consacre principalement au marché du loisir, mais fabrique aussi des vélos de course utilisés en 2009 et 2010 par l'équipe professionnelle Vacansoleil, notamment par Bobbie Traksel qui remporta la course Kuurne-Bruxelles-Kuurne en 2010.

Batavus poursuit son engagement pour le cyclisme féminin néerlandais et sponsorise l'équipe « Batavus Ladies Cycling Team » composée de dix coureuses et dirigée par Paul Tobacco. Il ne reste qu'à espérer qu'elles voient bientôt revenir le temps des médailles d'or. *sc*

Leontien van Moorsel
remporta le Tour
de France féminin
avec un Batavus.

■ Le Tour d'Espagne
(*Vuelta*) se déroule
pour la première fois
en 1935. Il a lieu tous
les ans depuis 1955.

■ Contre toute attente,
l'Espagnol Alavaro Pino
Couñago remporte
la *Vuelta* en 1986.

BH

BH, l'un des plus grands noms du cyclisme espagnol, est profondément ancré dans le fief national de ce sport : le Pays basque. Après des débuts dans l'armurerie, le constructeur est aujourd'hui l'un des leaders mondiaux du marché du cyclisme.

L'histoire de BH Bikes est très proche de celle d'Orbéa, autre fabricant de vélos espagnol. Tous deux lancèrent la production industrielle en plein cœur du Pays basque. Leur siège social se trouve toujours dans cette région où le cyclisme est une passion.

L'entreprise fut fondée en 1909 par les frères Beistegui (Beistegui Hermanos en espagnol d'où le nom BH), elle fabriqua et vendit des pistolets et des fusils pendant près de vingt ans avant de produire ses premières bicyclettes. L'atelier d'origine de Domingo, Juan et Cosme Beistegui était situé dans la ville basque d'Eibar.

Ce qui n'était alors qu'une petite entreprise grandit rapidement lorsque la guerre menaça l'Europe et éclata en 1914. Le constructeur, qui n'employait que quatre ouvriers, dut multiplier par dix sa main-d'œuvre pour répondre à la demande d'armement en tout genre.

La fin de la Première Guerre mondiale entraîna une crise dans l'industrie de l'armement. BH fut évidemment touché et dut licencier la moitié de sa main-d'œuvre tout en cherchant d'autres secteurs d'activité où ses tubes en forme de canon pourraient être utilisés.

À l'instar d'Orbea, qui avait aussi commencé dans l'armement, BH vit la demande croissante de bicyclettes comme une opportunité. Il fallait des tubes pour les cadres et BH disposait d'une main-d'œuvre qualifiée pour les produire. Utilisant les tubes en acier des pistolets, BH fabriqua ses premières bicyclettes en 1923.

BH produisit des armes et des vélos jusqu'à la fin de la Guerre civile espagnole. Mais même avant le début du conflit en 1936, BH et Eibar faisaient déjà partie intégrante du cyclisme espagnol. En 1935, la quatrième édition de la course *GP de la Republica* couvrit 1 000 km, reliant Eibar à Madrid et revenant à Eibar. Quelques semaines plus tard se déroula la première édition de la *Vuelta*, le Tour d'Espagne, avec un parcours de plus de 3 000 km, montrant une fois de plus que le Pays basque était sans aucun doute le cœur du cyclisme espagnol.

Cet événement déclencha la rivalité des deux constructeurs basques : BH et Orbea. Les coureurs qui participèrent à la *Vuelta* furent équipés soit par l'un, soit par l'autre. Mais quand plusieurs coureurs belges s'inscrivirent à la course, un conflit éclata. Au final, BH se vit accorder

le droit contractuel d'équiper les Belges. Ce contrat paya immédiatement puisqu'Antoon Dignef remporta la première étape et devint le premier coureur à porter du orange (couleur du leader de l'époque). Deux étapes plus tard, à Bilbao, le coéquipier de Digneff, Gustaaf Deloor, gagna l'étape, récupéra le maillot, et, protégé par une solide équipe soutenue par BH, il devint le premier vainqueur de la *Vuelta*. Dans les années qui suivirent, BH remporta d'autres grands titres, dont sept victoires lors de la *Vuelta*.

Pendant les années 1940, le fils de Cosme, Jose Beistegui, reprit la direction de l'entreprise. Comme de nombreux constructeurs de vélos, BH se diversifia pendant les années d'après-guerre et fabriqua des motos. En 1959, l'entreprise se délocalisa à 50 km plus au sud d'Eibar, à Vitoria, dans la province voisine d'Alava. L'usine était moderne et plus grande, BH se mit à produire des rayons, des jantes et toute sorte de composants. Les vélos qui sortaient de l'usine étaient presque entièrement composés de pièces produites sur place. De meilleures connexions routières et ferroviaires depuis Vitoria contribuèrent au développement de l'entreprise au cours des décennies suivantes.

En 1975, BH diversifia à nouveau sa production et introduisit le premier vélo d'exercice stationnaire en Europe. Le succès de ce vélo entraîna la création en 1986 d'une succursale nommée « Exercycle », qui n'a cessé depuis de se développer. En 1996, BH lança le premier support pour vélo, suivi quatre ans plus tard du premier *home trainer* au monde, équipé d'un système de freinage magnétique.

Après quelques années au second plan du cyclisme sur route, BH eut plus d'impact au milieu des années 1980. La victoire d'Alvaro Pino Couñago avec l'équipe Zor-BH lors de la *Vuelta* 1986 marqua le début d'une longue relation fructueuse avec le directeur sportif Javier Mínguez. Même si Pino était un coureur talentueux, sa victoire surprit tout le monde ;

■ Un coureur italien, dans une équipe française, sur un vélo espagnol. Rinaldo Nocentini porta le maillot jaune pendant huit jours lors du Tour de France 2009.

■ en particulier le favori Robert Millar qui s'était vu refuser la première place l'année précédente à cause d'une coalition entre les équipes espagnoles. Bien que Pino ait demandé quelques faveurs pour garder Millar sous contrôle durant la montée de la Sierra Nevada, il franchit la ligne d'arrivée à Jerez une minute devant l'Écossais.

La victoire de Pino fut tellement bénéfique à BH que l'entreprise augmenta son soutien en 1987. Même si la *Vuelta* ne se déroula pas aussi bien que le directeur sportif Mínguez l'avait espéré, cela fut largement compensé par le Tour de France, où Federico Echave remporta l'étape-reine de l'Alpe d'Huez, devenant ainsi l'un des vainqueurs légendaires dont les noms sont immortalisés dans les vingt-et-un virages menant au sommet.

L'année suivante, BH participa une nouvelle fois à la *Vuelta* pour aller chercher la victoire avec une équipe incluant Pino, Echave, Anselmo Fuerte et le jeune prétendant au titre Laudelino Cubino. Après avoir remporté le contre-la-montre par équipes, BH endossa le maillot amarillo, et le conserva grâce à Cubino puis Fuerte. Malheureusement, après avoir mené la course depuis la deuxième étape, BH dut y renoncer lors du contre-la-montre final, lorsque Fuerte et Cubino furent relégués aux troisième et quatrième places derrière l'Irlandais Sean Kelly, qui réussit une formidable performance.

Depuis cette période, BH ne s'est jamais éloigné des grands événements sportifs. Récemment, le constructeur a équipé les équipes Liberty Seguros et Ag2r. La relation avec l'équipe française Ag2r s'est révélée particulièrement fructueuse grâce à Rinaldo Nocentini qui porta le maillot jaune pendant huit jours lors du Tour de France 2009.

D'un point de vue commercial, BH a connu la même réussite. Aujourd'hui marque principale de la société mère Bicicletas de Alava, BH s'impose comme l'un des constructeurs les plus innovants au monde. Le rachat de Cycleurope au début des

■ Le cadre monocoque en carbone ultra-léger pèse moins de 800 g.

■ La tige de selle G5 apporte de la rigidité au niveau du point de rencontre entre le tube supérieur, le tube vertical et la tige.

1909

Les frères Beistegui fondent BH.

1923

À la fin de la Première Guerre mondiale, après avoir fabriqué des pistolets et des fusils, BH se tourne vers la production de vélos.

1935

Le Belge Antoon Digneff remporta la première étape de la première *Vuelta* avec un vélo BH. Son coéquipier Gustaaf Deloor en est le premier vainqueur.

1975

BH anticipe la mode du sport en salles et du fitness en produisant le premier vélo d'exercice stationnaire d'Europe. Aujourd'hui encore, BH est à l'avant-garde.

années 1990 a amorcé sa montée au sommet du monde cycliste. Cette entreprise paneuropéenne inclut le constructeur français Peugeot et les célèbres marques Bianchi et Gitane.

En 1996, BH vendit Cycleurope pour se concentrer sur les marchés espagnol et portugais. Mais au début du XXIᵉ siècle, BH se tourna à nouveau vers l'international, s'étendant sur les marchés américains et asiatiques.

Grâce au sponsoring croissant d'équipes professionnelles de cyclisme sur route, de VTT et des triathlètes de haut niveau, l'entreprise a conquis une nouvelle génération d'amateurs. C'est notamment le cas pour le VTT : BH sponsorise l'équipe BH-Suntour, dont la star française Julie Bresset a remporté la Coupe du monde 2011.

Forts de plus d'un siècle d'héritage et de développement industriels, les ingénieurs de BH sont à l'avant-garde de la conception et de la technologie. Une partie essentielle de cette initiative fut le développement d'une gamme de vélos haute performance extrêmement légers, rigides et ergonomiques : les modèles Ultralight. Cela inclut également le développement du premier cadre monocoque en carbone pesant moins de 800 g. L'utilisation d'un tube vertical plus large et aérodynamique, la conception avec Edge Composites d'une fourche conique de 3,8 cm en fibres de carbone et un système breveté de guidage des câbles situé dans la partie inférieure du tube oblique pour obtenir la patte de dérailleur la plus rigide et la plus résistante au monde (selon BH) comptent aussi parmi les dernières innovations.

Avec des bureaux aux États-Unis et à Taïwan, les perspectives internationales de BH n'ont cessé de croître. Grâce à sa technologie de

pointe, l'entreprise de Vitoria s'est diversifiée. En 2011, BH lançait une gamme de vélos électriques sous le label BH E-motion. Fabriqués presque entièrement à partir de pièces produites à Vitoria, les modèles sont équipés de la dernière technologie de pédalage assisté, conçus pour combiner indépendance et mobilité urbaines avec le respect de l'environnement, une utilisation facile et l'absence d'entretien. Les vélos E-motion représentent une grande avancée dans le monde des vélos électriques. La gamme NEO a remporté le prix Eurobike 2011 du meilleur design et fonctionnalité en matière de vélos hybrides.

Aujourd'hui BH continue de se développer tout en conservant sa réputation de constructeur de vélos de route de très grande qualité. **PC**

1986	1987	2009	2012
Alvaro Pino remporte la *Vuelta* pour l'équipe Zor-BH avec un vélo BH, ce qui médiatise considérablement l'entreprise.	Nouveau succès quand Federico Echave remporte la plus grosse étape du Tour de France, l'Alpe d'Huez, avec un BH.	Rinaldo Nocentini, un Italien dans une équipe française, porte le maillot jaune du Tour de France pendant huit jours en roulant avec un BH.	Après plus d'un siècle d'activité, BH est reconnu comme l'un des plus grands constructeurs au monde.

- Edoardo Bianchi ouvre son premier atelier au 7 Via Nirone à Milan en 1885.

- En 1895, Bianchi est nommé fournisseur officiel de la Cour.

- En 1907, l'usine Bianchi située Viale Abruzzi à Milan emploie près de 400 ouvriers.

Bianchi

Peu de noms suscitent autant de passion que Bianchi, le plus ancien fabriquant de vélos au monde. Sa couleur « *Celeste* » si caractéristique et son association à de grandes légendes du sport, telles que Fausto Coppi et Marco Pantani, en font une marque immédiatement reconnaissable.

Bianchi est la marque de vélo la plus emblématique de toutes, en partie parce qu'il s'agit du plus ancien fabricant de vélos encore en activité, mais aussi en raison de sa longue et étroite association avec quelques-uns des plus grands noms du cyclisme, ou bien encore parce qu'elle a une couleur qui la distingue des autres marques. Comme pour tant de marques italiennes, tout a commencé avec un fondateur visionnaire : Edoardo Bianchi. Cet ingénieur a à peine 21 ans lorsqu'il fonde l'entreprise.

Né en 1865, Edoardo perdit très tôt ses parents, mais il eut la chance d'être recueilli par un orphelinat milanais qui lui donna une bonne

éducation. Dès l'âge de huit ans, il travailla dans une usine métallurgique où il s'intéressa très tôt à la mécanique et à la fabrication d'objets, ce qu'il mit à profit en tant qu'ingénieur. Plus tard, il remboursa la dette dont il se sentait redevable en faisant don à l'orphelinat d'un pourcentage de ses bénéfices – une action qu'il aurait maintenue tout au long de sa carrière.

Le premier atelier de Bianchi, constitué de deux pièces, était situé au 7 Via Nirone, en plein cœur de Milan. Cependant, l'atelier ne fut pas créé dans la seule intention de fabriquer des bicyclettes. Comme beaucoup d'entrepreneurs, Edoardo recherchait la sécurité économique à travers la diversification : son atelier produisait une large gamme de produits, allant des instruments chirurgicaux et des véhicules pour handicapés aux sonnettes électriques et aux moyeux.

Pour ce qui est des vélos, la créativité de Bianchi et son désir d'innovation l'ont poussé à rejeter certains des modèles populaires de l'époque. Après avoir commencé par les Grand-Bi, il adopta assez rapidement une conception très similaire à celle de la bicyclette moderne, avec un cadre en métal (à la place du bois), des roues de même taille, une transmission par chaîne et des pneus gonflables.

Au début des années 1890, Edoardo fut convoqué à la Cour pour apprendre à la reine Marguerite de Savoie à faire de la bicyclette. Ce fut pour lui une opportunité marketing inestimable. Grâce au soutien royal, la noblesse italienne vint bientôt frapper à sa porte. S'ensuivit une accréditation en 1895, dix ans seulement

après l'ouverture de son entreprise, ce qui lui permit d'utiliser le blason royal sur ses vélos. Mais Edoardo, avant tout entrepreneur, continua à se diversifier, construisant des motos à partir de 1897 et des automobiles à partir de 1900. Même la Première Guerre mondiale ne put l'arrêter. Alors que les hostilités faisaient rage dans toute l'Europe et au-delà, Bianchi utilisa ses ateliers à des fins militaires et développa ce qui fut peut-être les premières bicyclettes tout-terrain au monde avec des suspensions (un prototype de VTT en quelque sorte). Elles étaient destinées aux Bersaglieri, l'unité d'élite de l'infanterie légère italienne.

La production de Bianchi pouvait sembler très hétéroclite, avec Edoardo en homme à tout faire, dans ce qui était devenu une immense usine et non plus un atelier. Dès 1907, l'usine de Bianchi, située Viale Abruzzi, s'était lancée dans la production de masse, elle employait près de 400 ouvriers.

- Un vélo pour le transport et le loisir, équipé de deux freins, d'un garde-boue en acier inoxydable et d'une roue libre.

- Ce vélo, idéal pour une utilisation quotidienne, ne pesait que 13 kg et coûtait 406 lires italiennes.

- Ce vélo de course était l'un des plus légers et résistants de Bianchi.

- Pesant 10 kg, ce vélo de course de piste était du même style que celui utilisé par Giovanni Ferdinando Tommaselli en 1898-1899.

Dès le début, Bianchi eut une approche pionnière du développement de la conception des bicyclettes. Il fut le premier à comprendre l'avantage de tester les nouveaux modèles lors des courses. Il pensait que cette pratique pouvait améliorer et accélérer le processus d'innovation. C'est ainsi que naquit le « Reparto Corse » (le « département Courses »).

Trois ans à peine après la création de l'entreprise, Edoardo testait déjà ses vélos.

L'entreprise obtint sa première victoire internationale en 1899, lors du Grand Prix de Paris, grâce à Giovanni Tommaselli. Edoardo l'avait choisi après son succès au championnat national de cyclisme sur piste, et sa victoire à Paris eut un effet considérable sur les ventes de Bianchi.

Les succès en compétition s'enchaînèrent. En 1907, Lucien Mazon remporta le premier Milan-San Remo sur un Bianchi. En 1911, Carlo Galetti gagna la troisième édition du *Giro*, lui aussi avec

1885

Edoardo Bianchi, apprenti en mécanique, ouvre son premier atelier au 7 Via Nirone, à Milan.

1888

L'entreprise de Bianchi déménage Via Bertani pour se consacrer à la conception et à la fabrication de bicyclettes.

1899

Giovanni Tommaselli remporte la victoire sur un Bianchi lors du Grand Prix de Paris. C'est le premier grand succès de l'entreprise.

1907

L'usine de Bianchi située Viale Abruzzi emploie 400 ouvriers pour produire en masse des autos, des motos et des bicyclettes.

un Bianchi. L'entreprise remporta de nombreuses grandes courses au cours de la décennie suivante et en 1936, le record de l'heure fut établi par le sprinteur Giuseppe Olmo, dont le nom ornera plus tard ses propres cadres.

Trois ans plus tard Edoardo adopta une découverte technologique révolutionnaire : le nouveau dérailleur de son compatriote Tullio Campagnolo. À l'époque, les ventes de vélo de Bianchi étaient en plein essor avec plus de 70 000 vélos produits chaque année. La production d'automobiles se poursuivit sous la marque Autobianchi, en association avec Fiat et Pirelli, avant d'être rachetée par Lancia. Bianchi en vint donc à dépendre de la bicyclette.

De la même façon, le cyclisme, dans une certaine mesure, devint dépendant de Bianchi. Ou du moins les courses cyclistes, car aucun autre fabricant n'est si fortement lié à de grands coureurs.

1912	1950	1965	1997
Le catalogue présente une gamme de 14 bicyclettes pour « dames, enfants, prêtres et messieurs ». Trois ans après, Bianchi produit des vélos pour l'armée italienne.	La victoire de Coppi lors de Paris-Roubaix établit la réputation internationale de Bianchi.	Felice Gimondi remporte le Tour de France sur un Bianchi, marque pour laquelle il roula presque toute sa carrière.	Le plus ancien fabricant de vélos au monde est repris par l'entreprise suédoise Cycleurope.

**« Rouler,
rouler,
rouler »**

La réponse de Coppi
lorsqu'on lui demanda
comment devenir
un champion.

Quand on pense à Bianchi, Fausto Coppi
vient inévitablement à l'esprit. *Il Campionissimo*, le
« champion des champions » fait autant partie de
l'histoire de l'entreprise que la couleur *Celeste*.

Coppi est né en 1919 dans une famille
de cinq enfants. Petit, il avait une santé fragile,
mais il adorait être dehors. À huit ans, il faisait
régulièrement l'école buissonnière pour rouler
en bicyclette. Il quitta l'école à treize ans pour
travailler comme coursier à vélo.

Son oncle encouragea sa passion pour le
vélo, et à quinze ans à peine, Coppi participa à
sa première course. Il la remporta, non au sprint
mais échappé, loin devant ses adversaires. Il ne
fallut pas longtemps avant que l'Italie n'ait l'un des
meilleurs cyclistes au monde, et qui plus est, doté
d'un grand charisme. Pour Coppi, le cyclisme était

un sport, un passe-temps et un mode de vie plein
de fougue et de passion, et l'Italie s'éprit de son
idole.

Coppi signa avec l'équipe SS Lazio Ciclismo-
Bianchi en 1945 et devint indissociable de Bianchi,
bien qu'il ait démarré sa carrière sur un Legnano,
avec lequel il avait remporté son premier *Giro* en
1940.

Des images de son visage fin, nez aquilin,
et cheveux noirs parfaitement peignés ornent
aujourd'hui les murs des magasins de vélos du
monde entier. Elles rappellent une autre époque,
celle du premier âge d'or du cyclisme.

La réputation de Coppi et de Bianchi dépassa
bientôt les frontières de l'Italie. La victoire de
Coppi lors du Paris-Roubaix de 1950 avec un
Bianchi équipé d'un dérailleur Campagnolo

■ Fausto Coppi termine
la dix-septième étape
du *Giro* le 5 juin 1952.

▪ Coppi en 1949, quatre
ans après avoir rejoint
l'équipe SS Lazio
Ciclismo-Bianchi.

Felice Gimondi, vainqueur
du Tour de France en
1965, a utilisé un vélo
Bianchi pendant presque
toute sa carrière.

Gimondi remporte le
championnat du monde
sur route en 1973
avec un Bianchi.

permit le lancement de ce modèle en édition limitée. Encore un exemple montrant que Bianchi considérait la compétition à la fois comme un banc d'essai – et il n'y a pas meilleur test pour un vélo que les pavés de Paris-Roubaix – et comme un outil marketing.

Après Coppi, qui remporta deux Tours de France et cinq Tours d'Italie, d'autres grands noms suivirent. Felice Gimondi, vainqueur du Tour de France 1965, fit aussi vivre de grands moments d'émotion. Cycliste talentueux, complet, et vainqueur des trois « grands Tours », il aurait été un champion bien plus titré si un jeune Belge nommé Eddy Merckx n'était pas entré en scène à la même époque. En fait, de nombreux cyclistes auraient connu une meilleure carrière sans Merckx « le Cannibale ». Gimondi travaille à présent au siège social de l'entreprise à Bergame, dans le nord de l'Italie.

Le don de Bianchi pour identifier et équiper les grands champions italiens opéra à nouveau dans les années 1990, lorsque Marco Pantani offrit au pays un autre vainqueur du *Giro* et du Tour de France. Né en 1970 à Cesena, Pantani se lia dès ses débuts avec Bianchi dans le club local Fausto Coppi.

Pantani aurait été l'un des clients les plus exigeants de Bianchi : obsédé par le poids de ses vélos, il harcelait sans cesse le département Courses, demandant de multiples ajustements. Cette quête de la perfection n'est pas un trait inhabituel chez un grimpeur pour qui le poids est crucial, et Pantani était l'un des meilleurs grimpeurs que le cyclisme ait connu.

D'autres matériaux commencèrent à concurrencer l'acier et Pantani fut aussi l'un des premiers cyclistes de Bianchi à connaître le succès sur un cadre en aluminium.

Autre changement notable, la fameuse teinte *celeste* fut complétée par du jaune aux extrémités de la fourche et sous la selle.

Même si la carrière de Pantani, et sa vie d'ailleurs, ont finalement été détruites par les scandales de dopage, il fut une magnifique publicité pour Bianchi. Ses attaques en montagne passionnaient les supporters. Il remporta le

- Specialissima avec freins Campagnolo, pneus Vittoria Corsa CX, une attache rapide Campagnolo et une couronne de fourche Bianchi.

- Jan Ulrich, aux couleurs de Bianchi, remporte le contre-la-montre individuel du Tour de France 2003.

doublé Tour de France et *Giro* en 1998, il reste le dernier cycliste à avoir accompli cet exploit.

Son attaque fulgurante lors de la quinzième étape fut peut-être sa course la plus mémorable du Tour. Alors que les autres favoris, dont le tenant du titre Jan Ullrich, souffraient sous une pluie glaciale, Pantani s'envola vers une victoire d'étape épique, survolant le Col du Galibier et la montée des Deux Alpes.

Après cette année extraordinaire, la carrière de Pantani s'effondra. Il fut exclu du *Giro* l'année suivante à cause d'un contrôle positif et lutta contre les allégations de dopage le restant de sa carrière avant de prendre sa retraite, amer, en 2003. Il mourut tragiquement un an après, seul dans une chambre d'hôtel à Rimini. Overdose de cocaïne fut le verdict officiel. D'une certaine façon, Pantani fut victime d'une période particulière où le dopage à l'EPO était endémique. Mais malgré l'interrogation que suscitent ses plus grandes victoires, il marqua à tout jamais l'histoire du cyclisme.

La liste des coureurs ayant connu de brillantes carrières avec un vélo Bianchi comporte beaucoup d'autres grands noms, comme le légendaire sprinteur italien Mario Cipollini, le champion du monde sur route Moreno Argentin, et plus récemment, Danilo Di Luca et le vainqueur du *Giro* Stefano Garzelli. Jan Ullrich aussi roula une année pour l'équipe Bianchi qui renaquit brièvement, et arriva juste derrière Armstrong lors du Tour de France 2003.

Edoardo Bianchi mourut en 1946, 61 ans après avoir fondé son entreprise. Celle-ci fut reprise par son fils Giuseppe qui la dirigea pendant l'âge d'or des exploits de Coppi. Au cours de son histoire, Bianchi n'a cessé d'innover, toujours en pointe pour adopter les nouveaux matériaux, en particulier lors de l'essor du carbone et de l'aluminium à la fin des années 1980 et au début des années 1990. Bianchi intégra ces matériaux dans une série de cadres de style radicalement différents, comprenant un tube supérieur incliné et une configuration compacte.

Le plus ancien fabricant de vélos au monde, bien que n'appartenant plus à la famille Bianchi – il a été repris par Cycleurope en 1997 – n'a jamais caché son engouement pour le changement. Mais il y a un aspect de Bianchi qui est plus ou moins toujours resté le même : sa couleur *celeste*. Certains l'ont décrite comme « vert céleste », d'autres l'appellent « bleu-vert pâle ». La couleur a changé au fil des années, et selon les modèles, elle semble plutôt verte ou plutôt bleue. Mais si sa particularité ne fait aucun doute, la question de son origine subsiste.

Cette couleur apparut pour la première fois sur un cadre Bianchi en 1913, mais elle ne fut omniprésente qu'à partir de 1940. On raconte qu'elle aurait été choisie pour être assortie aux yeux de la reine Marguerite de Savoie, qui avaient dû faire de l'effet à Edoardo pendant ses leçons de bicyclette. Selon d'autres points de vue, cette couleur évoque le ciel milanais ou bien l'armée (théorie plausible étant donné les liens de Bianchi avec l'armée).

Aujourd'hui, une telle teinte serait sûrement rejetée par un service marketing qui la verrait comme un pari trop risqué : c'est le genre de nuance que les gens aiment ou détestent, et ils détestent la plupart du temps. Mais ce choix de couleur fut probablement un coup de génie. Bianchi s'est toujours adapté au monde moderne, et cette couleur *celeste* l'a aidé à forger son identité pendant près d'un siècle. **RD**

L'Oltre est doté de la technologie X-Tex :
plus de résistance pour un même poids.

LE BIANCHI DE FAUSTO COPPI EN 1952

À partir de 1952, Coppi et Bianchi étaient indissociables. *Il Campionissimo* avait commencé à collaborer avec Bianchi dès 1945 après un début de carrière chez Legnano et une victoire au *Giro* en 1940. Il remporta quatre autres Tours d'Italie sur un Bianchi. Mais c'est indiscutablement sur le vélo représenté ci-contre qu'il réalisa la plus grande saison de sa carrière. Même si elle ne fut pas vraiment la meilleure, elle fut inoubliable, ne serait-ce que pour une seule performance.

Après une quatrième victoire au *Giro* en 1952, Coppi participa au Tour de France pour décrocher un deuxième titre. Au final, il gagna en beauté, arrivant à Paris avec 28 minutes d'avance sur Stan Ockers. Ce fut une journée mémorable. En ce 4 juillet, les coureurs prirent le départ d'une étape de 266 km reliant Lausanne à la station de ski de l'Alpe d'Huez. Pour la première fois, la ligne d'arrivée se trouvait au sommet d'un col. Coppi attaqua à 6 km de l'arrivée et s'envola jusqu'au sommet. Sa performance fut filmée (une première) par les caméras de télévision et diffusée en direct. La légende de Fausto Coppi était née, et avec elle, celle de son vélo « celeste ».

Cette couleur distinctive apparut pour la première fois sur les cadres Bianchi en 1913, mais ne devint omniprésente qu'à partir de 1940. Peu ordinaire, cette teinte décore aujourd'hui les cadres Bianchi, rappelant le vélo le plus célèbre de la longue histoire du fabricant italien : la machine de Coppi en 1952.

La selle en cuir avec des rivets était de rigueur. Coppi utilisait un modèle de Selle San Marco, basée à Rossano Veneto depuis 1935, l'usine est encore en activité.

Dérailleur Campagnolo Gran Sport avec une roue libre cinq vitesses.

Malgré sa petite carrure, Coppi aimait rouler avec le grand plateau, ce qui explique la taille imposante des plateaux. Il effectua l'ascension de l'Alpe d'Huez avec un « gros » braquet de 46 x 19.

Le vélo de Coppi était équipé d'une potence à plongeur et d'un guidon fabriqués par Ambrosio.

DÉTAIL DE CONCEPTION

GUIDON

Ambrosio, qui fabriqua le guidon et la potence, fut le premier à utiliser l'aluminium pour les composants. Fondée en 1923 à Turin, Ambrosio est sans doute plus connue pour ses jantes en alliage – également utilisées par Coppi.

BIDON

Le Bianchi de 1952 de Coppi est équipé d'un porte-bidon avec des ressorts de maintien. Le bidon était isotherme pour que les liquides restent chauds ou froids, selon les conditions de la course.

Les cale-pieds et les sangles étaient la seule solution jusqu'à l'apparition des pédales automatiques au milieu des années 1980

Billato

Fondée en 1954 par Silvio Billato, l'entreprise se développa pour devenir l'un des plus importants fabricants de vélos d'Italie. Mais Billato est surtout connue pour les coureurs de légende qui ont utilisé ses machines sous d'autres marques.

Regarder le Tour de France pour la première fois peut s'avérer compliqué. Non seulement à cause des différents maillots, mais aussi pour les sous-entendus et les plaisanteries. Un supporter novice pourrait s'interroger longuement sur les allusions énigmatiques aux vélos utilisés, au fait qu'ils portent la marque d'un fabricant mais qu'ils sont entièrement fabriqués par une autre entreprise, comme l'entreprise italienne Billato Linea Telai, par exemple.

Billato fut créée par Silvio Billato en 1954 à Padoue. Au début, il fabriquait des cadres en acier

pour des commandes, mais pas toujours sous son nom. L'entreprise se diversifia et se développa avec l'arrivée des fils de Silvio : Roberto, Silvio et Stefano. Elle devint alors l'une des entreprises les plus grandes et les plus prestigieuses d'Italie. Billato aime faire valoir que les « grandes classiques », les championnats du monde de cyclisme sur route et de VTT, et le Tour de France ont tous été gagnés avec ses vélos. Mais elle aime aussi garder ses secrets.

D'après certaines rumeurs, Gino Bartali et Fausto Coppi, au plus fort de leur rivalité, roulaient

secrètement avec un vélo Billato. Et lors du Tour de France 1999, cinq équipes auraient utilisé des Billato sous des noms différents. Quand Billato fabriqua des cadres pour l'équipe Lampre lors du Paris-Roubaix 2001, Ludo Dierckxens aurait tellement aimé le sien qu'il aurait refusé de le rendre et aurait roulé avec lors du Tour de France, où il arriva deuxième de la quatrième étape. Il est probable que Gilberto Simoni remporta le *Giro* 2001 avec un Billato, et que Chris Boardman en ait eu un lorsqu'il battit le record de l'heure. Seule la famille Billato et les coureurs connaissent la vérité.

L'entreprise fabriqua des cadres pour la marque Marin et pour Greg LeMond, ainsi que pour les équipes Z et GAN. Billato produisit également les Concorde de l'équipe PDM-Concorde à l'époque de Sean Kelly, quand l'Irlandais remporta le maillot vert du Tour de France 1989, la Coupe du monde et le Liège-Bastogne-Liège. Mais ce n'est qu'à partir de 2003 que Billato commercialisa des vélos sous sa marque. C'était alors une énorme entreprise qui fabriquait des vélos pour tous les segments du marché. En 2004, elle opéra un changement radical et revint à une petite équipe de cinq hommes, produisant des cadres en aluminium, titane, acier ou carbone.

Billato innove sans cesse et travaille en partenariat avec d'autres marques. La star des classiques des années 1990 et 2000, le Belge Johan Museeuw – le seul à avoir remporté la Coupe du monde et les championnats du monde sur route la même année – demanda leur aide pour sa propre gamme de vélos et nomma Roberto Billato concepteur en chef de ses vélos en fibres de lin. Et si le « Lion des Flandres » pense que quelqu'un est un expert, c'est qu'il en est vraiment un.

L'entreprise, dirigée par les trois frères, fabrique toujours des cadres pour vélos de route, cyclo-cross, VTT et vélos de piste. Billato n'est peut-être pas aussi connue que certaines grandes marques, mais avec une histoire si impressionnante, elle a de quoi être fière. **SC**

> *« Le carbone n'est pas si difficile à utiliser si vous savez faire travailler les fibres comme vous le voulez. »*
>
> ROBERTO BILLATO

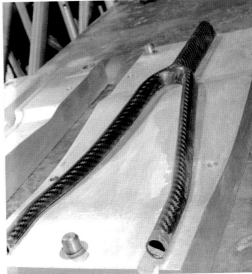

■ L'Epoca est équipé d'une fourche et de haubans en carbone ainsi que de roues Campagnolo.

■ Pour faire le moulage des cadres et des fourches en carbone de haute résistance, les concepteurs de Billato dessinent les formes puis font réaliser un moule en deux parties.

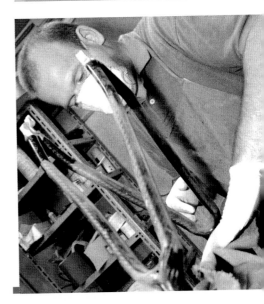

Bottecchia trouve un moyen inattendu de se rafraîchir pendant le Tour de France 1925.

Photographiés dans les Pyrénées, de fidèles supporters suivent Bottecchia pendant le Tour.

Bottecchia

Le premier vainqueur italien du Tour de France, Ottavio Bottechia, mourut à l'apogée de sa carrière dans d'étranges circonstances. Son entreprise n'en était alors qu'à ses débuts. Quatre-vingts ans après, sa légende perdure grâce aux cadres qui portent son nom.

L'histoire dramatique d'Ottavio Bottechia séduirait sûrement Hollywood. Sans éducation, il commença comme maçon, combattit lors de la Première Guerre mondiale, découvrit tardivement le cyclisme et s'installa en France alors qu'il connaissait à peine la langue. Il fut cependant le premier vainqueur italien du Tour de France, et le premier italien à le gagner deux fois de suite avant de mourir deux ans plus tard. Le mystère qui plane autour de sa mort est troublant, mais c'est surtout grâce à ses vélos que son nom a perduré.

Avec ses cheveux noirs tirés en arrière, sa silhouette émaciée, ses longues jambes maigres et ses pommettes saillantes, Bottecchia ressemblait beaucoup à Coppi. Il peut d'ailleurs être considéré comme son prédécesseur à bien d'autres égards. Comme Coppi, issu d'un milieu modeste, il devint célèbre en France et en Italie.

Il naquit en 1894 dans une famille de neuf enfants à San Martino di Colle Umberto, à 60 km au nord de Venise. Il fréquenta l'école pendant un an avant de commencer à travailler comme maçon.

« Bottecchia, le plus grand champion cycliste italien et héros légendaire. »

LEE F. BEVERIDGE
magazine *Bicycling*

Quand la Première Guerre mondiale éclata, Bottecchia rejoignit les Bersaglieri, et reçu une médaille pour son courage. À la fin de la guerre, il avait 24 ans. Sa carrière cycliste n'avait pas encore commencé, mais l'un de ses officiers qui avait observé sa puissance et sa vitesse quand il roulait (probablement avec un modèle Bianchi car ce dernier fournissait l'armée italienne) lui suggéra d'essayer les courses cyclistes.

Bottecchia suivit son conseil et fut aussitôt remarqué. Ses performances retinrent l'attention de Teodoro Carnielli, propriétaire d'un magasin de cycles près de Vittorio Veneto, dans le nord-

est de l'Italie. Il constata le talent de Bottecchia et observa qu'il gagnait avec des vélos peu adaptés à la course. Pour l'encourager, il lui offrit l'une des machines de course qu'il vendait et qui portait le nom de Luigi Ganna, vainqueur du premier Tour d'Italie en 1909.

Bottecchia participa au *Giro* 1923 sans sponsor et sans le soutien d'une équipe. Il termina cinquième. Grâce à cet exploit, Henri Pélissier l'invita à rejoindre son équipe, Automoto-Hutchinson. Il gagna une étape du Tour de France cette même année et porta le maillot jaune jusqu'à ce que Pélissier le lui reprenne et annonce

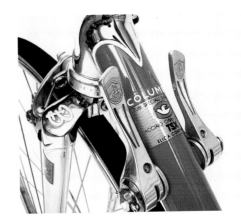

à Paris que Bottechia – qui termina son premier Tour à la douzième place – serait son successeur. Bottecchia a remporté le Tour l'année suivante ainsi que quatre étapes et devint le premier homme à porter le maillot jaune du début à la fin. Il fut surtout le premier vainqueur italien et devint, l'année suivante, le premier Italien à gagner deux fois de suite le Tour de France.

Lorsqu'il passa coureur cycliste professionnel, Bottecchia était illettré, mais il apprit vite à lire et étudia les pages de *La Gazzetta dello Sport*. Il s'intéressa également aux écrits antifascistes et anti-Mussolini, cet intérêt aurait été, dit-on, à l'origine de sa décision de porter le maillot de son équipe et non le maillot jaune lors de la neuvième étape du Tour 1924 reliant Toulon à Nice. Le Tour passant près de l'Italie, c'était peut-être un acte militant « anti-mussolinien ». Une autre théorie serait que Bottecchia, qui était alors très populaire en Italie, eut peur d'être assailli par des supporters. Avec le maillot de son équipe, il roula incognito.

En 1925, il remporta une nouvelle fois quatre étapes. Le Belge Adelin Benoît lui prit brièvement le maillot jaune au milieu du Tour, mais la domination finale de Bottecchia fut absolue. Il gagna avec près d'une heure d'avance sur Lucien Buysse, son coéquipier d'Automoto mais aussi son « équipier personnel » (peut-être le premier coureur à avoir joué ce rôle). C'était l'époque des très grandes étapes : beaucoup d'entre elles faisaient plus de 300 km. En 1924, une étape atteignit même la distance record de 482 km, trajet qui fut réduit à 433 km l'année suivante.

■ Bottecchia poursuit Lucien Buysse dans les rues de Saint-Cloud lors de la dernière étape du Tour de France 1925.

Le niveau d'exigence de toutes ces courses eut des répercussions sur Bottecchia car il ne retrouva jamais sa forme de 1925. En 1926, face à une météo difficile dans les Pyrénées, il abandonna le Tour en larmes et laissa son équipier Buysse hériter de son titre, tout comme il l'avait lui-même hérité de Pélissier. Bottecchia était indéniablement mal en point : déprimé et souffrant d'une bronchite chronique. Marié

■ Ce Bottecchia Equipe de 1992 est équipé (de haut en bas) de tubes Columbus, de freins Campagnolo Delta, du « logo » d'origine de la marque Bottecchia et d'un pédalier Campagnolo Record.

et père de trois enfants, il fonda en 1926 une entreprise avec son ancien mentor Teodore Carnielli qui lui avait proposé de produire des vélos à son nom.

Le 3 juin 1927, en pleine préparation du Tour – il était entièrement guéri et pensait pouvoir gagner un troisième titre – Bottecchia partit s'entraîner en vélo. Levé à l'aube dans sa maison de Peonis (pas très loin de la frontière slovène), il demanda à sa femme de lui préparer un bain chaud pour son retour. Après avoir quitté la maison, il passa voir son ami et partenaire d'entraînement Alfonso Piccini, qui refusa de se joindre à lui, puis il essaya de recruter Riccardo Zille, qui déclina également l'invitation. Il partit seul mais ne rentra jamais.

Quelques heures plus tard, Bottecchia fut retrouvé étendu sur le bord de la route, près de son village, une fracture au crâne et des os brisés. Son vélo était posé sur le bord du trottoir, étonnamment intact. Rien ne laissait penser que Bottecchia avait été renversé par une voiture ou qu'il avait percuté quelque chose. Il fut transporté dans un café où un prêtre lui donna les derniers sacrements, puis une charrette l'emmena à l'hôpital où il mourut – selon les rapports, sa durée de survie à l'hôpital varie de quelques heures à douze jours. Les circonstances de sa mort restent entourées de mystère.

On a parlé d'une insolation. Mais le fait que son vélo était intact, posé à quelques mètres de lui, rend cette théorie peu vraisemblable. Plusieurs personnes, dont le prêtre du café, supposèrent qu'il aurait été assassiné, probablement par des fascistes irrités par ses sympathies avec la gauche. L'intrigue s'amplifia quand le commandant de la police locale, un fasciste, suspendit l'enquête et conclut au décès

accidentel. La famille de Bottecchia toucha un important capital de l'assurance-vie ce qui alimenta les spéculations autour d'un complot.

Le mystère s'épaissit quelques années plus tard, à New York, quand un Italien, agonisant après avoir été poignardé, s'accusa du meurtre de Bottecchia. Il prétendit avoir été engagé comme tueur à gages par le parrain local… D'autres confessions suivirent : un viticulteur affirma qu'il avait surpris Bottecchia en train de manger du raisin dans son vignoble et qu'il lui avait jeté une pierre à la tête. Mais aucun de ces aveux ne tenait : le parrain en question n'avait jamais existé et le viticulteur vivait à 55 km de l'endroit où Bottecchia fut retrouvé gisant.

Quelle que soit la façon dont il mourut, il ne fut pas le seul à connaître une fin prématurée. Les vainqueurs italiens du Tour de France qui lui succédèrent, Fausto Coppi et Marco Pantani, connurent eux aussi une fin tragique. Dans le cas de Bottecchia, non seulement sa vie et sa carrière furent écourtées mais il ne vit jamais son entreprise prospérer.

Carnielli continua cependant à produire des vélos au nom de Bottecchia (son atelier employait cent personnes dans les années 1930) tout en protégeant son héritage. Une histoire émouvante fut racontée dans *Bicycling* en 1970 : le propriétaire d'un Bottecchia, ne connaissant pas l'histoire de sa machine, écrivit à l'entreprise pour poser des questions et demander de nouveaux décalcos. En réponse, il reçut les autocollants pour son cadre et une lettre retraçant le parcours de l'ancien cycliste. Quelques jours plus tard, il reçut également un carnet illustré, provenant de la librairie personnelle de Carnielli.

Le carnet contenait un récit de la mort de Bottecchia : alors qu'il roulait vite, il eut un

1920	1923	1923	1924
Bottecchia remporte le *Giro del Piave*, le *Coppa della Vittoria* et le *Duca d'Aosta*.	Le coureur cycliste et leader français Henri Pélissier demande à Bottecchia d'intégrer son équipe professionnelle, Automoto-Hutchinson.	Bottecchia remporte une étape du Tour de France et portera le maillot jaune jusqu'à ce qu'il lui soit repris par le vainqueur final, son coéquipier Pélissier.	Il gagne la première étape du Tour et reste en tête jusqu'à la fin, devenant le premier Italien à gagner la course et à porter le maillot jaune du début à la fin.

Salvador Dalí, vers 1964, avec son Graziella, un vélo pliant Bottecchia qui pouvait se ranger dans le coffre d'une voiture.

Gianni Motta est en tête au passage d'un col, en danseuse sur son Bottecchia. Il roule vers la victoire lors du *Giro* 1966.

1925

Courant pour Automoto, Bottecchia devient le premier Italien à remporter le Tour deux fois de suite.

1927

Il est retrouvé mort sur le bord de la route lors d'un entraînement le 3 juin. Les circonstances entourant sa mort resteront à jamais un mystère.

1989

Greg LeMond remporte le Tour de France sur un Bottecchia avec l'écart le plus petit jamais enregistré entre le premier et le second.

2006

Près de quatre-vingts ans après la mort de Bottecchia, l'entreprise qu'il a fondée vend plus de 50 000 vélos en Europe dont des vélos de course et des VTT. Son siège est toujours en Italie.

problème avec un de ses cale-pieds, perdit le contrôle, tomba et se fractura le crâne. Il est bien sûr difficile de comprendre comment l'auteur a pu savoir de façon si catégorique ce qui s'était passé puisque Bottecchia était seul. D'après son récit, il resta douze jours à l'hôpital avant de mourir le 15 juin 1927. Il fut enterré dans le cimetière de San Martino.

Bottecchia reste un très grand nom de la production de vélos en Italie, au même titre que Bianchi, Pinarello et Colnago. Après la Seconde Guerre mondiale, les vélos Bottecchia apparurent dans le peloton professionnel : Gianni Motta gagna le *Giro* 1966 avec un Bottecchia, tout comme Rudi Altig qui remporta le titre de champion du monde de cyclisme sur route la même année, et Giuseppe Saronni, un autre vainqueur du *Giro*. Mais le plus grand succès survint en 1989, quand Greg LeMond remporta le Tour de France. Ce fut la victoire la plus serrée de l'histoire du Tour et la seule avec un vélo portant le nom du premier vainqueur italien.

En 1951, le fils de Teodore Carnielli, Guido, inventa le premier vélo d'exercice stationnaire : la Cyclette. En 1964, l'entreprise déclara avoir fabriqué le premier vélo pliant, conçu pour être transporté dans le coffre d'une voiture : le Graziella (Salvador Dalí en avait un).

À la fin des années 1960, les fils Carnielli, Guido et Mario, reprirent l'entreprise. Elle resta dans la famille jusqu'au milieu des années 1990. Bottecchia quitta alors Vittorio Veneto pour Cavarzere, dans la province de Venise, où elle continue à produire près de 50 000 vélos par an, dont les vélos de course ultramodernes en carbone utilisés par l'équipe Acqua & Sapone. **RM**

■ Le cadre Emme 2
a été utilisé par
l'équipe continentale
professionnelle de l'UCI.

■ LeMond roulait à une
vitesse moyenne de
54,55 km/h lors de la
dernière étape du Tour
de France 1989.

L'équipe Acqua & Sapone roulait avec l'Emme 2
lors du *Giro* 2011.

■ Le jeune Tullio
Campagnolo débute
sa carrière de cycliste
amateur en 1921.

■ Tullio Campagnolo pose
à côté d'un vélo équipé
du célèbre dérailleur
Cambio Corsa.

Campagnolo

Plus de soixante-dix ans après que Tullio Campagnolo ait créé ses premiers composants, Campagnolo est devenu l'une des marques cyclistes les plus estimées et les plus recherchées. Son nom est synonyme de qualité, de savoir-faire et d'élégance.

Aucun nom n'est si étroitement lié au succès dans le cyclisme que celui de Campagnolo. S'il existe de nombreux grands constructeurs de cadres (Colnago, Pinarello, Bianchi...), quand il est question de fabricants de composants c'est Campagnolo qui est cité en premier, et ce depuis près d'un siècle. Il n'est donc pas surprenant que les vélos équipés de composants Campagnolo aient tout gagné : classiques, grands Tours et courses d'étapes plus petites. Rien ne manque, aucune course n'y a échappé. Le succès de Campagnolo est total.

Le nom est parfois raccourci (Campag et Campy sont quelques variantes), mais dans toutes ses formes abrégées, Campagnolo représente les standards les plus élevés en termes de design, de fonctionnalité et de finition. L'élégante signature manuscrite « Campagnolo » est aussi évocatrice d'exigence et de qualité que le cheval cabré de Ferrari. Et pour de nombreux cyclistes amateurs, elle est tout aussi convoitée. Pourtant, le contraste est frappant entre la qualité et le luxe que représente Campagnolo aujourd'hui et les origines modestes de son fondateur. Getullio « Tullio » Campagnolo, fils d'un quincaillier, qui à partir d'une éprouvante expérience en vélo dans le col du Croce d'Aune créa une marque de grand renom. Le Croce d'Aune apparaît comme très ordinaire dans les Dolomites, au milieu de la forêt, à l'ombre de nombreux sommets qui

*« Il faut changer
ce système de roue
arrière ! »*

TULLIO CAMPAGNOLO

se dressent, magnifiques. La montée n'est pas très pentue, la vue n'a rien de spectaculaire, et la ville de Pedavena – où commence la route du sommet – n'est pas vraiment sur le chemin des touristes. Il y a une brasserie, et c'est à peu près tout.

Pourtant à 8,5 km et 700 m de dénivelé plus loin, une statue s'élève au sommet du Croce d'Aune. Elle est bien connue dans le monde du cyclisme car elle commémore un moment important dans l'évolution des vélos de course. Une date, le 11 novembre 1927, et un nom, Tullio Campagnolo, y sont inscrits.

Tullio naquit à Vicence, dans le nord-est de l'Italie. Ingénieur de talent, il fabriqua une charrette à trois roues pour son père et commença à construire des vélos après la Première Guerre mondiale. Il fut également un coureur cycliste assez doué, même si les courses de l'époque ne reflétaient pas vraiment les capacités physiques d'un coureur. L'ascension du Croce d'Aune par Campagnolo lors du *Gran Premio della Vittoria* est un bon exemple. Tullio aurait pu gagner haut la main, ou du moins

grimper plus vite que ses adversaires, mais il fut à peine capable de décrocher ses doigts gelés du guidon.

À l'époque, pour changer de vitesse, il fallait dévisser la roue arrière à la main, la tourner de 180° et utiliser le second pignon de l'autre côté du moyeu central. Avec les mains engourdies, cette simple manœuvre qui prenait un peu de temps devint vite une gageure. « *Bisogno cambiá qualcossa de drio !* » (*Il faut changer ce système de roue arrière !*), jura Tullio dans son dialecte vicentin en s'acharnant sur les écrous qui maintenaient la roue en place. Pendant ce temps, ses adversaires passèrent à toute vitesse, emportant avec eux ses chances de gagner.

Mais ce jour-là, il y eut bien plus en jeu qu'une victoire locale et un modeste trophée. Inspiré par sa mésaventure du Croce d'Aune et après d'innombrables expérimentations et bricolages, Tullio perfectionna, trois ans plus tard, un système de blocage rapide toujours employé sur tous les vélos produits en masse aujourd'hui (sauf les vélos bas de gamme). Comme pour toutes les grandes inventions, son ingéniosité repose dans

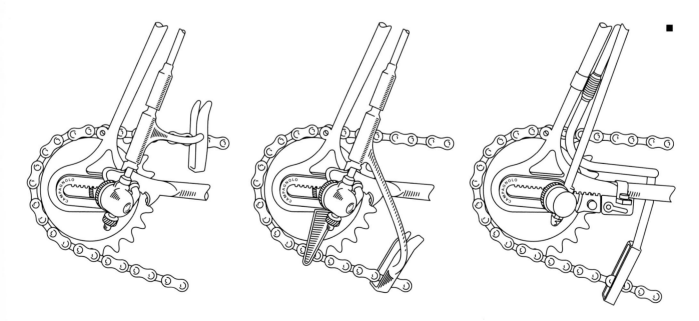

■ Variantes du dérailleur à
baguette révolutionnaire
de Campagnolo.

■ Le cycliste devait
rétropédaler pour
activer le levier et
changer de vitesse.

sa simplicité : une attache insérée dans l'axe creux de la roue, un écrou conique d'un côté, une came de serrage de l'autre, et c'est aussi pratique qu'un tire-bouchon ou un ouvre-boîte.

La popularité du nouveau blocage rapide grandissant, Tullio Campagnolo fut de plus en plus reconnu comme ingénieur visionnaire. Et sa réputation allait encore grandir.

Après avoir enregistré sa société à l'adresse Corso Padova, à Vicence en 1933, il décida de relever le défi du dérailleur.

Même si ce ne fut pas le premier système à se passer de l'ancien mécanisme consistant à enlever la roue, le dérailleur à baguette de Campagnolo fut autant convoité par les amateurs que par les professionnels pendant les années 1940.

Son successeur, le modèle Gran Sport, lancé en 1950, représenta le dernier saut quantique dans cette technologie avant l'arrivée des dérailleurs indexés. Ce fut aussi le premier système à employer un dérailleur arrière.

La panne de dérailleur d'Andy Schleck (qui n'était pas un Campagnolo) lors de la dix-septième étape du Tour 2010 lui coûta son maillot jaune, même si peu de cyclistes ou de constructeurs affirmeraient que le choix du matériel est maintenant le facteur décisif dans les grandes courses cyclistes. Mais ce ne fut pas toujours le cas. Quelques années avant et après la Seconde Guerre mondiale, quand la rivalité entre Fausto Coppi et Gino Bartali fascinait et divisait l'Italie, la légende de Campagnolo grandit, notamment parce qu'il s'agissait d'une période où les fabricants de composants étaient des faiseurs de rois. De la même façon que l'épisode tristement célèbre dans le Croce d'Aune coûta la victoire à Tullio Campagnolo, les Tours d'Italie et de France furent gagnés et perdus (souvent gagnés dans le cas de Campagnolo et de Coppi) par la régularité ou les caprices du dérailleur choisi par le coureur et son aptitude à l'utiliser.

Campagnolo s'était aussi établi comme trésor culturel national. Le film néoréaliste de Vittorio Di Sica en 1948, *Le Voleur de bicyclette (Ladri di biciclette)*, montrait des vélos avec des composants Campagnolo Corsa. Tullio, mort à quatre-vingt-un ans en 1983, aurait pu (ou non) se retourner dans sa tombe quand sa signature, devenue emblématique, apparut sur les casquettes et les tenues du film culte américain *Les blancs ne savent pas sauter* (1992). Dans tous les cas, ce fut une confirmation éloquente de la portée de son héritage et de sa forte résonance.

Julio Marquevich, président de Campagnolo USA, déclara après sa rencontre avec le fondateur de la société : « *Je me sentais comme un moucheron face à un éléphant* ». Le fils de Tullio, Valentino, devait être aussi intimidé lorsqu'il sortit de l'ombre de cet éléphant en 1983. Au cours de sa première décennie à la barre, malgré la menace grandissante du rival japonais Shimano et la popularité croissante du VTT, le navire Campagnolo chancela mais se maintint à flot grâce au succès continu de l'élite cycliste

« *Je me sentais comme un moucheron face à un éléphant.* »

JULIO MARQUEVICH
commentant sa rencontre
avec Tullio Campagnolo

■ Les cyclistes exposent leurs trophées à l'extérieur de l'usine Campagnolo à Vicence.

■ Gino Bartali utilise le Cambio Corsa dans le col du Galibier lors du Tour de France 1948.

■ Composants Campagnolo (de haut en bas) : dérailleur arrière Campagnolo Record, roue, frein avant et commandes de vitesse, pédalier et pédale.

■ Vélo de Francesco Moser. C'est avec ce vélo équipé de composants Campagnolo que Moser a battu le record de l'heure.

■ Le groupe Croce d'Aune est composé du système de frein Penta-Drive conçu pour augmenter le freinage à la surface de la jante.

1927

À cause de ses doigts gelés, Tullio Campagnolo a une inspiration qui transformera à jamais le cyclisme.

1933

Après avoir fabriqué des pièces à l'arrière de la quincaillerie de son père, Tullio fonde Campagnolo S.R.L.

1943

Premier logo officiel de Campagnolo : une roue ailée évoquant le blocage rapide.

1950

Un prototype du dérailleur arrière à parallélogramme Gran Sport activé par un câble est présenté à Milan.

professionnelle (en 1980, 38 des 40 meilleures équipes professionnelles étaient équipées par Campagnolo.) Mais l'émergence de Shimano fut rapide, même si l'entreprise japonaise dut attendre 1999 pour remporter le Tour de France, mettant fin à la domination de la société italienne.

Entre 1973 et 1987, la plupart des victoires importantes furent remportées avec des vélos équipés du groupe phare de Campagnolo, le Super Record. Campagnolo fut un pionnier dans ce domaine, puisqu'il fut le premier à fabriquer un groupe. Depuis la fin des années 1950, il produit la gamme complète de composants sous la marque Record : pédalier, dérailleur, freins, tige de selle, jeu de direction et pédales. Auparavant, les constructeurs avaient tendance à adopter l'approche du « choix à la carte » pour les composants. Le groupe Campagnolo offrit

une harmonisation esthétique, et plus important encore, fonctionnelle. Les pièces furent conçues pour satisfaire un désir insatiable (très italien) d'esthétisme et pour fonctionner ensemble plus efficacement. D'autres groupes encore utilisés suivirent : Chorus, Athena, Centaur et Veloce. Certains ne firent que passer, comme le célèbre Croce d'Aune à la fin des années 1980 : un groupe élégant mais de courte durée qui fut une solution de rechange bon marché au Super Record haut de gamme.

Mais c'est le Super Record qui devint le groupe favori au sein du peloton professionnel dans les années 1970 et 1980, jusqu'à son interruption en 1987 (le nom fut relancé en 2009). Le Super Record marqua l'étape finale d'une évolution qui avait débuté avec le dérailleur arrière Gran Sport en 1950 et qui s'était poursuivi

1953	1973	1992	2008
Fausto Coppi remporte le championnat du monde de cyclisme sur route à Lugano en utilisant un dérailleur Gran Sport.	Campagnolo lance son groupe Super Record.	Les poignées Ergopower sont introduites pour la première fois.	Campagnolo révolutionne à nouveau le monde du cyclisme avec une transmission à 11 vitesses.

avec la version Record en 1962 puis avec le Nuovo Record, lancé trois ans plus tard et utilisé par Eddy Merckx lors de ses quatre premières victoires du Tour de France. Le Super Record arriva juste à temps pour sa cinquième et dernière victoire en 1974.

Le groupe Super Record fut amélioré tout au long de la décennie suivante, consolidant son statut de leader du marché. Mais l'équivalent de Shimano, Dura-Ace, commença à lui faire concurrence dans les années 1980.

Campagnolo répondit en rebaptisant le Super Record C-Record et en introduisant les freins Delta, qui faisaient partie des groupes C-Record et Croce d'Aune. Ces freins étaient de larges pièces triangulaires en argent poli (merveilles de savoir-faire et de design) et représentaient une amélioration radicale en matière d'aérodynamisme, même s'ils étaient légèrement plus lourds que les anciens freins à étrier. Les freins Delta avaient tout pour être un succès. Mais ce ne fut pas le cas ; Campagnolo avait peut-

être perdu son don de tout transformer en or. Les problèmes arrivèrent dès la première année : il s'avéra difficile d'installer ces freins Delta et ils ne fonctionnaient pas très bien. Même s'ils furent résolus, ces problèmes précoces sonnèrent le glas pour les Delta. Aujourd'hui, ils n'ont de valeur que pour les collectionneurs.

Tandis que Campagnolo conserva ses Delta voués à l'échec, Shimano développa un système de changement de vitesse et de freinage intégré, au lieu de travailler sur de nouveaux freins au design futuriste. Quand la gamme Intégration Totale Shimano sortit, Campagnolo se retrouva à la traîne et répondit avec l'Ergopower, son propre système de freinage et de changement de vitesse intégré. Les premiers modèles furent esthétiques, et contrairement à Shimano, les câbles de vitesse et de frein étaient cachés. Mais ils étaient plus encombrants et le passage des vitesses se faisait moins bien qu'avec la version Shimano.

Perpétuant l'héritage de Tullio, d'autres innovations suivirent : les roues Shamal par

ÉVOLUTION DU DÉRAILLEUR

GRAN SPORT

Le premier dérailleur à parallélogramme de Campagnolo fut développé à la fin des années 1940 et sortit en 1953 sous le nom de Gran Sport.

NUOVO RECORD

Le Nuovo Record fut l'un des premiers dérailleurs à être fabriqué en aluminium, il était léger, résistant et très cher. Il domina le cyclisme professionnel pendant seize ans.

SUPER RECORD

Le Super Record se caractérise par un nouveau logo, une anodisation noire, des vis en titane et une chape d'une capacité de 28 dents.

exemple introduites en 1992 et utilisées par la toute puissante équipe Gewiss en 1994. Puis à la fin des années 1990, Campagnolo adopta la fibre de carbone et le titane et utilisa ces matériaux dans la plupart de ces composants et roues. En 1998, un département « Composites » fut créé (il emploie aujourd'hui un tiers des salariés) et permit à Campagnolo de retrouver sa réputation en matière d'équipement de pointe et, peut-être, de se défaire de son image de vainqueur de l'esthétisme au détriment de l'innovation et de la fiabilité, deux qualités qui revenaient à son concurrent japonais. En introduisant le groupe 10 vitesses en 2000, Campagnolo devança Shimano et fit monter les enjeux avec la transmission à 11 vitesses qui reprit le nom de Super Record.

Il est pourtant peu probable que Campagnolo retrouve un jour sa suprématie, n'ayant plus sa position de leader qu'il occupa plus ou moins des années 1950 aux années 1980. Le seul fait que Shimano n'ait pas gagné son premier Tour avant 1999, grâce à Lance Armstrong, semble extraordinaire. Depuis cette année-là, Campagnolo n'a gagné qu'un seul Tour et ce fut par défaut, quand Oscar Pereiro hérita de la victoire de Floyd Landis en 2006 après que ce dernier a été contrôlé positif en septembre 2007.

Mais Campagnolo reste sans aucun doute la marque la plus célèbre et le choix de nombreux puristes. L'aura du grand constructeur de composants italien demeure. Ses origines sont nichées au sommet du Croce d'Aune, au nord de Vicence. Quant au col où tout a commencé, même si le groupe portant son nom ne dura pas longtemps, Campagnolo a alimenté sa légende en faisant de cette montée la pièce maîtresse de sa prestigieuse course, la *Granfondo Campagnolo*, à laquelle de nombreux cyclistes participent. Elle fut rebaptisée *GP Sportful* en 2009 et chaque année, des milliers de participants transpirent dans la montée du Croce d'Aune, même s'ils ne souffrent pas autant que Tullio Campagnolo en 1927. Au sommet, les coureurs s'arrêtent et

■ Affiche des années 1950 avec des dérailleurs et les meilleurs cyclistes de l'époque.

C-RECORD

Sorti dans les années 1980, juste après la mort de Campagnolo, le C-Record était grand et lourd (221 g) mais continua d'équiper de nombreux vélos des vainqueurs du Tour.

RECORD EPS

Développé pendant vingt ans, le Record Electronic Power Shift (EPS) offre un passage de vitesse tactile et audible.

SUPER RECORD EPS

Le dérailleur arrière Super Record utilise des matériaux comme la céramique, l'aluminium et le titane.

rendent hommage au fondateur de la société, dirigée aujourd'hui par son fils Valentino et ses petits-enfants Francesca et Davide.

Le Tour d'Italie passe parfois par le col dont la montée a vu naître Campagnolo, même si l'étape du *Giro* 1964 reste la plus mémorable. Ce ne fut pas la montée qui fut difficile pour les coureurs, mais les exigences en termes de matériel. Le meilleur grimpeur de la course et grand favori, l'Italien Vito Taccone, creva sept fois dans la descente recouverte de graviers menant à Pedavena, perdant tout espoir de victoire. Le *Corriere delle Alpi* rapporta plus tard que Taccone avait terminé l'étape possédé par une « *rage légendaire* » et que le Croce d'Aune avait valu au peloton « *près de 300 crevaisons, un record* ».

Pour ses cent ans, en 2009, le Tour d'Italie repassa par le Croce d'Aune. La route avait été goudronnée, ce qui permit d'éviter le drame mécanique de 1964. Le Croce d'Aune est un col peu connu, presque oublié. Mais pour les spécialistes des grandes marques cyclistes, c'est une destination des plus emblématiques. **RM**

CÉLÈBRES COUREURS CAMPAGNOLO

BERNARD HINAULT

Le charismatique Français était parfait pour l'équipe marketing de Campagnolo et apparaissait dans leurs publicités : « *Hinault a choisi Campagnolo, est-ce une coïncidence ?* ».

FELICE GIMONDI

Courant pour Bianchi-Campagnolo, Felice Gimondi participe au Tour de France 1975 : il remporta la première étape et termina cinquième au classement de la montagne.

MIGUEL INDURAIN

Miguel Indurain connut une série de victoires époustouflantes avec Campagnolo et devint le premier coureur à gagner le Tour de France cinq fois de suite entre 1991 et 1995.

MARCO PANTANI

Marco Pantani offrit à Campagnolo sa dernière grande victoire lors du Tour de France 1998, mais la marque n'était plus aussi prestigieuse du fait de la récente concurrence des autres constructeurs.

Quartet de cyclistes d'une équipe de contre-la-montre sur leurs machines équipées Campagnolo.

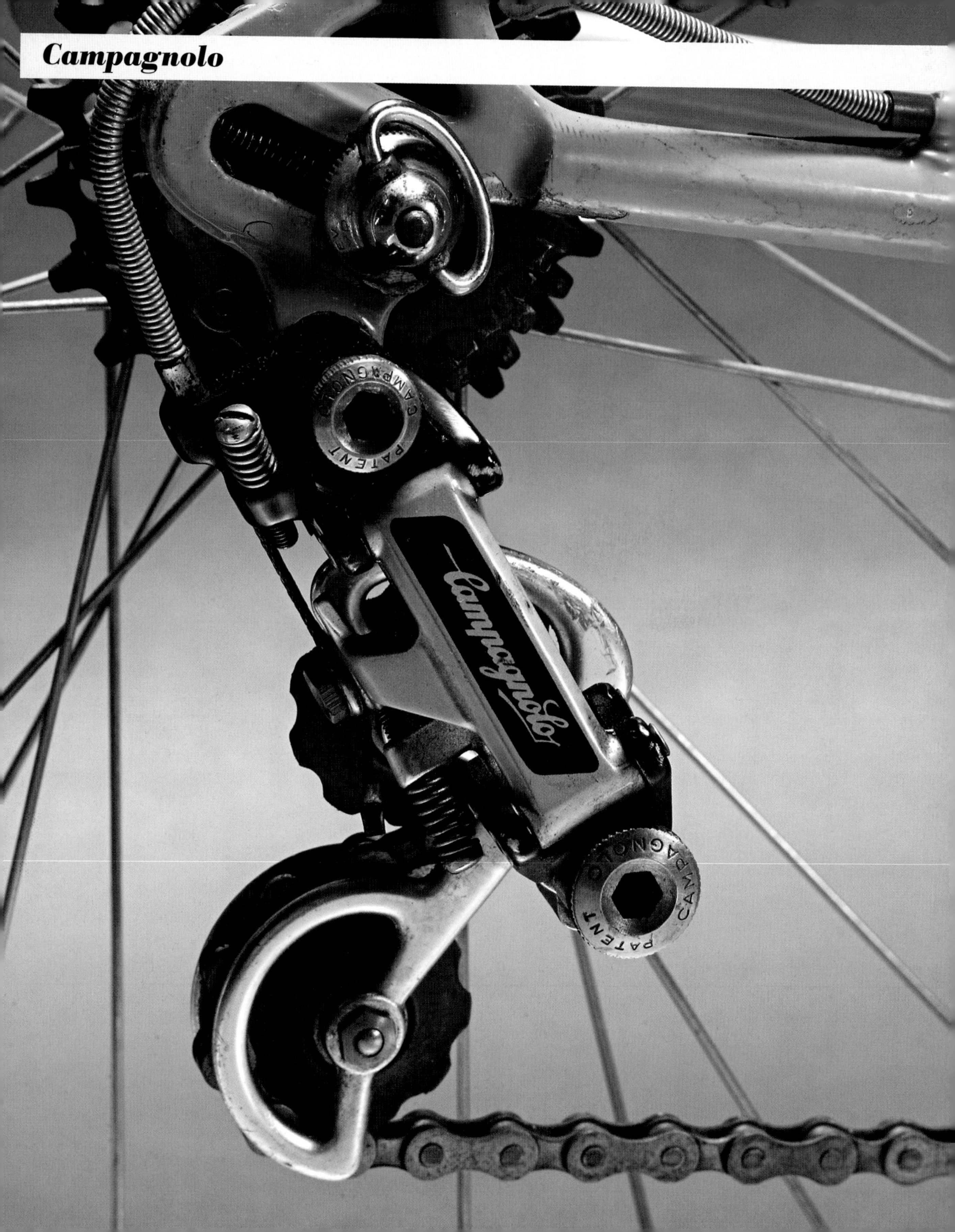
Campagnolo
CAMPAGNOLO
PATENT
CAMPAGNOLO
PATENT

Gimondi remporta les championnats du monde de cyclisme en 1973 avec des composants Campagnolo.

Campagnolo

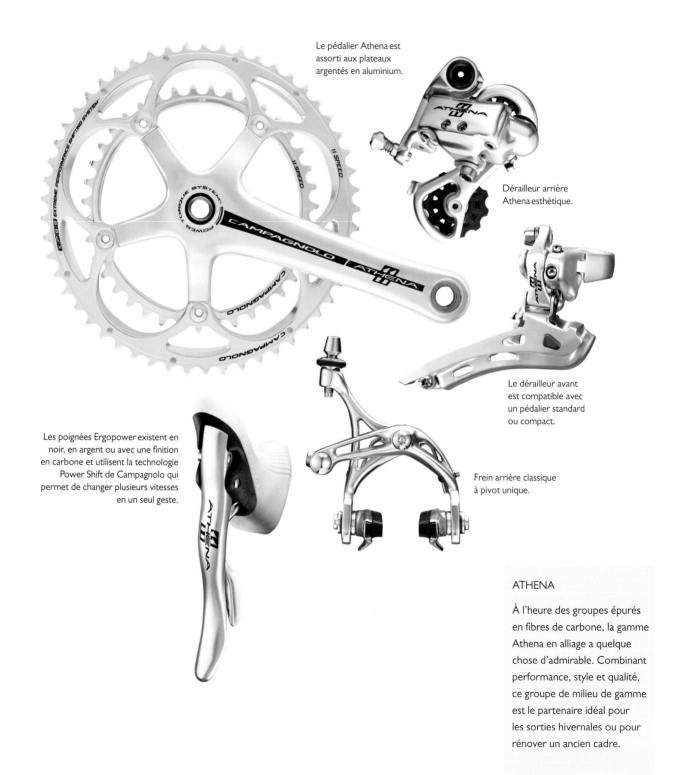

Le pédalier Athena est assorti aux plateaux argentés en aluminium.

Dérailleur arrière Athena esthétique.

Le dérailleur avant est compatible avec un pédalier standard ou compact.

Les poignées Ergopower existent en noir, en argent ou avec une finition en carbone et utilisent la technologie Power Shift de Campagnolo qui permet de changer plusieurs vitesses en un seul geste.

Frein arrière classique à pivot unique.

ATHENA

À l'heure des groupes épurés en fibres de carbone, la gamme Athena en alliage a quelque chose d'admirable. Combinant performance, style et qualité, ce groupe de milieu de gamme est le partenaire idéal pour les sorties hivernales ou pour rénover un ancien cadre.

Le dérailleur arrière intègre un parallélogramme avec bielle en fibres de carbone et vis en titane.

Option avec axe en titane et boulon de fixation en titane sur le Super Record 11.

Dérailleur avant Super Record avec moteur monté.

Batterie Li-ion rechargeable (en haut) et indicateur LED. Ce dernier peut être fixé à la tige ou au câble de frein.

Système de freinage Super Record D-Skeleton.

Les poignées Ergopower Super Record EPS sont plus légères que leur équivalent Record et présentent davantage d'éléments sculptés.

SUPER RECORD EPS

Groupe électronique similaire à la gamme Shimano Di2, l'EPS de Campagnolo va encore plus loin grâce à une transmission légèrement meilleure et à une parfaite prise en main des poignées Ergopower qui sont très appréciées.

Cannondale

Ces vélos américains apparurent à la fin des années 1980 et se différencièrent radicalement des machines à tubes fins et cadres en acier. Pionnier dans la production des cadres en aluminium, Cannondale ouvrit la voie aux cadres *oversize* légers, aujourd'hui omniprésents.

Quand les vélos Cannondale arrivèrent sur les routes à la fin des années 1980 et au début des années 1990, l'accueil des spécialistes fut largement défavorable. Pour la plupart au sein de la confrérie du cyclisme sur route, les Cannondale n'étaient pas esthétiques à cause de leurs tubes épais, notamment le tube oblique qui s'élargissait vers l'axe du pédalier. Les cyclistes étaient plutôt conservateurs, notamment sur l'apparence du cadre. Celui-ci devait être de forme classique en diamant avec des tubes fins et, de préférence, décoré sobrement, avec goût, et portant un nom italien. Or, les vélos Cannondale ressemblaient à des VTT du fait de leurs gros tubes. Et la dernière chose à laquelle un vélo de route doit ressembler, c'est bien à un VTT !

De nombreux cyclistes commencèrent à changer d'avis, séduits non pas par l'apparence du Cannondale mais par la sensation procurée par ce vélo au cadre en aluminium. Incroyablement léger, il était aussi très réactif. Un doigt suffisait pour le porter et quand les coureurs se mettaient à accélérer en danseuse, ils avaient l'impression d'être sur le point de décoller. Une petite sortie et les gens étaient convaincus. Les Cannondale étaient rapides.

En réalité, Cannondale n'était pas l'arriviste que beaucoup avaient imaginé quand ses vélos de route attirèrent l'attention au début des années 1990. La société construisait déjà des vélos de route avant de produire des VTT, pourtant, la communauté de VTTistes adopta plus rapidement ses cadres en alliage.

La société fut fondée par Joe Montgomery, Jim Catrambone et Ron Davis en 1971. D'après la légende, elle aurait été créée douze ans avant que Cannondale ne produise son premier vélo « *dans un grenier bondé au-dessus d'une usine de conserves* ». La société fabriqua d'abord des sacs à dos, des remorques pour vélo, des vêtements et des accessoires. Elle se fit connaître grâce à la remorque pour enfant ; c'est en 1983 que le premier vélo sortit de l'usine de Bedford (Pennsylvanie) à plus de 480 km du siège de Cannondale.

Quant au nom Cannondale, il provient de l'emplacement du siège à Bethel (Connecticut). La société, mondialement réputée pour son innovation et sa technologie de pointe, s'est inspirée de la petite gare de Cannondale sur la ligne Nord du métro à Wilson. D'apparence très rustique, elle n'est pourtant qu'à 1h24 de la gare Grand Central à New York. Bethel, siège de Cannondale, est à proximité de cette gare, et Cannondale Bicycle Corporation adopta donc le nom de la gare et s'en inspira pour son logo.

Le premier vélo de Cannondale fut un modèle de route destiné au marché du cyclotourisme ; chose étonnante pour un constructeur qui bâtit plus tard sa réputation sur des vélos de course ultralégers. Les fourches étaient en acier et le triangle principal du cadre, les bases et les haubans ovales en aluminium. Le tube oblique était plus large et il n'y avait pas de manchons, autre caractéristique de Cannondale. Les tubes étaient simplement soudés et les joints imparfaits, mais loin d'être inesthétiques. La finition rouge ou blanche brillante donnait l'impression que le vélo avait plusieurs couches de vernis.

Le rouge fut la couleur de Cannondale dans les premières années. Un an après le vélo de cyclotourisme, un vélo de course de route et un VTT sortirent. Jusqu'alors les marques Reynolds et Columbus permettaient d'identifier les vrais coureurs, mais petit à petit, les concurrents arrivèrent, menaçant le duopole. Au début la

fibre de carbone sembla être la principale menace – surtout quand Greg Lemond remporta le Tour de France 1986 avec un cadre en carbone pour TVT, utilisé ensuite par Pedro Delgado et Miguel Indurain – mais la marque des cadres « CAAD » (*Cannondale Advances Aluminium Design*) finit par s'établir. L'aluminium était plus léger et plus abordable que le carbone (même si les cadres Cannondale n'ont jamais été bon marché), et inoxydable contrairement à l'acier.

Étant donné la résistance des puristes face aux modèles *Fat Boys* – et leur préférence pour les cadres italiens classiques –, l'arrivée de Cannondale dans les courses cyclistes européennes avec une équipe italienne, Saeco, et un coureur italien, ne manquait pas de sel. À la fin des années 1990, Mario Cipollini était au cyclisme italien ce que Silvio Berlusconi fut plus tard à la politique : incontournable, extravagant et parfois excessif.

Pourtant, Cannondale et Cipollini furent en parfaite adéquation. Cipollini était un vrai comédien et pouvait difficilement s'entraîner sans attirer l'attention. Il était le rêve de tout

■ Mario Cipollini, maillot
et vélo assortis,
participant au Tour
de France 1997.

■ Les composants en
carbone plus foncés
du cadre Six13 sont
entourés d'aluminium.

« *Le meilleur vélo :*
Cannondale.
Le meilleur vélo. »

MARIO CIPOLLINI

1971	1983	1997	1999
L'entreprise est fondée par Joe Montgomery, Jim Catrambone et Ron Davis, au-dessus d'une usine de conserves dans le Connecticut.	Les premiers cadres de vélos de route sont produits. Ils sont fabriqués en aluminium, avec des fourches en acier et vendus en blanc et rouge.	Ivan Gotti remporte son premier *Giro* avec l'équipe Saeco. Une première aussi pour Cannondale. Le grimpeur italien fait mieux que Pavel Tonkov et Giuseppe Guerini.	Mario Cipollini gagne quatre étapes consécutives lors du Tour de France.

vendeur. Quand « Super Mario » – dit aussi « le Roi Lion » – participa au Tour de France 1997 avec son Cannondale, il s'élança à toute vitesse vers deux victoires d'étape, il porta le maillot jaune pendant trois jours et troqua alors son Cannondale rouge pour un jaune. Avec son cuissard et ses lunettes jaunes, il fut le premier coureur à assortir sa tenue et son matériel au maillot qu'il portait. Son penchant pour les tenues d'apparat passa au niveau supérieur en 1999 : toute l'équipe Saeco roula vêtue comme des Romains, avec « Super Mario » déguisé bien sûr en Jules César. Au cours de ce Tour il gagna quatre étapes consécutives.

Chacun de ses numéros lui valut une amende, mais la publicité faite autour rentabilisa les dépenses. On pouvait sentir l'influence du constructeur américain sur Cipollini pour que ce dernier soit toujours plus excessif. À chaque fois qu'il se faisait remarquer, on parlait de son vélo. Lors du Tour 1997, alors qu'une moto de télévision roulait à côté de lui, tout de jaune vêtu, il se tourna vers la caméra et dit : « *Le meilleur vélo : Cannondale. Le meilleur vélo.* » Un journaliste commenta : « *Ce type est un génie du marketing.* »

En 2004, alors que Cipollini avait intégré une autre équipe et que Specialized, Saeco et Cannondale exploitaient encore les mêmes tactiques pour attirer l'attention, les coureurs de l'équipe Saeco portèrent des maillots aux couleurs et rayures de prisonniers avec un slogan devenu célèbre : « *Legalize my Cannondale* ». L'objectif était alors de protester contre une décision de l'Union cycliste internationale (UCI) qui avait interdit le prototype Six13 de Cannondale à cause de son poids.

Ce fut une action marketing intelligente à plusieurs égards. Seul le plus petit des Six13

pesait moins que la limite des 6,8 kg autorisée par l'UCI, et la plupart des cadres des coureurs de Cannondale avaient plus ou moins le même poids que les Six13. Il s'agissait de cadres composites en carbone et alliage : cadre principal en carbone, et haubans et bases en aluminium. Ils furent commercialisés en 2004 et surmédiatisés grâce à la campagne « *Legalize my Cannondale* » et à la vente de produits dérivés. Beaucoup perçurent alors les Cannondale comme les vélos les plus légers du marché.

La relation privilégiée avec l'Italie se poursuivit et Cannondale remporta le *Giro* à cinq reprises grâce à Ivan Gotti, Gilberto Simoni, Damiano Cunego, Danilo Di Luca et Ivan Basso. En 2010, l'année de la victoire de Basso, son coéquipier, Vincenzo Nibali, gagna la *Vuelta*, offrant à Cannondale deux des trois grands Tours

---

2000

Cadel Evans est septième lors de l'épreuve de VTT aux J.O. de Sydney. Il se met par la suite au cyclisme sur route avec l'équipe Saeco et garde un Cannondale une année de plus.

2004

La campagne « *Legalize my Cannondale* » débute avec les leaders de l'équipe Saeco posant derrière les barreaux d'une prison.

2005

La marque lance son premier vélo de route entièrement carbone, le Synapse.

2012

Le sprinteur italien Elia Viviani, 23 ans, remporte cinq courses au cours des deux premiers mois de la saison.

– une victoire au général lors du Tour de France manque encore à ce jour.

Ce succès permit à Cannondale de s'établir comme un leader mondial sur le marché des vélos de route, et ce malgré un changement radical quand il se lança dans les sports mécaniques à la fin des années 1990 et se mit à produire des motos de cross et des 4x4. Si les ventes de vélos étaient en plein essor, cette décision, très coûteuse, s'avéra désastreuse et l'entreprise fit faillite en 2003. Ses actifs furent rachetés aux enchères par une société d'investissement. Cannondale Bicycle Corporation abandonna alors les sports mécaniques, les ventes de vélos reprirent et le constructeur fut revendu cinq ans plus tard pour 200 millions de dollars au Canadien Dorel Industries, qui vend des vélos grand-public sous des noms connus comme Schwinn, Mongoose et GT.

La production fut délocalisée au Vietnam, puis dans une nouvelle usine à Taichung (Taïwan), là où le coût horaire du travail est beaucoup moins élevé qu'aux États-Unis. Et les taux horaires font toute la différence quand la construction d'un cadre en fibres de carbone nécessite quarante-cinq heures de travail. Cette délocalisation a-t-elle eu un impact sur la qualité des vélos ? C'est discutable. Les Cannondale ont toujours été produits en masse, la seule chose qui a changé c'est le lieu de production. Le siège de la société est encore dans le Connecticut. Les vélos sont en carbone et en alliage. Mais avec leurs gros tubes, leur légèreté et leur résistance, ils restent indéniablement des Cannondale. **RM**

Ivan Basso arrive dans les arènes de Vérone après avoir franchi la ligne d'arrivée, remportant la 93e édition du *Giro*.

LE CANNONDALE CAD3 DE MARIO CIPOLLINI EN 1997

C'est l'extravagant Mario Cipollini qui attira l'attention des spécialistes européens du cyclisme professionnel sur Cannondale. C'était le couple idéal : Cipollini (« le Roi Lion ») défia les traditions conservatrices du cyclisme, comme le fit Cannondale avec ses *Bad Boys* (nom donné par le constructeur américain à ses vélos urbains) en aluminium, avec des tubes épais.

Cipollini, le sprinteur des années 1990 et du début des années 2000, remporta ses plus belles victoires avec un Cannondale notamment un grand nombre de ses quarante-deux victoires d'étape lors du *Giro* et quatre étapes consécutives sur le Tour de France en 1999.

Cipollini accaparait tellement l'attention que vous seriez presque excusé de ne pas avoir remarqué son vélo. Cipollini, portant le maillot jaune, montra sa machine lors du Tour 1997 et déclara : « *Cannondale : le meilleur vélo !* ». C'est ce vélo, le CAD3, qui est présenté ci-contre. Il est identique à celui de Cipollini lors du Tour 1997, à un détail près : pendant les quatre jours durant lesquels il porta le maillot jaune, il roula avec un Cannondale jaune. Il dut payer une amende, mais la publicité qu'il attira compensa largement le prix à payer.

Les initiales « CAD » sur son vélo font référence à « *Computer-Assisted Design* » (Conception assistée par ordinateur). En 1996, l'acronyme fut remplacé par CAAD (*Cannondale Advances Aluminium Design*), mais bizarrement, les initiales « CAD » restèrent sur les cadres jusqu'en 1999.

Même si Cannondale remplaça l'acronyme CAD par CAAD en 1996, l'original qui signifie « conception assistée par ordinateur » perdura jusqu'en 1999.

Roues Spinergy : leurs rayons en forme de lame les rendent légères et aérodynamiques, mais elles furent considérées comme dangereuses par l'UCI, et interdites lors des courses avec départ en ligne.

Pédalier Shimano Dura-Ace avec des plateaux de 39/53 dents.

Saeco est un constructeur de machines à café espresso italien qui sponsorisa l'équipe de Cipollini. L'équipe roula avec des Cannondale à partir de 1997.

Fourche pour CAD3 en fibres de carbone avec cadre en aluminium.

DÉTAILS DE CONCEPTION

CADRE

Les cadres en aluminium *oversize* ont une finition brillante, des lignes épurées et sont souvent utilisés sans les manchons pour être assemblés à des tubes en acier ou en carbone.

COMPOSANTS

Cipollini, habitué aux cadres faits main et aux composants Campagnolo, roula avec un cadre en alliage fabriqué aux États-Unis et utilisa le groupe Shimano, Dura-Ace, construit au Japon.

L'artiste français Jacques Charlier décora le cadre *Balls and Glory* de Gilbert, il fut vendu aux enchères.

Le Canyon Ultimate CF SLX représente la résistance, la légèreté et le confort.

Canyon

Encore dirigé par son fondateur, le constructeur allemand Canyon court-circuite les magasins de cycles en vendant directement sur Internet. Ses cadres sont de grande qualité comme l'ont montré Philippe Gilbert et Cadel Evans.

La plupart des constructeurs passent par des magasins pour distribuer leurs vélos. Canyon est différent et novateur. Basée à Coblence en Allemagne et dirigée par Roman Arnold, l'entreprise vend ses vélos directement sur Internet. Avec plus de 200 employés, c'est le plus grand constructeur au monde de ce type.

L'histoire de l'ascension de Canyon commença avec un adolescent fou du vélo. Roman Arnold, quinze ans, en vacances avec sa famille en Italie, entra dans un bar de cyclistes à la recherche de passionnés avec qui rouler. Ces derniers refusèrent qu'il se joigne à eux tant qu'il n'aurait pas les cheveux coupés et des chaussettes blanches. Il s'exécuta aussitôt. « *Je voulais juste*

être avec eux… et j'aurais fait n'importe quoi pour ça » raconta-t-il des années plus tard. Après cette expérience, il attrapa le virus du cyclisme, reçut son premier cadre Somec sur mesure et se mit à la compétition.

Comme de nombreux jeunes coureurs cyclistes, Roman fut « coaché » par son père. Celui-ci était représentant pour une société de produits chimiques. Pour s'occuper pendant que Roman courait, il se mit à vendre du matériel de vélo haut de gamme, qu'il se procurait au cours de ses séjours en Italie. « *Les gens savaient qu'ils pouvaient avoir le meilleur avec nous* » raconta Roman.

La remorque de la famille fut vite insuffisante pour stocker les pièces de ce petit commerce

alors dénommé Radsport Arnold. Il fallut un garage puis un magasin. Comprenant que la famille Arnold était proche de la scène cycliste allemande, les *brand managers* les interrogeaient toujours sur les spécifications des nouveaux modèles. « *À un moment, j'ai réalisé qu'on pouvait le faire nous-mêmes* » dit Roman.
En 1990, Radsport Arnold se mit à fabriquer des vélos de triathlon Quintana Roo sous licence en Allemagne. Peu après, l'entreprise acheta ses vélos directement à Taïwan.

En traitant ainsi en direct, Radsport Arnold pu offrir un meilleur rapport qualité-prix que les marques qui passaient par un importateur.

L'entreprise opta donc pour ce modèle économique et prit le nom de Canyon en 1996. Un autre développement essentiel eut lieu deux ans plus tard. Au lieu de distribuer des vélos tout faits, Canyon sortit son premier vélo conçu en interne : un VTT tout suspendu. Mais l'ambition de Roman Arnold ne s'arrêtait pas à la vente de vélos d'un bon rapport qualité-prix : « *Nous voulions des modèles uniques* ».

À la lecture d'un article du magazine *Bike*, Roman décida de contacter Lutz Scheffer, designer et spécialiste de l'aluminium qui avait travaillé pour Porsche. « *Ce fut le début d'un long et fructueux partenariat.* »

> ## « *Nous voulions des modèles uniques.* »
>
> ROMAN ARNOLD

Puis une catastrophe arriva. La course aux cadres les plus légers grâce au nouveau matériau miracle, la fibre de carbone, avait débuté. En 2002, Canyon lança fièrement le Photon, un cadre carbone pour VTT. Malheureusement, le boîtier de pédalier se cassa lors d'un test mené par un magazine – le pire cauchemar de tout constructeur. Aujourd'hui, Roman Arnold est philosophe : « *Ce sont les échecs qui vous font grandir* ».

Canyon rappela alors les cadres Photon et construisit son propre laboratoire de tests pour mieux contrôler la qualité de ses cadres.

L'entreprise embaucha un jeune et brillant ingénieur spécialisé dans les matériaux composites, Michael Kaiser. En 2005, le cadre de vélo de course F10 fut conçu. Il atteignit le meilleur rapport résistance-légèreté au monde lors de tests. D'après Arnold, c'était « *le meilleur cadre de course au monde* ».

Avec un groupe de composants choisis avec soin et fabriqués à la main, Canyon put construire un vélo de 3,7 kg avec le F10, augmentant ainsi le prestige de l'entreprise auprès des cyclistes allemands obsédés par le poids. Mais il ne suffit pas de faire des vélos ultrarésistants et ultralégers. Pour démontrer que vos machines ont ce qu'il faut, elles doivent rouler et gagner de grandes courses. Canyon a toujours été impliqué dans les courses par le biais de programmes tels que « *Young Heroes* » qui offre du matériel haut de gamme et un coaching par le légendaire sprinteur allemand Erik Zabel à quinze jeunes talents.

C'est finalement en 2009 que Canyon fit le grand saut et sponsorisa une équipe professionnelle, Silence-Lotto. Le pari fut tenu quand l'impressionnant Belge Philippe Gilbert gagna de nombreuses victoires cette même année et quand Cadel Evans, la star australienne de l'équipe, sauva une saison semée d'embûches en remportant le championnat du monde de cyclisme sur route. *JS*

■ L'équipe Silence-Lotto lors du contre-la-montre par équipes, Tour de France 2009.

« Le F10... le meilleur cadre de course au monde. »

ROMAN ARNOLD

« *Au début,
nous n'avions aucune
idée de ce que nous
faisions.* »

GERARD VROOMEN

Cervélo

L'histoire de Cervélo est digne d'un conte de fées. Deux étudiants d'une université canadienne créèrent un modèle de cadre, le brevetèrent et assistèrent à sa consécration au travers de ses victoires, l'apogée ayant été le Tour de France 2008.

« *Au début, nous n'avions aucune idée de ce que nous faisions* » commenta le Hollandais Gerard Vroomen, cofondateur de Cervélo. Il rencontra Phil White, son associé canadien, à l'université McGill à Montréal dans les années 1990. Dans le cadre de leur projet universitaire, ils conçurent un cadre de vélo au design aérodynamique basé sur la dynamique des fluides et plusieurs heures d'essais en soufflerie. Ils ne connaissaient rien au monde du cyclisme, mais ils croyaient en leur invention et étaient persévérants.

« *Nous avons investi notre propre argent, quelques milliers de dollars, dans ce prototype,* ajouta Vroomen. *Nous avons pensé que le meilleur moyen de récupérer cet argent était de breveter le cadre, de le vendre à quelqu'un, d'entrer dans le*

monde professionnel et de trouver un travail. » Ce plan fut difficile à mettre en œuvre au début des années 1990. En 1994, Vroomen fit une dernière tentative et décida d'écrire au double champion du monde de cyclisme sur route, Gianni Bugno. Il lui expliqua que malgré sa bonne position sur son Coppi, il manquait d'aérodynamisme en contre-la-montre. Comme Vroomen ignorait l'adresse de Bugno, il inscrivit simplement sur l'enveloppe « Gianni Bugno, Italie ».

« *Je me suis dit qu'un employé du bureau de poste saurait dans quelle ville il habitait,* expliqua Vroomen, *et que la lettre finirait par arriver à son destinataire.* » Une semaine plus tard, le téléphone sonnait : Bugno était à l'autre bout du fil. Il avait

Gerard Vroomen et Phil White fabriquant l'unique cadre Baracchi dans les années 1990.

L'aérodynamisme du Cervélo P3 réduit la traînée. C'est le vélo le plus copié dans l'histoire du contre-la-montre.

l'air intéressé, mais son fournisseur de vélos de l'époque eut une tout autre réaction. « *Nous avons montré les vélos à son sponsor et ils se sont énervés,* raconta Vroomen. *Nous avons même mis leur logo, mais ils n'en voulaient pas.* »

Vroomen et White persistèrent et créèrent, en 1995, une entreprise du nom de Cervélo – composé du mot italien *cervello* qui signifie « cerveau » et de *vélo*. La première percée se déroula lors des Jeux Olympiques de Sydney en 2000. White connaissait le réparateur de l'équipe canadienne et ce dernier le présenta au coureur Eric Wohlberg. À l'époque, Wohlberg n'était pas encore sûr d'aller aux J.O. et son sponsor, GT, ne lui avait pas donné de vélo. Lorsqu'il fut appelé par l'équipe canadienne une semaine avant les J.O., Vroomen et White vinrent à son secours et lui donnèrent un vélo. Wohlberg remporta par la suite le titre de champion du Canada – puis six autres titres – avec un Cervélo. Grâce à ces victoires, le constructeur devint célèbre au Canada : « *Ce fut le point de départ de notre notoriété. Nous avons commencé à construire et vendre des vélos au Canada.* »

Le triathlon fut immédiatement réceptif, mais le marché du cyclisme sur route fut plus difficile à pénétrer. Curieusement, la réglementation de l'UCI en 2000 interdisant certains modèles et formes à la pointe de la technologie favorisa Cervélo. Heureusement pour Vroomen et White, leurs vélos étaient conformes aux mesures traditionnelles. Ils les avaient même testés en soufflerie et les résultats étaient excellents. À cause de cette réglementation, beaucoup de constructeurs faillirent abandonner leurs innovations, ou comme le dit Vroomen « *simplifier leurs modèles pour se conformer à la réglementation* ». Vroomen et White, quant à eux, essayèrent de relever le défi et de produire des vélos à la fois aérodynamiques et réglementaires.

Par exemple le vélo de contre-la-montre P3 avec son tube vertical courbé rencontra un grand succès auprès des triathlètes, mais pas auprès

des cyclistes « sur route » plus traditionnels.
Néanmoins, l'un des géants du marché américain,
Trek, se mit à prendre le triathlon au sérieux,
permettant ainsi de légitimer un marché défriché
par Cervélo.

Suite à l'utilisation d'un Cervélo par
Wohlberg et grâce à la croissance du marché du
triathlon, l'entreprise se développa. Elle conçut un
nouveau vélo de triathlon qui marqua les esprits,
l'Eyre, avec son tube oblique Aéro. D'autres
constructeurs s'en inspirèrent, ce qui ne fit
qu'accroître la crédibilité de Cervélo.

Vint ensuite le passage du triathlon au
cyclisme sur route, bouclant ainsi la boucle
commencée avec la lettre envoyée à Bugno.
À l'automne 2002, Cervélo envisagea d'équiper
une équipe professionnelle du Tour.
Le constructeur entendit dire que la formation
CSC de Bjarne Riis recherchait un sponsor.
Litespeed, la marque nord-américaine qui avait
été la première à utiliser le titane était aussi
dans la course, mais Bjarne Riis, qui voulait
repousser les limites de la technologie et de

l'aérodynamisme, fit équipe avec Cervélo. « *Nous
avions gagné des contre-la-montre, mais l'effort
nécessaire pour sponsoriser une équipe de haut
niveau est difficile pour une petite entreprise* »
expliqua Vroomen. Riis était vraiment intéressé
par l'utilisation des cadres aéro sur route. « *Il
nous a offert une belle opportunité, mais ça n'a pas
changé le fait que nous devions fournir près de 200
cadres à une équipe ainsi qu'une assistance.* »

La lune de miel fut courte. Il devint évident
que produire des vélos pour un marché de
consommateurs était autre chose qu'équiper
une formation pro. Les vélos furent renvoyés
les uns après les autres début 2003. La plupart
des problèmes provenaient d'un défaut du tube
vertical. « *Nous pensions qu'ils allaient annuler leur
contrat. Nous avons organisé un voyage à Lucques
pour rencontrer Riis. Nous étions inquiets de perdre
ce contrat après seulement quatre mois. Mais il resta
patient et nous accorda plus de temps.* »

Même si Vroomen admet que Cervélo et les
autres équipementiers de Riis, Speedplay et Zipp,
« *ne connaissaient pas les besoins des équipes pro* »,

il remercie Riis d'être resté avec eux « *alors que beaucoup de gens s'énervaient contre lui* ». En fait le partenariat entre CSC et Cervélo fut finalement très fructueux. Personne n'aurait pu imaginer cela. L'équipe devint la meilleure au monde, enchaînant les victoires lors de Paris-Roubaix grâce à Fabian Cancellara et Stuart O'Grady. Elle remporta le *Giro* 2006 avec Ivan Basso et enfin le Tour de France en 2008 avec Carlos Sastre.

Vroomen choisit la victoire de Sastre sur le Tour comme temps fort de cette collaboration, même si ce n'est peut-être pas le meilleur. « *Les Paris-Roubaix avec Cancellara puis O'Grady furent les meilleurs. Pour le matériel, c'est vraiment la course de la vérité. Ce n'est pas si difficile de faire un cadre pour un grimpeur de 58 kg qui va faire de la montagne, mais pour un type de 85 kg qui va rouler sur des pavés, c'est un vrai test.* » Cancellara gagna seulement 3 ou 4 semaines après avoir découvert son vélo, le R3, conçu spécialement pour la course. O'Grady gagna l'année suivante. En 2011, Vroomen déclara : « *Nous ne sommes plus jamais descendus du podium* ».

Quand le partenariat avec CSC prit fin en 2008, Cervélo fut encore plus audacieux et lança l'équipe Cervélo Test. Ce fut un nouveau concept, tout comme les cadres auparavant. Fatiguée des contraintes liées au travail avec une autre équipe et des scandales de dopage entourant certaines victoires de la CSC, l'équipe Cervélo Test monta son propre groupe professionnel.

Le projet initial était de commencer petit et de se développer. Comme son nom l'indique, l'idée était aussi d'utiliser l'équipe pour avoir des retours de qualité afin de développer de nouveaux produits. Avec un budget modeste, l'équipe réunit les partenaires et infrastructures nécessaires. Quelques jours après le Tour de France 2008, Vroomen rencontra Sastre en Belgique avant un critérium et lui dit que la société se séparerait de Riis à la fin de la saison et le félicita pour sa victoire au Tour. Sastre fut immédiatement intéressé : son contrat avec

« *Riis est resté patient et nous a accordé plus de temps... alors que beaucoup de gens s'énervaient contre lui.* »

GERARD VROOMEN

■ L'équipe de coureurs Cervélo Test participe à la quatrième étape du Tour de France 2009.

■ Thor Hushovd au départ de la deuxième étape du Tour de Californie 2011, à Nevada City, roulant pour Garmin Cervélo.

1994

Gerard Vroomen écrit une lettre au légendaire Gianni Bugno dans laquelle il lui propose différentes façons d'améliorer sa position sur son vélo.

2003

L'équipe CSC de Bjarne Riis devient la première équipe professionnelle européenne à utiliser des vélos Cervélo.

2006

Ivan Basso pulvérise ses adversaires en remportant le *Giro* avec plus de neuf minutes d'avance. Sa réputation s'effondre quelques mois plus tard à cause du dopage.

2008

Carlos Sastre, un bon grimpeur discret, surprend le monde du cyclisme en remportant le Tour de France. C'est la première victoire pour Cervélo.

Riis se terminait à la fin de la saison et il dit à Vroomen qu'il voulait rejoindre son équipe. Surpris mais ravis, Vroomen et White discutèrent de cette possibilité. Il faudrait élever les ambitions de l'équipe, ainsi que le budget, mais l'occasion était vraiment trop belle pour la laisser passer. Avec Sastre, l'équipe Cervélo Test jouerait dans la cour des grands.

Thor Hushovd fut l'autre recrue principale. L'équipe effectua sa première saison en 2009 remportant de nombreuses courses. Heinrich Haussler réalisa un très bon début de saison et Sastre gagna deux étapes, il termina dans les dix premiers du *Giro*. Hushovd remporta le maillot vert lors du Tour de France et Haussler gagna une étape.

La deuxième année se révéla plutôt décevante et le plus grand défi fut d'ordre financier. L'équipe était toujours à la recherche d'un sponsor en titre, mais à cause de la récession mondiale, les entreprises partaient en courant quand on leur demandait d'investir les millions nécessaires au sponsoring d'une équipe. Celle-ci dut se retirer lors de la *Vuelta* 2010 ; la brillante victoire de Hushovd aux championnats du monde de cyclisme sur route ne put la sauver. « *L'équipe s'est développée trop rapidement,* admit Vroomen. *Les résultats que nous avons obtenus au cours des premiers mois étaient basés sur les coureurs qui formaient une excellente équipe. Une petite équipe, certes, avec un budget modeste, mais les attentes ont très vite augmenté.* »

Sastre partit chez Geox mais ne retrouva jamais vraiment la forme qu'il avait lorsqu'il conquit l'Alpe d'Huez et remporta le Tour de France. Haussler, Hushovd ainsi que quelques autres coureurs de Cervélo Test roulèrent pour

le compte de Garmin en 2011, Cervélo devint le co-sponsor et fournit les vélos.

Quant à Gerard Vroomen, il quitta la société en mai 2011, laissant White seul aux commandes. « *L'avenir s'annonce radieux,* dit Vroomen. *Ce qui s'est passé dans le triathlon il y a dix ans est en train de se reproduire sur la route aujourd'hui, avec les vélos aéro. Tout le monde envahit le marché. Et toutes ces sociétés tentent de concurrencer Cervélo.* » *DB*

2009

Au cours de sa première saison, l'équipe Cervélo Test gagne vingt-cinq courses, dont trois étapes du *Giro*. Une équipe féminine voit le jour.

2010

Thor Hushovd et Emma Pooley sont champions du monde sur route et championne du monde de contre-la-montre féminin avec un Cervélo.

2010

L'équipe Cervélo Test se retire pour des raisons financières, mais l'entreprise continue, fournissant des vélos à Garmin pour la saison suivante.

2011

Un nouveau vélo de contre-la-montre, le P5, est lancé en Espagne. Le changement le plus manifeste par rapport à son prédécesseur, le P4, est le cadre au style plus agressif.

Le Cervélo S3S3 fut utilisé
par Thor Hushovd pendant la saison 2011.

Cinelli

Fondée par le coureur professionnel Cino Cinelli, l'entreprise Cinelli s'est construit une réputation grâce à ses produits innovants et de grande qualité comme les pédales automatiques M71, la selle en plastique Unicanitor ou le vélo futuriste Laser.

À la fin de l'année 1944, Cino Cinelli avait gagné toutes les courses qu'il pouvait remporter. En sept ans de compétition de haut niveau, en roulant pour les équipes de Fréjus et de Bianchi, il avait gagné le Tour des Apennins, la Coppa Bernocchi, le Tour du Piémont et les Trois vallées varésines. Il gagna également deux étapes du *Giro* et porta même le maillot rose pendant un peu plus d'une semaine. Il remporta deux des courses les plus importantes du calendrier cycliste : Milan-San Remo et le Tour de Lombardie. Deux titres qui suffisent à devenir une légende.

L'une des histoires les plus incroyables sur Cinelli ne concerne pas une victoire, mais une défaite : la poursuite individuelle lors des championnats d'Italie de cyclisme sur piste de 1942. Cinelli, habile sprinteur, fut qualifié pour la finale avec Fausto Coppi. C'était au début de la carrière de Coppi, quand il n'était qu'un *Campione* et pas encore *Il Campionissimo* (champion des champions). Mais il était déjà évident qu'à l'exception de Gino Bartali, Coppi dominait tous les autres coureurs ce jour-là. Et il était aussi dangereux sur piste que sur route. Sa victoire sur Cinelli lors de cette finale était courue d'avance.

Mais le destin a toujours aimé taquiner Coppi et lui jouer de mauvais tours. C'est ce qu'il fit ce jour-là dans le vélodrome Vigorelli à Milan. Alors qu'il s'échauffait pour la finale, Coppi tomba et se fractura la clavicule. Ce qui aurait dû se passer ensuite est assez simple : Cinelli aurait dû gagner haut la main. Mais ce n'est pas ce qui arriva. Cinelli déclara qu'il attendrait que Coppi soit guéri. Il attendit jusqu'en octobre et quand la course reprit, Coppi battit Cinelli.

Il y a deux façons d'interpréter cette histoire. La première est plutôt cynique : Cinelli fit simplement preuve d'intelligence en n'écartant pas Coppi et les *tifosi*. La deuxième, plus romanesque, est que Cinelli fit preuve d'honneur et de fair-play. Quoi qu'il en soit, sa réputation ne fut pas entachée par sa défaite.

Quelques décennies plus tard, Cinelli, établi dans le commerce des vélos, vendait l'équipement des autres constructeurs en gros, tout en fabriquant son propre matériel : guidons, potences, cale-pieds et autres pièces diverses. Il concevait également des vélos, notamment le Super Corsa. Il n'en produisait pas plus d'une centaine par an, mais ce modèle était apprécié et la demande dépassait l'offre. Un jour, un homme d'affaires américain proposa à Cinelli de produire industriellement ses vélos en Californie. L'Italien qui était un homme du passé dans un monde moderne, refusa. Il croyait en des valeurs d'antan

telles que la qualité et l'honneur. Quand il était entré dans les affaires après la fin de sa carrière cycliste, Cinelli avait fait de la « qualité » sa devise. Il fallait qu'il soit satisfait de tout ce qu'il distribuait, de chaque vélo et de chaque composant fabriqués dans son atelier.

C'est ainsi que le nom Cinelli était vite devenu un gage de qualité. Si votre équipement était retenu pour être distribué par Cino Cinelli, c'est qu'il était de très grande qualité. Associer son nom à une usine en Californie aurait certainement généré de gros bénéfices, mais au prix de la réputation de Cinelli.

Les principales contributions de Cinelli concernèrent les trois interfaces entre un vélo et son cycliste : la selle, les pédales et le guidon. Cinelli tenta d'innover dans les trois. C'est avec le guidon qu'il réussit le mieux, et encore aujourd'hui, de nombreux cyclistes maintiennent qu'un vélo n'est pas parfait s'il n'a pas un guidon Cinelli. Pour les selles, il collabora avec Tommaso Nieddu (de Vittoria) pour produire une version en plastique, l'Unicanitor.

■ Cino Cinelli, impressionnant coureur cycliste sur piste, sur le Vélodrome Vigorelli à Milan dans les années 1940.

■ Le Cinelli Corsa : la première machine classique de la gamme de vélos Cinelli.

« *Un simple vélo doit se transformer en un vélo qui n'avait encore jamais existé.* »

MANIFESTE DE CINELLI

Pour les pédales, il commença avec un cale-pied de grande qualité avant d'introduire un système de pédale automatique, la M71, plus d'une décennie avant que Look ne relègue les cale-pieds au passé.

En 1978, alors âgé de 62 ans, Cinelli vendit son entreprise à la famille Colombo qui fut ensuite absorbée par Gruppo comme Columbus et 3T. Quand Angelo Luigi Colombo avait fondé en 1919 l'entreprise de tubes Columbus, il avait déclaré vouloir faire des affaires dans le fer et l'acier, et réaliser des bénéfices équitables et honnêtes. C'était une éthique à laquelle Cinelli pouvait s'identifier, la famille Colombo sembla être la famille idéale pour poursuivre son œuvre. Après la vente de l'entreprise, Cinelli quitta complètement le monde du cyclisme et se retira dans sa villa dans la campagne toscane, où il s'essaya à la culture des olives.

En 1978, Antonio Colombo, le fils d'Angelo Luigi, reprit la direction de l'entreprise Cinelli. Le fils de Cino, Andrea Cinelli, travailla pour la partie marketing et s'aventura plus tard dans la fabrication de vélos sous la marque Cinetica (ce fut un échec, mais un bel échec). Colombo resta très fidèle aux principes de Cino Cinelli, mais il chercha également à développer l'entreprise. En 1979, Colombo présenta avec fierté un prototype du Laser. Son cadre avait un look futuriste avec des tubes fuselés et des goussets aérodynamiques. Ceux qui le regardaient attentivement pensaient qu'il était en carbone, mais le Laser était entièrement en acier et les goussets intégrés limés à la main. Il ne fut disponible pour la compétition qu'à partir de 1983 et rencontra un grand succès. À quel point était-il futuriste ? Assez pour être présenté à l'Eurobike 2011 et se fondre au milieu de ses concurrents modernes.

Dix ans avant l'introduction du Laser par Colombo, Cinelli avait lui-même construit un vélo pour Ole Ritter en 1974, pour sa tentative infructueuse de battre le record de l'heure d'Eddy

■ Pédale M71 : pour détacher la chaussure, le cycliste devait atteindre la pédale et tourner une manivelle.

■ Gintautas Umaras roule avec un Cinelli Laser ; il représente l'Union soviétique lors des Jeux Olympiques de 1988.

■ Le Model B de 1967 comporte : le blason de Cinelli sur le tube de direction, une couronne de fourche plate, le logo Cinelli et des leviers de changement de vitesse Campagnolo.

■ Le cintre Spinaci
fut interdit
car jugé dangereux.

■ Gilberto Simoni lors du
Tour d'Italie 2003. Le
vélo est équipé de la
combinaison potence-
guidon Cinelli Ram.

Merckx. Interrogé par le magazine *Bicycling* dans les années 1970 à propos du record de l'heure, Cinelli avait souligné toutes les choses qu'il ferait pour construire une machine moderne capable de battre des records. Sa priorité : des petites roues et des manivelles plus longues. Il pensait que grâce aux petites roues, la cadence serait plus élevée et que les manivelles plus longues procureraient davantage de puissance. Son vélo idéal serait à profil bas, mais Cinelli pensa que personne n'aimerait battre le record sur un tel vélo car cela gâcherait la beauté de l'exploit. Il avait vu juste, et avant que l'UCI n'interdise ce vélo en 2000, cinq coureurs avaient déjà établi de nouveaux records, ce furent leurs vélos qui attirèrent l'essentiel de la gloire.

L'incapacité de l'UCI à prendre des décisions concernant les problématiques technologiques

eut de graves conséquences pour Antonio Colombo dans les années 1990. Après la victoire de Greg LeMond lors du Tour 1989 – il avait utilisé un prolongateur sur son vélo et arraché le maillot jaune à Laurent Fignon le dernier jour de la course – de plus en plus de constructeurs s'intéressèrent au guidon et travaillèrent pour améliorer son aérodynamisme et pour proposer aux coureurs différentes positions sur le vélo. Cinelli introduisit le Spinaci en 1993. Plus court que les prolongateurs traditionnels, le Spinaci se fixait sur un guidon ordinaire et avantageait le cycliste en montée et sur le plat. Il fut autorisé par l'UCI en 1994.

Les Spinaci se vendirent très bien et Cinelli dut ouvrir une nouvelle usine pour pouvoir répondre à la forte demande. Puis en 1997, le directeur du Tour de France Jean-Marie Leblanc

■

1948

Cino Cinelli fonde l'entreprise Cinelli quatre ans après la fin de sa carrière cycliste. Le siège social se trouve toujours à Milan.

1963

Un peu après les autres constructeurs, l'entreprise se met à produire des potences et des guidons en alliage.

1970

Cinelli développe la M71, 1re pédale automatique de compétition. Les Américains la surnomment « pédale mortelle ». Quatre générations de cette pédale seront produites.

1974

Ole Ritter bat son propre record de l'heure, mais pas le record du monde, avec un vélo aérodynamique conçu par Cinelli.

accusa les Spinaci et les roues avec des rayons en carbone d'être responsables d'un nombre anormalement élevé d'accidents au cours des premières étapes du Tour. Quand l'UCI intervint, elle fit interdire l'utilisation du guidon – elle aurait pu se demander si l'origine du problème n'était pas liée au dopage au sein du peloton, mais elle ne le fit pas. Dans la nouvelle usine, le bruit des 500 000 Spinaci produits chaque année cessa de résonner.

L'entreprise fut sauvée par le vélo de ville. En 2000, Cinelli introduisit le Bootleg, un vélo à la mode pour les cyclistes amateurs. Uniquement disponible en noir, le Bootleg est autant une question d'allure qu'un moyen de transport. Mais l'aventure la plus rentable pour Cinelli au cours des dernières années fut une autre innovation : le guidon Ram. Constitué d'un cintre en composite de carbone et d'une potence intégrée, le Ram est plus ergonomique que les guidons traditionnels et est doté de surfaces planes pour les paumes de main et le pouce, offrant ainsi une plus grande variété de positions confortables sur le vélo. C'est aussi le plus beau guidon de l'histoire de Cinelli.

Même si les produits de Cinelli ont été utilisés et associés à de nombreux grands coureurs, l'ambassadeur le plus prestigieux de la marque a toujours été la réputation sans faille de Cino Cinelli pour la qualité. Le temps a passé ; cela fait maintenant plus de 30 ans qu'Alberto Colombo a repris l'entreprise et plus de 10 ans que Cino Cinelli est mort. Mais les cyclistes qui recherchent la qualité se tournent toujours vers la marque Cinelli, ce qui signifie que Colombo a su en conserver le prestige. Rien de surprenant, puisque Cinelli avait lui-même choisi son successeur précisément pour ces qualités. **FMK**

1978	1980	1985	2001
Après trente ans sous la direction de Cino Cinelli, l'entreprise est vendue à Colombo, l'un des plus importants constructeurs italiens de tubes en acier.	Le cadre du modèle Laser, destiné à la poursuite et au contre-la-montre, est conçu pour la première fois par soudage TIG.	Cinelli introduit les premiers VTT en Italie. L'entreprise les baptise Rampichino (« petit grimpeur ») et devance ainsi les autres constructeurs italiens.	Cino Cinelli meurt à l'âge de 85 ans.

Le Laser avec des roues lenticulaires
peintes par l'artiste Keith Haring.

■ Ernesto Colnago
remporte sa première
victoire lors de la Coppa
Gabellini en 1949.

■ L'équipe italienne
médaillée d'or en 1960
lors de la poursuite
par équipes dans le
vélodrome olympique.

Colnago

Colnago, nom prestigieux du cyclisme, incarne l'esthétisme, l'innovation et le savoir-faire italiens. L'entreprise doit sa réussite à Ernesto Colnago, l'homme qui l'a créée et qui la dirige encore aujourd'hui.

« *Nous avons un style bien à nous*, déclara Ernesto Colnago en 2011 pour exposer sa philosophie. *La passion est le cœur de notre entreprise.* »

Fondée en 1952, et célébrant son 60ᵉ anniversaire en 2012 – ainsi que les 80 ans de E. Colnago – cette célèbre marque italienne est immédiatement identifiable grâce à son trèfle. Elle combine innovation, excellence et élégance, et triomphe dans la plupart des grandes courses.

Ernesto Colnago a parcouru un long chemin. Il fut mécanicien auprès des plus grands noms du cyclisme, comme Eddy Merckx et Fiorenzo Magni, avant de produire une grande variété de vélos novateurs, tout en restant proche de ses racines. Né en 1932 à Cambiano, il vit encore dans cette petite ville-dortoir à l'est de Milan et sa maison se trouve toujours en face de l'entreprise qui porte son nom, Viale Brianza. Il y a 65 ans, ce n'était qu'une route de terre avec des poules. C'est dans cette rue que Colnago remporta sa première course cycliste à 15 ans. Une photo du jeune adolescent levant triomphalement sa coupe est accrochée sur le mur face à son bureau, à quelques mètres seulement de l'endroit où la photo a été prise.

À l'époque, Colnago travaillait déjà depuis deux ans chez Gloria, l'usine de bicyclettes voisine. Après quatre années, il devint chef de département, tout en se consacrant à sa carrière de coureur cycliste. Tout changea subitement quand il se cassa une jambe lors d'une course. Il resta alité chez lui mais continua à fabriquer

■ Eddy Merckx remporte les championnats du monde professionnel de cyclisme sur route (270 km) avec un Colnago.

« Eddy Merckx venait régulièrement dans mon atelier à Cambiago pour suivre les différentes phases de fabrication. »

ERNESTO COLNAGO

1985

Sur le déclin, Joop Zoetemelk participe aux championnats du monde à Montello avec un Colnago et devient champion du monde.

1996

Johan Museeuw remporte le premier de ses trois titres sur Paris-Roubaix. Il finit l'année en devenant champion du monde de cyclisme sur route à Lugano, en Suisse.

2002

Cadel Evans entre dans l'histoire en devenant le premier Australien à porter le maillot rose sur le Tour d'Italie. Il roule avec un Colnago.

2012

Anthony Charteau revêt le prestigieux maillot à pois et devient le « roi de la montagne » après avoir remporté le classement de la montagne avec un Colnago C59 Italia.

- Colnago rencontre Ferrari en 1986. Leur premier vélo, le Concept, est fabriqué en fibres de carbone.

- Vélo de piste Master Pista Inseguimento avec une finition rose et des roues lenticulaires.

- L'un des premiers vélos de piste monocoques en fibres de carbone avec roues pleines et un prolongateur.

- Version piste du C42 au milieu des années 1990. Pavel Tonkov utilisa le C42 lors du Tour d'Italie.

Chaque pièce était travaillée et affinée. Des alliages spécifiques furent développés aux États-Unis, car ce type de technologie n'était pas disponible en Europe à l'époque. Le résultat fut un modèle extrêmement épuré qui pesait 5,75 kg. Roulant sur cette machine de pointe, dans l'air raréfié de Mexico, Merckx décrocha un nouveau record en parcourant 755 m de plus.

Après une autre saison avec Molteni, Colnago releva un nouveau défi en 1974 et partit avec l'équipe Scic, qui avait pour leader Gianbattista Baronchelli.

Colnago fournit des vélos à l'équipe et le logo de l'as de trèfle fit son apparition sur les machines de l'équipe professionnelle.

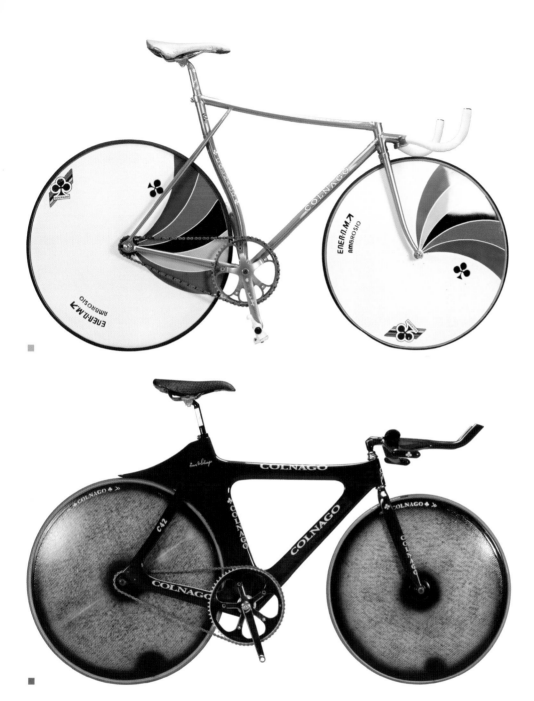

Lors du *Giro* 1974, Baronchelli arriva seulement 12 secondes derrière Merckx. Cela initia une série de succès sans précédent pour Colnago.

À la fin des années 1970 et tout au long des années 1980, Colnago travailla avec de nombreux grands noms italiens, parmi lesquels Franco Bitossi, Giovanni Battaglin et Giuseppe « Beppe »

Saronni. Repéré par Colgano quand il courait en junior, Saronni passa la majeure partie de sa carrière sur des vélos Colnago et remporta le titre mondial en 1982 à Goodwood avec l'un d'eux. Les équipes qui roulaient avec des Colnago à cette époque sont presque aussi célèbres : Del Tongo, Inoxpran, Kwantum, Ariostea et, plus tard, Lampre. Colnago gagna plus de 100 victoires,

■ Vélo Colnago classique en acier avec leviers de changement de vitesse sur le tube oblique et fourche en acier.

▪ Le Colnago utilisé par Giuseppe Saronni pour gagner l'édition 1983 de Milan-San Remo.

■ Vélo de course Colnago-Ferrari équipé de composants Campagnolo.

■ Ce vélo tout-terrain innovant est fabriqué en fibres de carbone et ne possède pas de tube vertical.

dont d'importants titres : Freddy Maertens et Joop Zoetemelk gagnèrent le titre mondial en 1981 et 1985, et Saronni remporta le *Giro* en 1979 et en 1983. Mais la plus belle collaboration de Colnago restait à venir.

En septembre 1993, Saronni organisa une rencontre à Milan entre Colnago et Giorgio Squinzi, président de l'usine de plastique Mapei.

Squinzi avait repris la formation Eldor en mai et voulait en faire une équipe de niveau international. La rencontre se passa bien.

Colnago travaillait alors comme consultant technique auprès de l'équipe espagnole Clas dont le suisse Tony Rominger était leader. Il rencontra Rominger et Juan Fernández, le directeur sportif, et ces derniers lui expliquèrent

qu'il y avait des problèmes avec l'équipe. Colnago appela aussitôt Squinzi pour lui dire que Rominger et huit autres coureurs étaient disponibles pour rejoindre Mapei et que Clas serait ravi d'être le second sponsor.

L'affaire fut conclue et l'équipe – qui allait devenir la plus victorieuse de tous les temps – fut créée pour la saison 1994.

L'équipe remporta 58 victoires cette première année, dont celles de Tony Rominger, Franco Ballerini, Mauro Gianetti, Andrea Tafi, Giancula Bortolami et Abraham Olano. Le temps fort fut le record de l'heure établi à deux reprises par Rominger. À chaque fois, il utilisa un vélo conçu et construit par Colnago. Ce dernier avait choisi l'acier, car il pensait que le vélo serait plus

ERNESTO COLNAGO À PROPOS DE SES COUREURS

« Je suis dans le cyclisme depuis plus de 50 ans et j'ai toujours essayé d'aider les jeunes cyclistes, peut-être parce que ma carrière s'est arrêtée trop tôt quand je me suis cassé la jambe. J'ai commencé par être mécanicien au milieu des années 1950 et je n'oublierai jamais les coureurs italiens comme Magni, Nencini, Dancelli et Motta. J'ai travaillé en étroite collaboration avec Molteni, et Merckx a roulé avec mes vélos, même si mon nom n'était pas sur le cadre. C'est moi qui ai fabriqué le vélo qu'il a utilisé pour battre le record de l'heure en 1972. Il pesait seulement 5,750 kg. J'ai sponsorisé une équipe pour la première fois dans les années 1970 et j'ai découvert Beppe Saronni quand il n'était encore qu'un jeune amateur talentueux. Beppe avait beaucoup de potentiel ; je me souviens encore de son attaque pour remporter le titre mondial

à Goodwod en 1982. Dans les années 1980, j'ai aidé des coureurs russes et chinois. J'ai vu Pavel Tonkov gagner le titre mondial junior et je l'ai immédiatement engagé. Il a remporté le Giro en 1996 avec un Colnago. L'équipe Mapei fut vraiment unique pour moi : Rominger a établi un record de l'heure avec l'un de mes vélos, et Mapei a dominé le Paris-Roubaix avec mes C40. Prendre les 1re, 2e et 3e places fut incroyable, mais je n'oublierai jamais la victoire de Franco Ballerini en 1998. Il fut le dernier grand coureur italien à dominer sur les pavés. »

EDDY MERCKX

Considéré par beaucoup comme le plus grand coureur cycliste de tous les temps, Merckx remporta Milan-San Remo 1971 avec un Colnago fait sur mesure. Il gagna le Tour de France à cinq reprises.

GIUSEPPE SARONNI

Au cours de sa carrière (1977-1989), Saronni remporta 193 courses. Son partenariat avec Colnago atteignit son apogée lorsqu'il devint champion du monde sur route en 1982.

JOOP ZOETEMELK

Le Néerlandais passa les dernières années de sa carrière avec un Colnago. Sur cette photo, il a 39 ans et porte le maillot arc-en-ciel après être devenu le champion du monde le plus âgé en 1985.

FRANCO BALLERINI

Le cycliste italien Franco Ballerini en pleine action, sur le point de remporter la 96e édition de Paris-Roubaix, le 12 avril 1998.

stable et donc plus adapté à un novice sur piste comme Rominger. Un gain de poids fut réalisé en aérant la chaîne – en concevant un plateau de 66 dents à l'aide d'une machine-outil à commande numérique d'un artisan local car Campagnolo n'avait pas l'équipement requis – et le guidon, et grâce à l'utilisation de rayons en titane équipés de raccords en aluminium. À Bordeaux, Rominger établit deux records stupéfiants : il battit le record de Miguel Indurain de 799 m et le dépassa une nouvelle fois de 2 251 m quand il parcourut 55,291 km.

C'est avec le C40 en carbone que les coureurs de Mapei remportèrent des centaines de victoires, dont le Paris-Roubaix à cinq reprises. Colnago avait insisté pour installer un cadre en carbone et une fourche droite Precisa, mais de nombreuses personnes, même au sein de l'équipe Mapei, s'étaient demandé si un tel modèle résisterait à la rigueur de cette course. La troisième place de Ballerini montra que Colnago avait eu raison, d'autant que le cycliste déclara que le C40 l'avait avantagé par rapport aux vélos équipés de fourches à suspension, alors à la mode. « *Les ingénieurs de Ferrari nous avaient montré qu'une fourche droite absorbe mieux les chocs* » expliqua plus tard Colnago. En dépit des critiques, tout le monde le copia et tous les vélos de Mapei qui gagnèrent ensuite le Paris-Roubaix avaient une fourche Precisa. Le premier titre de Ballerini lors du Paris-Roubaix en 1995 marqua un tournant majeur. Trois ans plus tard, trois coureurs de Mapei arrivèrent seuls dans le vélodrome, et Johan Museeuw l'emporta après une performance spectaculaire de l'équipe.

En 2002, Mapei tira sa révérence après 94 victoires. Colnago continua à travailler avec des équipes renommées et d'éminents coureurs, comme la star belge de cyclo-cross Sven Nys, avec qui il développa le splendide et efficace Cross Prestige. Plus récemment, il collabora avec l'équipe Europcar. Lors du Tour de France 2011, Thomas Voeckler utilisa le meilleur des derniers modèles Colnago, le C59 Italia. Il porta le maillot

■ Un Mexico Oro de 1979. Une version plaquée or fut présentée au Pape Jean-Paul II. Il est équipé d'une fourche arrière en or, de pédales gravées au nom d'Ernesto Colnago, d'une fourche avant et de leviers de vitesse plaqués or, et de freins Colnago.

jaune et faillit gagner le Tour, soulignant ainsi le talent de Colnago pour produire des vélos qui concurrencent les meilleurs.

« Pour moi, tout tourne autour de ma passion pour les vélos, dit Colnago. Je n'aime pas quand les gens commencent par le marketing et les couleurs, et ne s'intéressent qu'après à la technologie. Ce n'est pas le bon ordre. Vous pouvez suivre le marché ou suivre la mode, mais l'élégance reste l'élégance, quelle que soit votre philosophie. Tous nos cadres présentent une base d'élégance classique. Nous avons un style bien à nous. La passion est le cœur de notre entreprise. »

Cette passion a permis de réaliser de nombreuses innovations : comme la forge à froid pour fabriquer des fourches plus réactives et moins rigides dans les années 1950 ; ou une

nouvelle conception de la fourche avec la Precisa dans les années 1990.

« Colnago fut un véritable pionnier, constate le fondateur de l'entreprise. Il y a beaucoup de choses que nous avons développées et qui ont été reprises par d'autres puis produites en masse. C'est l'une des caractéristiques de notre société, nous nous consacrons à l'innovation, nous faisons notre possible pour faire avancer la technologie des vélos. Et souvent, nous sommes les premiers à expérimenter, puis on nous copie. » **PC**

■ Tony Rominger établit
son record de l'heure
en octobre 1994
avec un Colnago.

■ Le Belge Johan
Museeuw et l'équipe
Mapei remportent le
Paris-Roubaix 1996.

LE COLNAGO C40
DE FRANCO BALLERINI

À Roubaix, Ballerini avait une selle San Marco Regal. Ce modèle était doté d'une coque et d'un rembourrage assez généreux, essentiel pour les pavés qui font de Roubaix une course si difficile et si prestigieuse.

Le Colnago C40 de Franco Ballerini n'a établi aucun record du monde. Il ne représenta pas non plus une grande avancée technologique en matière de conception. Mais le temps d'une course, il offrit à l'histoire du cyclisme l'un des moments les plus mémorables et les plus emblématiques.

En 1998, Ballerini était l'un des favoris de Paris-Roubaix – il avait déjà gagné cette course trois ans auparavant. Mais peu de gens s'attendaient à ce qui allait se passer. Il réalisa une échappée à Mons-en-Pévèle – à plus de 70 km de l'arrivée, sur l'une des sections les plus dangereuses sur pavés – et gagna avec 4 minutes et 40 secondes d'avance. Écart le plus grand enregistré depuis Eddy Merckx en 1971. Son rival Magnus Backstedt avait compris que l'Italien tentait de s'échapper et il avait essayé de le suivre. Quelques longueurs à peine séparaient alors les deux vélos. Ballerini s'était retourné et avait accéléré une nouvelle fois. Backstedt et les poursuivants furent distancés. C'est sur le podium à Roubaix qu'ils revirent Ballerini.

L'envolée de Ballerini ce jour-là fut une véritable démonstration de la parfaite synergie entre un homme et sa machine. Sa puissance était idéale pour ce terrain difficile. Alors que les autres coureurs avançaient péniblement, Ballerini filait sur les pavés.

Ballerini mourut dans un accident de voiture lors d'un rallye en 2010. Le C40 qu'il utilisa pour gagner le Paris-Roubaix 1998 trône dans l'usine d'Ernesto Colnago, à Cambiago, encore recouvert de boue et de poussière.

Ambrosio fournit les roues pour l'équipe Mapei. À Roubaix, les coureurs utilisèrent des jantes profil bas en aluminium.

Ernesto Colnago était un grand admirateur de Franco Ballerini, il garde le vélo qu'il utilisait pour les classiques dans son usine.

LA REDOUT
12

Les équipes rivales et les constructeurs expérimentaient la technologie des VTT pour les courses telles que Paris-Roubaix, mais Colnago resta fidèle à ses principes en matière de conception.

DÉTAILS DE CONCEPTION

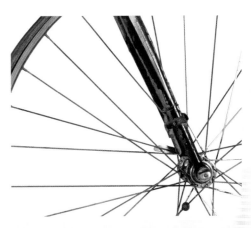

FOURCHE DROITE EN ACIER

Le C40 est l'une des légendes du peloton. Le constructeur fut l'un des premiers à utiliser des fourches droites ; le vélo de Ballerini était équipé d'un cadre en carbone et d'une fourche en acier et fut conçu avec les tubes et les manchons standards en carbone de Colnago.

GÉOMÉTRIE SUR MESURE

Ce vélo fut conçu avec une géométrie sur mesure : l'arrière est plus long et il y a plus de jeu au niveau du pneu pour la boue soulevée tout au long du parcours de Paris-Roubaix. Les pneus tubulaires étaient collés, et il y avait un groupe Shimano Dura-Ace 9 vitesses.

Columbus

Pendant la majeure partie du XXe siècle, l'acier fut un matériau de choix pour ce constructeur de cadres. Columbus a fourni les tubes les plus légers à de nombreux constructeurs réputés. Avec le retour de l'acier, la société italienne reste un acteur important.

Le seul nom prestigieux dans le monde de la construction de tubes c'est celui de Columbus. Ce n'est pas étonnant, s'il y a des gens qui peuvent transformer la fabrication de tubes en quelque chose d'exceptionnel, ce sont bien les Italiens. Dans l'histoire de l'industrie du cycle, il y eut de nombreux constructeurs de tubes réputés, mais aucun n'a autant fait rêver les passionnés de vélos faits sur mesure que Columbus.

L'histoire de la société milanaise a plus de 90 ans. Le jeune Angelo Luigi Colombo fonda la société, AL Colombo, juste après la Première Guerre mondiale. En fabriquant des tubes en acier qui convenaient aussi aux tiges de selle, aux guidons, aux pédales et aux cadres

de vélo, Colombo commença bientôt à fournir les principaux constructeurs de cycles tels que Bianchi et Atala. En 1931, il installa l'équipement nécessaire pour extruder les tubes sans soudure indispensables à la construction de motos et de vélos légers. L'entreprise contribua également à la production d'avions. Colombo imita son concurrent britannique Reynolds qui fournissait des tubes en acier pour les montants de moteur d'avion.

Dans les années 1930, la société devait néanmoins la majeure partie de sa réputation grandissante à son mobilier en acier tubulaire pour la maison et le bureau. Certaines pièces – conçues avec des designers et architectes

■ Dans les années 1930, Columbus établit sa réputation en réalisant des meubles haut de gamme, utilisant des tubes légers qui seront ensuite adoptés pour fabriquer des cadres.

■ En 1973, Eddy Merckx (gauche) et Angelo Colombo (centre gauche) présentent un cadre portant le nom du grand coureur.

avant-gardistes de l'époque – sont stockées dans un grand entrepôt de Columbus à l'extérieur de Milan.

Parallèlement, Colombo introduisit des tubes en acier de marque conçus spécialement pour la fabrication de vélos. Si les tubes Aelle – laminés et soudés par point dans un acier au chrome-manganèse – allaient perdurer pendant plus d'un demi-siècle comme tube bon marché destinés aux vélos de randonnée et de transport, la marque se distingua immédiatement en utilisant des technologies de pointe telles que l'extrusion à froid d'acier au chrome-molybdène sans soudure, et le renforcement des tubes.

Ces technologies n'étaient pourtant pas si avancées. Reynolds, fabricant du légendaire « Reynolds 531 », largement considéré comme le leader dans ce domaine, avait développé son alliage d'acier au manganèse-molybdène extrudé à froid depuis 1934.

En 1977, Antonio Colombo, le fils cadet d'Angelo, quitta son poste de président d'AL Colombo, sépara la marque Columbus de la société mère et fit de la nouvelle entreprise Columbus Srl un constructeur spécialisé dans les tubes de vélos.

Columbus initia alors une longue tradition d'innovation en introduisant un nouvel alliage d'acier baptisé Cyclex. Concrètement, il s'agissait de l'acier au chrome-molybdène privilégié par Columbus. Cyclex devint la base de la série des tubes SLX, SL, SP, PL, Record, KL, GT et OR.

Chaque appellation était destinée à une utilisation spécifique selon les initiales : SL désignait un tube à usage universel sur les routes asphaltées (*strada leggera* en italien) tandis que le

« Je veux travailler dans le fer et l'acier et réaliser des bénéfices équitables et honnêtes. »

ANGELO LUIGI COLOMBO

■ Le laboratoire
de Columbus est
entièrement équipé
pour la production
de tubes sur mesure.

▨ Le laboratoire
comporte une très
large gamme de tubes
en acier, en aluminium
et en fibres de carbone
de toutes tailles.

tube SP, plus lourd (300 g par tube), était réservé aux *strada pesante*, des surfaces difficiles comme Paris-Roubaix.

La plupart de ces tubes étaient renforcés et affinés, comme le sont les tubes en acier légers pour les vélos. Le PL et le Record étaient adaptés uniquement pour la poursuite individuelle et pour les tentatives de record sur piste. Leurs parois étaient extrudées sur toute la longueur et étaient aussi fines qu'une feuille de papier de 0,5 mm. Les tubes de même calibre, les bases et les haubans utilisés par Merckx pour battre le record de l'heure en 1972 ne pesaient que 1610 g, avec une fourche et un tube de direction.

Les tubes supérieurs et obliques à double épaisseur du KL, choisis pour les efforts individuels sur route lisse en contre-la-montre, ajoutaient 0,2 mm aux extrémités de la paroi, pour 60 g de plus. Très fragiles, ces tubes étaient privilégiés par les coureurs de contre-la-montre britanniques à la recherche de performance, mais aussi d'une touche d'originalité que seul le blason doré de Columbus sur le cadre pouvait apporter.

Le tube de direction avait un bord hélicoïdal renforcé. Pendant un temps, ce fut peut-être l'élément caractéristique de la marque Columbus. L'extrémité inférieure était renforcée au niveau du croisement entre le tube de direction et la couronne de la fourche, qui est un point de tension élevée. Sans ajouter plus de poids que nécessaire, le procédé d'extrusion à froid formait une série de nervures en forme de spirales. Ce même renforcement hélicoïdal était présent au bout de l'axe de pédalier de plusieurs tubes du SLX, surnommé « super-renforcé ». Destiné aux professionnels, le SLX était le meilleur type de tube Columbus de tous les temps. Mais il n'avait pas l'attrait du SL (30 g plus léger) ni du légendaire SP qui, grâce aux bases et haubans de 1 mm d'épaisseur, convenait tout aussi bien aux surfaces rugueuses des routes qu'au physique puissant et imposant de grands rouleurs comme Francesco Moser.

Avec ses 2 300 g le SP était lourd. Il permettait de construire un cadre quasiment indestructible grâce à l'épaisseur de la paroi du tube. Un tube amélioré baptisé MAX fut introduit en 1987. Il suscita immédiatement l'intérêt du fait de l'utilisation d'un alliage d'acier nommé Nivacrom. Il avait été développé par Columbus pour les tubes de forme ovale si caractéristique. Formé d'*ellipses orientées et de sections différenciées*, le MAX ne fut pas le premier tube à employer le concept de tube non cylindrique. Mais il fut le premier à être travaillé dans le but d'améliorer les performances mécaniques. Les tubes principaux étaient aplatis en forme d'ellipses et étaient ensuite alignés pour optimiser la puissance et la rigidité dans les plans souhaités. Combiné à l'utilisation de tubes de diamètre plus grand, cela offrit au tube MAX une meilleure performance que le SP tout en pesant 400 g de moins.

Bien que le MAX représentât une avancée dans le développement des tubes en acier pour les cycles légers, ce ne fut pas la réponse à tous les problèmes. Une version plus fine (de 3,175 mm) baptisée MiniMAX permit de diminuer le poids et procura un peu plus de confort sur le vélo. L'étape suivante fut un retour aux tubes « arrondis » avec le concept « *Differential Shape Butting* ». Ce tube fut baptisé Genius. Extrudé du même alliage d'acier Nivacrom, le Genius tenta de résoudre le problème de l'harmonisation de la matière en modifiant la forme à l'intérieur des extrémités du tube.

Le Genius fut le premier tube conçu spécialement pour le soudage TIG et fut un grand succès pour Columbus. Il donna naissance à une version tout-terrain et entraîna le développement d'une série de modèles de tubes en acier Nivacrom avec des variations sur le procédé DSB (*Differential Shape Butting*). Ces tubes portaient désormais un nom, et non un code composé de lettres comme dans les années 1980. Le plus beau fut Nemo, développé à partir d'une technique qui fut ensuite adoptée par de grands constructeurs de vélos comme Cannondale pour l'affinage des cadres ultralégers. Les ingénieurs de Columbus fixèrent des jauges de déformation sur les points de tension des tubes, mesurèrent la déformation et la déviation, et utilisèrent ces informations pour réduire l'épaisseur des tubes aux endroits de faible tension et l'augmenter aux points de tension plus élevée.

Ce concept de renforcement fut appelé ZBC (*Zone Butted Concept*) et confirma le statut de l'entreprise alors que la concurrence dans le domaine des tubes en acier pour le cyclisme commençait à s'intensifier. Dedacciai – société fondée en 1993 près de Crémone par les

---

1919

Angelo Luigi Colombo fonde AL Colombo, Via Stradella à Milan, pour fabriquer des tubes pour les constructeurs de bicyclettes.

1931

Colombo produit des composants pour les motos, les voitures et les avions, et se fait connaître pour ses meubles raffinés.

1950

Gilberto, le fils de Colombo, rejoint l'entreprise comme directeur d'usine et commence à concevoir des châssis de voiture. Maserati, Ferrari et Lancia compteront parmi ses clients.

1977

Antonio, le fils cadet de Colombo, reprend l'entreprise et se consacre à la production de tubes innovants pour des cadres haut de gamme.

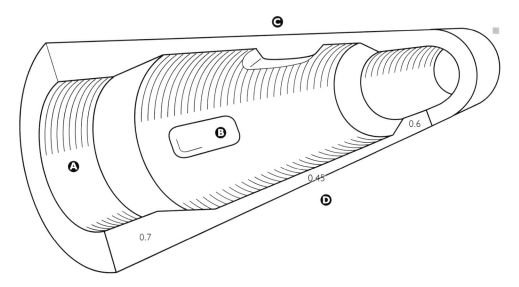

C

0.6

B

0.45

A

D

0.7

■ Pedro Delgado
remporte le Tour de
France 1988 avec un
Pinarello fabriqué avec
les tubes Columbus.

■ En 1996, Columbus
introduit la technologie
ZBC qui identifie
les zones de tension
et de compression
d'un cadre. **A** : petite
zone renforcée,
renforcement
asymétrique ; **B** : zone
renforcée pour le
dérailleur avant ; **C** :
zone renforcée pour
le porte-bidon ; **D** : les
chiffres indiquent les
différentes épaisseurs
de la paroi.

frères Luca et Stefano Locatelli – créait son impressionnant alliage d'acier 18MCDV6HT. Au même moment, le matériau traditionnel des cadres de course était sur le point d'être délaissé pour l'aluminium et le titane... jusqu'à l'arrivée de la fibre de carbone.

Ce fut néanmoins une période prospère pour Columbus. De nouveaux tubes aux noms évocateurs comme Metax ou Neuron sortirent à une fréquence déconcertante, même lorsque l'entreprise passa à l'aluminium et produisit des tubes aux technologies avancées comme Altec et Altec II, Starship, Zonal et XLR8R. Utilisant les séries d'alliages avancés 6000 et 7000, ces tubes étaient dotés de profils originaux inspirés du MAX ou suite à la demande des clients qui voulaient avoir de la place pour mettre le logo de leur société. Le titane fit également son apparition. Le tube Hyperion fut apprécié par de nombreux constructeurs artisanaux italiens.

Mais l'acier n'avait pas disparu. En 1999, Thermacrom, l'alliage d'acier le plus avancé jamais développé pour la construction de cadres, sortit et fut remplacé cinq ans après par Spirit, qui utilisait le niobium comme agent d'alliage pour obtenir un tube ultramoderne pour un cadre de 54 cm qui ne pesait que 1 060 g.

L'année précédente, Columbus avait créé le XLR8R Carbon, un tube en fibres de carbone conçu pour les petits fabricants. Dedacciai développa un concept similaire. Mais c'est sur les grands constructeurs de cadres et sur les techniques de construction monocoque que repose l'avenir des cadres en composites.

Au contraire, l'avenir de l'acier, ou du moins des tubes en acier de très grande qualité, ultralégers et très résistants, revient aux constructeurs de cadres sur mesure et Columbus a encore une carte à jouer. Le XCR est un acier inoxydable extrêmement résistant qui peut être aussi réfléchissant qu'un miroir. Il n'y a rien de plus glamour qu'un cadre en XCR. *RH*

1991

Le tube Genius, en alliage d'acier Nivacrom, est un succès. Il est suivi du Megatube en 1994, du Nemo en 1996, du Thermacrom en 1999 et du Starship en 2000.

2003

Columbus introduit XLR8R Carbon, une série de tubes en carbone conçus pour les courses sur route.

2004

Les tubes en acier reviennent avec le modèle Spirit, qui utilise le niobium comme agent d'alliage pour créer des cadres ultralégers.

2009

Grâce à ses tubes XCR en acier inoxydable sans soudure, Columbus est récompensé lors de l'*International Forum Design*.

Concorde

Cette marque tant admirée a connu un succès fulgurant dans les années 1980 et équipé de nombreuses stars du cyclisme professionnel. Depuis, Concorde a disparu et ses vélos sont devenus des objets de collection.

L'histoire de Concorde est hors du commun. Il s'agit d'une marque de vélos conçus par l'Italien Ciöcc, un constructeur de cadre de grande qualité.

Concorde est née dans les années 1980 de la rencontre entre le Belge Veltec et le Néerlandais Weltmeister, deux gros importateurs de vélos. Ciöcc leur fournissait les cadres, avec des composants Campagnolo, des tubes Columbus, des manchons Cinelli, puis les vélos étaient peints aux Pays-Bas. L'entreprise rendait hommage à l'Italie à travers sa publicité et les noms qu'elle donnait à ses modèles : Squadra, Aquila, Astore. Mais sur route, c'est dans l'histoire du cyclisme

hollandais qu'elle se distingua par son slogan : « *It's like flying* ! » (c'est comme voler).

Concorde avait équipé de petites équipes néerlandaises et belges au début des années 1980 ainsi qu'une équipe Concorde en 1983 et 1984. Mais c'est en 1986, avec l'équipe PDM-Concorde, que l'entreprise se fit vraiment connaître, grâce aux victoires de l'équipe aux Pays-Bas et aux grands cyclistes qui la rejoignirent. En six ans de compétition, PDM devint l'une des « *super-équipes* » et remporta de nombreuses étapes du Tour de France. Même si l'équipe n'a jamais gagné le Tour au classement général, elle arriva en tête du classement par équipes en 1988 et 1989 et

■ Un Concorde de 1981 présenté dans le catalogue du constructeur.

■ Pedro Delgado et Stephen Roche s'affrontant pour la victoire du Tour de France 1987. C'est Roche qui arrivera en tête.

vit deux de ses coureurs terminer à la deuxième place – Pedro Delgado en 1987 et Steven Rooks en 1988. En 1990, Erik Breukink prit la troisième place du général après avoir été ralenti par des problèmes mécaniques au Tourmalet et avoir changé trois fois de vélo.

Sean Kelly roula pour le compte de PDM pendant deux ans et remporta la coupe du monde en 1989 et Liège-Bastogne-Liège pour la deuxième fois la même année. Concorde investit également le cyclo-cross avec Adrie van der Poel et Hennie Stamsnijder.

Tout allait pour le mieux, jusqu'en 1991. L'année commença très bien : Jean-Paul van Poppel remporta quatre étapes de la *Vuelta* et Uwe Raab gagna une autre étape et le maillot à pois. Mais lors du Tour de France, toute l'équipe dut se retirer. Une intoxication alimentaire fut en cause à l'époque, et même si le médecin de l'équipe mit cela sur le compte d'un complément alimentaire mal conservé, on découvrit plus tard qu'il s'agissait de dopage. Des années après, Manfred Krikke, l'un des directeurs sportifs de l'équipe déclara : « *Nous n'étions pas l'équipe la plus éthique du peloton. Nous étions au bord de la ligne rouge. Mais PDM nous avait dit "pas de scandale de dopage". Ils n'avaient pas dit "pas de dopage"* ». L'affaire précipita la fin de PDM-Concorde. L'équipe dura le temps d'une dernière saison, au cours de laquelle Jean-Paul van Poppel remporta de nouvelles étapes sur le Tour et la *Vuelta*.

Concorde continua à sponsoriser des équipes et des cyclistes, comme le coureur de cyclo-cross Richard Groenendaal (deuxième aux championnats du monde en 1994). Mais l'équipe ne retrouva jamais son statut de leader. Aujourd'hui, les Squadra et Aquila du temps de PDM, arborant leurs cadres blanc et noir si caractéristiques, ont de nombreux admirateurs. C'est à travers eux que Concorde perdure. *sc*

Daccordi

Le constructeur toscan commença à produire des vélos en 1937. Son extraordinaire savoir-faire et l'attention qu'il prêtait à la moindre pièce d'une machine de course, comme les manchons ou l'axe de pédalier, firent sa réputation.

Giuseppe Daccordi fonda son entreprise de construction de cadres en 1937. À cette époque, de nombreux artisans italiens montaient leur propre entreprise et certains sont aujourd'hui très célèbres. Il eut des débuts modestes avec un associé et interrompit sa production lors de la Seconde Guerre mondiale, disparaissant ainsi pendant six ans. Lorsque la production reprit en 1945, l'entreprise prospéra et les cadres de Daccordi acquirent une bonne réputation sur l'un des marchés les plus compétitifs au monde. À l'instar de nombreux constructeurs italiens, l'entreprise resta familiale et Luigi, le fils de Giuseppe, en prit la direction dans les années 1960.

Les différents constructeurs italiens avaient en commun leur fidélité envers les tubes Columbus

et Daccordi n'échappa pas à la règle. Le défi pour un constructeur de cadres était d'assembler les tubes en acier, les manchons, les boîtiers de pédalier et les couronnes de la fourche pour obtenir un produit final original et attrayant. Tout comme les autres maîtres artisans, Daccordi a toujours fabriqué avec talent et créativité ses cadres dans son usine à San Miniato Bassano près de 40 km à l'ouest de Florence.

Luigi, héritier de l'entreprise familiale, fit beaucoup pour développer la réputation de Daccordi dans les années 1960. Il utilisa, par exemple, les raccordements de moulage par microfusion pour que les cadres soient le plus rigide possible. C'est en observant une partie presque oubliée du cadre qu'on comprend que Daccordi avait le souci du détail. La finition à l'intérieur du boîtier de pédalier révèle tout le talent et la patience du constructeur. C'est à cet endroit que toutes les sections du tube formant un angle de 45° se rejoignent. En regardant le boîtier, on remarquerait aussitôt une mauvaise préparation ou un brasage médiocre. Un boîtier de pédalier avec une finition nette ne répond pas seulement à une question d'esthétique, mais aussi à un besoin de solidité pour l'une des zones les plus sollicitées. Les cadres Daccordi devinrent célèbres pour leur belle facture et leur plus grande résistance.

Daccordi voulut innover et fut l'un des premiers à utiliser les tubes construits par Oria qui tenta de concurrencer Columbus sur le marché italien au milieu des années 1980. Basé à Oriago, dans la province de Venise, Oria utilisa de nouvelles techniques d'extrusion pour ses tubes en acier avant d'adopter de nouveaux matériaux et de nouvelles méthodes, comme les tubes en aluminium et la technologie composite.

Vers la fin des années 1980 et le début des années 1990, les cadres Daccordi furent de plus en plus renommés pour leur rigoureuse finition. De nombreux cadres étaient plaqués nickel. Ce procédé augmentait le poids mais procurait aussi une magnifique finition et une excellente résistance.

Daccordi équipa également des équipes de professionnels et d'amateurs à des fins de marketing et de développement du produit. Adriano Baffi, sprinteur italien et vainqueur de nombreuses courses, comptait parmi ses meilleurs coureurs, tout comme le Néerlandais Johan van der Velde. Ce dernier entra dans l'histoire lors du Tour d'Italie 1988, quand il roula dans la neige pour atteindre le premier le mythique col de Gavia. Ce fut l'un des plus beaux jours de l'histoire du *Giro*. Un jour marqué par Van der Velde et son Daccordi recouvert de neige. **RD**

■ Le modèle du 50ᵉ anniversaire est équipé de tubes Columbus SLX et d'un groupe Campagnolo.

■ Giuseppe Daccordi photographié dans les années 1950. Il créa son entreprise en 1937.

■ La série Daccordi Divo est équipée d'une fourche imposante pour une meilleure direction, de bases en carbone, d'un système de câbles interne et d'un boîtier de pédalier fileté.

■ Au début, Ugo De Rosa supervisait chaque aspect de la construction.

■ Au cours des années 1970 et 1980, De Rosa fabriquait près de 3 000 cadres par an.

De Rosa

De Rosa se distingue par la qualité de ses vélos et pour sa longue collaboration avec Eddy Merckx, le plus grand coureur de tous les temps.

Peu de vélos suscitent autant d'admiration et de fierté chez les spécialistes que ceux portant le nom du constructeur italien Ugo De Rosa. Cette marque a une histoire exceptionnelle. Elle doit sa renommée à la carrière du légendaire Eddy Merckx et à l'excellente facture de ses cycles. Sans oublier son design unique et l'indicible panache qui caractérise les grandes marques de vélos italiennes.

On dit souvent que l'histoire d'une marque commence quand son fondateur vend ses premiers cycles. Mais l'histoire de De Rosa a débuté bien avant qu'il vende ses premiers vélos au printemps 1953. Ugo De Rosa passa son adolescence à préparer sa carrière de constructeur de vélos.

À l'instar de ses contemporains – Ernesto Colnago, Falieri Masi, Giovanni Pinarello – le jeune De Rosa était coureur cycliste. Mais si les autres coureurs devinrent constructeurs par défaut, suite à des revers dans leur carrière cycliste, De Rosa savait depuis longtemps qu'il serait constructeur de cadres : « *À 13 ans, j'étais fou de vélos* », dit-il.

De Rosa étudia la mécanique à l'école. Parallèlement à sa formation théorique, il montait et réparait les vélos dans l'atelier de son oncle, Filippo Fasci. Il développa vite des connaissances techniques approfondies sur le vélo. Après plus de cinq ans d'apprentissage, il ouvrit son propre magasin Via Lanfranco della Pila, à Milan, et fonda, à tout juste 18 ans, sa propre entreprise De Rosa Cycles.

Les années 1950 furent une période difficile. L'Italie ne s'était pas encore remise de la guerre et un vélo de course était encore trop cher pour beaucoup. Mais la passion d'avant-guerre des Italiens pour le cyclisme renaissait, et des coureurs comme Fausto Coppi et Gino Bartali relançaient leurs carrières… et leur rivalité. Ugo De Rosa entrevit le potentiel que pouvait offrir cette période de l'après-guerre.

De Rosa perça en 1958. Sa réputation s'était étendue au-delà de Milan et quand il rencontra le grand coureur français Raphaël Géminiani dans le vélodrome Vigorelli, ce dernier lui commanda un vélo pour le Tour d'Italie. Avec ce vélo, il termina à la 8e place et s'empara de la 3e place lors du Tour de France. Cet événement marqua le début d'une longue collaboration entre De Rosa et le cyclisme professionnel. Au cours des décennies suivantes, De Rosa fournit des vélos à des équipes et des coureurs dont les noms résonnent encore dans l'histoire du cyclisme.

Le plus connu d'entre eux est Eddy Merckx, surnommé « Le Cannibale » à cause de son insatiable appétit de victoires. Il fut sans aucun doute le plus grand coureur de tous les temps, même si Merckx lui-même le réfute en déclarant qu'il est impossible de comparer sur des périodes différentes. Au début de sa carrière, Merckx fut équipé par Ernesto Colnago, le célèbre constructeur italien. Connu pour son perfectionnisme – il était capable de régler la hauteur de sa selle en pleine course pour optimiser sa position –, Merckx demanda à De Rosa de lui construire des cadres dès 1969.

■ Raphaël Géminiani en 1953. Il roulera plus tard avec un vélo De Rosa et remportera plusieurs victoires.

Ce vélo date de 1953. C'est à cette période que De Rosa crée son entreprise.

1934

Naissance d'Ugo De Rosa à Milan. Il s'intéresse aux vélos et aux courses cyclistes à l'adolescence.

1953

De Rosa vend ses premiers vélos dans son magasin à Milan, un an après avoir fondé De Rosa Cycles à l'âge de 18 ans.

1958

Raphaël Géminiani demande à De Rosa de lui construire un vélo pour le Tour d'Italie. Il termine à la 8e place et arrive 3e du Tour de France avec son De Rosa.

1973

S'étant construit une réputation auprès des meilleurs coureurs, De Rosa commence à équiper le plus légendaire de tous : Eddy Merckx.

Merckx et Colnago s'étaient quittés en mauvais termes après que Merckx ait battu le record de l'heure à Mexico sur un vélo conçu par Colnago mais apparu sous la marque « Windsor » (nom d'un constructeur mexicain). Selon les versions, soit Merckx avait voulu remercier ses hôtes mexicains, soit il avait été payé 10 000 dollars pour que son vélo porte ce nom. Quoi qu'il en soit, Colnago était furieux. De Rosa entra donc dans la vie de Merckx. Ce dernier était si méticuleux qu'il en paraissait parfois capricieux. *« Combien de nuits blanches il fallut passer pour ce champion... mais que de victoires ! »*

Merckx roula avec des vélos De Rosa jusqu'à sa retraite en 1978. Il ajouta deux autres Tours d'Italie, un dernier Tour de France et un titre mondial à son palmarès. Pour Ugo De Rosa, la saison 1974 fut sa préférée : Merckx gagna les Tours d'Italie, de France, de Suisse et les championnats du monde. *« J'ai construit 50 vélos cette année-là, dont six en une semaine pour le Tour d'Italie. Je dormais dans mon atelier pour pouvoir tenir la cadence. »*

Quand Merckx décida de lancer sa propre entreprise de cycles en 1978, De Rosa l'aida à s'installer et lui construisit même pour sa marque quelques vélos.

Hilary Stone, historienne spécialiste du cyclisme, possède un cadre Merckx qui présente certaines caractéristiques de De Rosa, comme des fentes dans le boîtier de pédalier ou le cœur sur le tube oblique, marque de fabrique de De Rosa.

Merckx a peut-être tout simplement acheté les composants du cadre à De Rosa, mais ça n'en reste pas moins révélateur de leur relation et du fait qu'Ugo De Rosa était disposé à aider son ami à créer une entreprise concurrente.

> *« En cinquante ans d'histoire, nous avons appris qu'il ne faut rien laisser au hasard. »*
>
> UGO DE ROSA

1974

Merckx fait sa première saison officielle avec un De Rosa : il remporte les Tours d'Italie, de France et les championnats du monde. Il roulera en De Rosa jusqu'à sa retraite en 1978.

1978

Merckx prend sa retraite et crée sa propre entreprise de cycles. Il prend alors conseil auprès d'Ugo De Rosa. Ce dernier devient consultant technique d'Eddy Merckx Cycles.

1994

De Rosa fait son retour et devient le fournisseur de l'équipe Gewiss. Elle remporte plus de 40 courses, dont le Tour d'Italie avec les nouveaux cadres en aluminium.

1996

Les cadres en aluminium viennent s'ajouter à la gamme. La fibre de carbone est utilisée pour le cadre King (2000). L'acier reste apprécié et est utilisé pour le cadre Corum (2005).

Il est possible d'identifier la « patte » de De Rosa sur un cadre quand on connaît sa maîtrise et son talent. « *En 50 ans d'histoire, nous avons appris qu'il ne faut rien laisser au hasard* » déclara un jour Ugo De Rosa. Le souci du détail, comme la fente sur le boîtier de pédalier, illustre parfaitement sa quête de la perfection. Le boîtier de pédalier est le composant du cadre qui supporte les manivelles, il doit donc résister à des efforts importants. Dans les années 1970, c'était un élément en acier lourd et rigide, mais De Rosa comprit qu'il pouvait être allégé en toute sécurité en enlevant une partie du métal et en laissant des trous pour l'évacuation de l'eau par temps de pluie.

Même si Merckx était le plus connu, il ne fut pas le seul à gagner avec un vélo De Rosa. Francesco Moser, Moreno Argentin, Romans Vainsteins et Franco Pellizotti comptent parmi les champions associés au constructeur. Il n'est donc pas surprenant que Merckx ait engagé son vieil ami pour l'aider à lancer Eddy Merckx Cycles. L'expertise technique d'Ugo De Rosa en matière de construction de cadres était devenue légendaire, très convoitée et plutôt rare. D'après des estimations sérieuses, certains constructeurs de cadres des années 1970 et 1980 produisaient près de 20 000 cadres en acier par an. Au même moment De Rosa en produisait et supervisait à peine 3 000.

Poussé par la passion et la volonté d'améliorer les cadres de vélos, Ugo de Rosa fut l'un des premiers constructeurs européens à remarquer la concurrence qui arrivait des États-Unis.

À la fin des années 1980, les entreprises de cycles américaines abandonnèrent l'acier – qui avait été le matériau de base de la construction des vélos pendant un siècle –, et commencèrent à tester de nouveaux métaux comme l'aluminium et le titane. Ugo De Rosa s'intéressa tout particulièrement à ce dernier.

Inoxydable, plus léger que l'acier et caractérisé par une réactivité offrant une conduite dynamique et agréable, le titane avait tout pour être le meilleur matériau.

Suivant sa maxime « *ne rien laisser au hasard* », De Rosa étudia les alliages de titane existants et les techniques de fabrication nécessaires pour travailler ce matériau difficile à souder. En 1991, il sortit le Titanio, qui fut sans doute le cadre en titane qui remporta le plus de victoires. En 1994, l'équipe Gewiss gagna plus de 40 courses importantes avec le Titanio, comme Milan-San Remo, Liège-Bastogne-Liège, la Flèche Wallonne et le Tour d'Italie. La domination de Gewiss éveilla même les soupçons surtout après la victoire de l'équipe aux trois premières places lors de la Flèche Wallonne. Michele Ferrari, le médecin de l'équipe, déclarant à l'époque que l'EPO – le produit miracle prisée par le peloton – n'était « *pas dangereux en soi, c'est l'abus qui l'est. C'est aussi dangereux que de boire dix litres de jus d'orange* ». Même si le docteur Ferrari fut congédié – il travailla ensuite avec Lance Armstrong – les soupçons continuèrent de peser sur l'équipe. L'efficacité et les avantages des machines De Rosa utilisées cette année-là ne furent cependant jamais remis en cause. Aujourd'hui, De Rosa produit toujours deux modèles de cadre en titane, même si la plupart des constructeurs ayant testé le titane dans les années 1990 ont fini par abandonner ce matériau aux spécialistes.

De Rosa adopta tardivement l'aluminium et lança ses premiers cadres dans ce métal en 1996. Il n'avait jamais éprouvé beaucoup d'intérêt pour ce matériau, et commença à l'utiliser quand il ne put plus résister à la demande. D'après l'historique de l'entreprise, l'aluminium était « *parfois utilisé sans examen préalable, de façon trop superficielle* ». Mais ce n'était pas la façon de travailler de De Rosa et quand il se mit à produire des gammes de cadres en aluminium, il chercha aussi à en améliorer le rendement. Il fabriqua le cadre Merak en 2003 en utilisant pour la première fois l'hydroformage, un procédé permettant

« *J'ai construit
50 vélos cette année-
là (1974), dont six
en une semaine pour
le Tour d'Italie. Je
dormais dans mon
atelier pour pouvoir
tenir la cadence.* »

UGO DE ROSA

d'obtenir des formes et des épaisseurs hautement expérimentales.

Contrairement aux autres constructeurs qui hésitaient à utiliser les matériaux composites, De Rosa comprit assez tôt le potentiel de la fibre de carbone et l'intégra dans sa gamme dès 2000 en produisant le cadre King. Le secteur italien des supercars et de la Formule 1 avait déjà développé depuis les années 1970 des compétences dans la fibre de carbone. Quand le coût de la fibre baissa et devint accessible pour les cadres de vélos, les sous-traitants italiens étaient en mesure d'apporter leur expertise concernant son application. D'après les critères modernes de poids, le King était lourd, pesant plus de 1 400 g. De Rosa comprit que ce point pouvait être amélioré et développa des versions de 1 000 g : le dernier King RS pèse 950 g.

Pour De Rosa, la conception et les tests sont des éléments cruciaux. Avant qu'un cadre ne soit commercialisé, il doit être testé dans les locaux du constructeur, dans les laboratoires des universités locales et sur la route par les coureurs professionnels chevronnés.

Aujourd'hui, De Rosa est le seul constructeur à fabriquer des cadres en utilisant encore les quatre matériaux. Les autres se sont spécialisés, le plus souvent dans la fibre de carbone. Mais pour De Rosa, le carbone, l'acier, l'aluminium et le titane procurent des sensations différentes. Chaque matériau s'adresse donc à un type de coureurs particuliers qui méritent tout autant que les autres de rouler avec un De Rosa.

Comme pour la plupart des constructeurs italiens, De Rosa est une entreprise familiale. Ugo De Rosa a aujourd'hui plus de 70 ans, et ce sont désormais ses trois fils, Danilo, Doriano et Cristiano, qui dirigent la société. Cristiano est le visage public de De Rosa. Il accueille les vendeurs lors des salons, séduit la presse et fait preuve d'un enthousiasme sans bornes à l'égard de ses vélos. Danilo et Doriano ont suivi les traces de leur père. Danilo soude des cadres en titane et

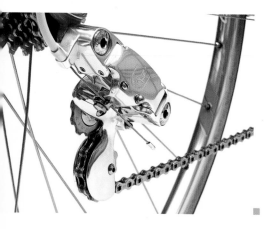

■ Un De Rosa SLX de 1986 avec un sticker Super Prestige Pernod dédié aux victoires d'Eddy Merckx en 1973, 1974 et 1975 ; une potence restaurée 3TTT et le guidon ; des freins à étrier Cobalto restaurés (double pivot, tirage latéral) et un dérailleur arrière Campagnolo Record dont on a retiré le traitement d'anodisation.

■ Le Titanio est introduit en 1991. C'est l'un des meilleurs cadres en titane utilisés en compétition.

Doriano est chargé de la conception – y compris pour les modèles sur mesure. Les frères De Rosa ont conservé de bons souvenirs de leur enfance au milieu des vélos : « *Nous venions ici tous les jours après l'école pour aider notre père, racontait Cristiano en 2005. Nous faisions un petit peu tout : le rangement, le nettoyage, l'emballage… puis notre père nous a appris à construire des vélos* ».

Un jour, Ugo De Rosa déclara : « *Il faut d'abord apprendre à fabriquer des vélos, puis apprendre à les vendre* ». Quand il a commencé en 1953, il devait tout faire lui-même, tout en étant efficace et pragmatique. Aujourd'hui, son entreprise produit près de 7 000 cadres par an et ce niveau de production serait impossible à maintenir sans une équipe compétente dirigée par ses trois fils.

On romance souvent l'histoire d'une marque et de ses réussites, mais Ugo De Rosa n'est pas un nostalgique. « *J'ai l'habitude de ne jamais regarder en arrière et de ne jamais compter les années passées à fabriquer des cadres*, explique-t-il sur son site web. *Je préfère regarder vers l'avenir, parce qu'après avoir travaillé pendant 50 ans, je reste persuadé qu'on peut encore innover dans le cyclisme. Je souhaite poursuivre ce que j'ai fait jusqu'à présent et contribuer à l'évolution de cet objet fascinant qui est à la fois si simple et si complexe.* »

On peut penser que la famille de l'artisan milanais va continuer à faire évoluer les vélos de course pendant encore au moins 50 ans. **JS**

> *« Je reste persuadé qu'on peut encore innover dans le cyclisme. »*
>
> UGO DE ROSA

L'élégant cadre King RS Gold
ne pèse que 950 g.

Eddy Merckx

Eddy Merckx est largement reconnu comme le plus grand cycliste de tous les temps.
Il applique maintenant la même quête obsessionnelle de perfection aux vélos qui sont
fabriqués sous son nom.

Pour beaucoup, Eddy Merckx est le numéro un. Il est celui qui a tout gagné et qui incarne cet esprit de compétition qui est l'essence même du sport. Son redoutable surnom de « Cannibale » laisse peu de place à l'imagination : il était insatiable. Sa volonté de gagner était inébranlable, et sa recherche de la perfection sans relâche : le moindre petit détail avait son importance. Dès ses premiers pas dans ce sport, le vélo devint une obsession. Sa passion pour les vélos c'est l'histoire d'amour de sa vie.

Pendant la plus grande partie de sa carrière professionnelle (1965-1978), Merckx utilisa des vélos avec un cadre à son nom. En fait, ils étaient réalisés par d'autres constructeurs comme les Italiens Faliero Masi et Ugo De Rosa. Pour ce dernier, la méticulosité du coureur belge était une source de stress : « *Eddy était si pointilleux qu'on aurait pu le croire capricieux. Combien de nuits blanches il fallut passer pour ce champion... mais que de victoires !* ».

« *Merckx était obsédé par le matériel* » affirme Daniel Friebe, auteur de *Eddy Merckx : une vie* (éd. Lanoo). « *Comme il l'a confirmé lui-même, il a démonté son vélo lorsqu'il était un jeune professionnel pour en compter tous les composants. Je ne pense pas que beaucoup d'autres coureurs aient utilisé une douzaine de vélos par Tour comme le faisait Merckx. Il emportait même une perceuse pour enlever de la matière et diminuer le poids du vélo.* »

Cette obsession dura tout au long de sa carrière. Il remporta la plupart des courses d'envergure du calendrier cycliste. Chez lui, les invités s'émerveillaient devant les 500 boyaux, les 150 roues et les 35 vélos alignés dans sa cave. Claudine, sa femme, s'était habituée à la passion dévorante de son mari et racontait qu'il lui arrivait même de se lever en pleine nuit pour remesurer les angles et les hauteurs. Néanmoins ses échappées nocturnes ne suffisaient pas toujours. Dans le film *A Sunday in Hell* – un documentaire retraçant le Paris-Roubaix 1976 – on voit Merckx s'arrêter en pleine course pour ajuster la hauteur de sa selle avec une clé allen qu'il avait l'habitude de ranger dans sa poche arrière. Pour n'importe quel autre coureur, il serait impensable de s'arrêter ainsi pour repartir ensuite à toute vitesse. Mais pas pour le redoutable Merckx et son inépuisable énergie. En fait, depuis une chute lors d'une épreuve disputée derrière derny près de Blois en 1969, il était constamment préoccupé par la position de sa selle.

Même au début de sa carrière sa quête de la perfection était sans fin. En 1967 alors qu'il roulait pour Peugeot-Michelin-BP, le cadre Peugeot PX-10 ne le satisfaisant pas, il demanda à Falerio Masi de lui construire un vélo sur mesure aux couleurs de l'équipe. Le seul détail révélateur était un macaron Masi sur la tige de selle.

Malgré sa carrière sans précédent, Merckx n'était pas un champion extraverti et il évitait la comédie à laquelle s'adonnaient certains pour avoir un ascendant psychologique sur leurs adversaires. Il était poussé par une conviction implacable : s'il courait, il devait gagner. Il se plaisait à dire que les gens étaient venus le voir

gagner et qu'il ne pouvait pas les décevoir. Même loin du peloton, il était discret et gardait ses opinions pour lui. Mais une chose l'attirait sans cesse : le vélo.

On raconte que s'il tombait sur un amateur en train de réparer un vélo au bord de la route pendant son entraînement, il s'arrêtait et prenait le temps de l'aider à remettre le vélo en état.

Son vélo le plus connu est sans doute celui que lui construisit son ami Ernesto Colnago lorsqu'il tenta de battre le record de l'heure à Mexico en 1972.

La version finale du vélo fut précédée de plusieurs prototypes car Merckx, qui avait surtout roulé sur route, avait tâtonné sur la géométrie du cadre. Colnago conçut donc un cadre orange plus vertical avec une selle avancée.

> *« C'est un rouleur très puissant, mais sa puissance est soigneusement dirigée, équilibrée et transformée en énergie. »*
>
> JEAN-PAUL OLLIVIER

La configuration choisie par Merckx fut testée sur la route lors du Tour du Piémont, juste avant qu'il ne s'envole pour Mexico.

À 50 km de l'arrivée, il attaqua seul et sprinta jusqu'à la ligne d'arrivée. Il devança son adversaire le plus proche, Felice Gimondi, de plus d'une minute. Il avait testé son vélo et sa condition physique et il était prêt pour sa première et unique tentative de battre le record de l'heure.

Le vélo construit pour le record était le fruit d'un travail digne d'un artiste. Le guidon de course avait été perforé, formant un motif élégant qui évoquait davantage une décoration qu'une solution technique pour réduire le poids. La tige de selle avait également été percée à l'endroit de

1953

Merckx reçoit son premier vélo de course à 8 ans, il s'agit d'un modèle d'occasion.

1964

Merckx participe aux Jeux Olympiques et arrive à la douzième place. La même année, il devient champion du monde amateur à Sallanches.

1969

Il remporte son premier Tour de France. C'est le seul Tour où un coureur arriva en tête du classement général, du classement par points et du classement de la montagne.

1972

Le 25 octobre, Merckx bat le record de l'heure en parcourant 49,431 km dans la ville de Mexico. Ce record restera inégalé jusqu'en 1984.

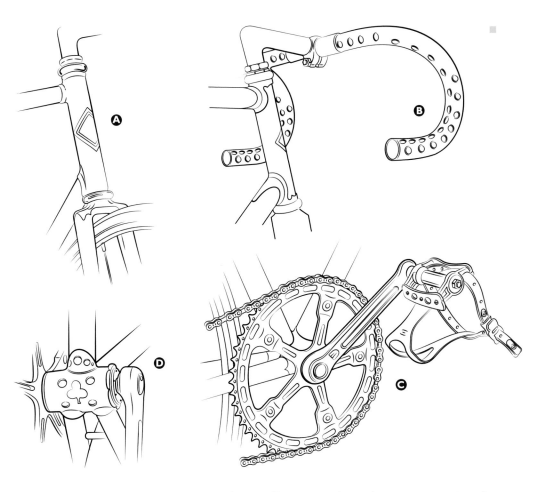

la fixation avec le cadre, et une grande quantité
de titane, léger mais très cher, avait été utilisée
dans les composants. Le vélo pesait à peine 5,5 kg.

Merckx battit le record, parcourant une
distance de 49,431 km. Il confirma plus tard
qu'il ne ferait pas d'autres tentatives, car il avait
beaucoup trop souffert. Ce triomphe immortalisa
son vélo, qui est depuis souvent exposé lors de
salons à travers le monde. Dans les années 1990,
l'innovateur en série Graeme Obree proposa des

vélos toujours plus performants qui permirent de
battre plusieurs fois ce record, l'Union cycliste
internationale (UCI) imposa alors des restrictions
sur la conception des vélos. Elle prit comme
référence le Colnago orange de Merckx.

Merckx prit sa retraite en 1978, après
une brillante carrière de 13 ans. Il avait gagné
toutes les courses importantes, faisant rêver ses
supporters sur la route et sur les vélodromes
au fil des saisons. Une fois à la retraite, il se

1974

Merckx remporte son cinquième et
dernier Tour de France. En tout, il
aura porté le maillot jaune pendant
96 jours, un record.

1978

Le 19 mars, il dispute sa dernière
course, le circuit du Pays de Waes,
et termine 12e. Il se retire de la
compétition la même année pour
réaliser ses projets d'entreprise.

1980

Eddy Merckx Cycles reçoit un accueil
favorable auprès des coureurs
professionnels. En 1982, Peter Winnen
est le premier à rouler avec un cadre
Merckx, il gagne une étape du Tour.

2012

L'entreprise emménage dans de plus
grands locaux près du centre-ville
de Bruxelles pour répondre aux
sollicitations. Les vélos Merckx sont
aujourd'hui vendus dans 21 pays.

La machine de Merckx en 1970 a des leviers de frein perforés – pour diminuer le poids –, un logo constructeur sous l'axe de pédalier, des commandes de vitesse Campagnolo et des haubans épurés.

Fasciné par la géométrie des cadres et le confort procuré sur le vélo, Merckx se levait en pleine nuit pour bricoler ses vélos.

retrouva face à un vide. Il n'avait rien à faire. Rien ne le passionnait. Il erra pendant un temps, puis sur les conseils avisés de Paul Van Himst, footballeur belge et ami proche, il se lança dans la construction de vélos pour la génération de coureurs suivante. C'est exactement le petit coup de fouet dont il avait besoin et il se consacra entièrement à son projet. Il contacta De Rosa et lui demanda de lui prodiguer quelques conseils. Il s'informa sur les propriétés des matériaux utilisés pour les cadres et se forma au métier de constructeur. En 1980, il ouvrit sa propre usine de cycles à Meise et engagea De Rosa comme consultant technique.

Les vélos répondaient aux exigences de Merckx, ce qui en fit leur principal atout. Ils trouvèrent vite leur place chez les professionnels. Eddy Merckx ne roulait plus, mais son nom réapparut dans le peloton en 1982, lorsqu'il décrocha son premier contrat professionnel avec Capri Sonne. Cette même année, le coureur néerlandais Peter Winnen fut le premier à remporter une étape du Tour de France avec un cadre conçu et construit par Merckx. Et quelle étape : un marathon de 251 km reliant Bourg d'Oisans (situé aux pieds de l'Alpe d'Huez) à Morzine. Ce fut une course digne du grand Eddy Merckx.

Depuis lors, les vélos d'Eddy Merckx ont toujours été présents dans le peloton professionnel. Certaines équipes des années 1980 et 1990 les ont utilisés et ont remporté plusieurs classiques, à l'instar de Robert Millar en 1987 qui arriva à la seconde place du Tour d'Italie. L'équipe pionnière américaine 7-Eleven roula également avec ces vélos pendant deux ans jusqu'à ce qu'elle devienne l'équipe Motorola. Les coureurs de Motorola utilisèrent des Merckx, comme le jeune Lance Armstrong, qui finit par se lier d'amitié avec le constructeur.

Les vélos Merckx connurent une traversée du désert au milieu des années 2000. Si le constructeur a perduré au plus haut niveau,

« *Eddy était si pointilleux qu'on aurait pu le croire capricieux. Combien de nuits blanches il fallut passer pour ce champion... mais que de victoires !* »

UGO DE ROSA

c'est grâce à l'adoption de nouveaux matériaux et procédés. Merckx avait beau être un traditionnaliste dans l'âme quand il s'agissait de vélo – il maintenait par exemple que les fourches devaient être courbées bien après que d'autres constructeurs aient préféré les fourches droites –, l'entreprise a su évoluer avec son temps et adopter les nouveaux matériaux et designs.

À la fin 2009, Eddy Merckx Cycles annonça son retour dans le peloton professionnel et signa un contrat pour équiper Quick Step, l'équipe de Tom Boonen. Pour de nombreux « *wielervolk* » belges (fervents supporters flamands), Boonen est l'héritier direct de Merckx : entre 2005 et 2008, « Tommeke » domina les classiques comme personne depuis plus d'une génération. La Belgique n'avait plus eu de star depuis longtemps et Boonen fut pour elle un envoyé du ciel. Même si les deux coureurs minimisaient toute comparaison, ils jouaient le jeu des médias, apparaissant souvent ensemble pour les interviews au cours desquelles Merckx donnait

des conseils sur la longueur des manivelles au quadruple vainqueur de Paris-Roubaix. Un jour, Boonen plaisanta même sur l'idée de se lancer dans la fabrication de vélos une fois sa carrière cycliste terminée. « *Pourquoi pas ?* répondit Merckx. *Mais il devra d'abord apprendre ce métier comme je l'ai fait il y a plus de 30 ans.* » Cette remarque semble résumer la pensée de Merckx pour qui le vélo est bien plus qu'une simple machine.

Merckx a vendu une grande partie des parts de sa société en 2008 mais il y reste fortement impliqué. C'est plutôt rassurant de savoir que dans un monde dominé par les nanotubes en carbone et la conception assistée par ordinateur, ce symbole vivant de l'âge d'or du cyclisme essaie encore parfois un cadre pour vérifier que sa géométrie est absolument parfaite. *SD*

EDDY MERCKX

C'est avec ce modèle Colnago qu'Eddy
Merckx battit le record de l'heure en 1972.

Flandria

Le nom « Flandria » évoque l'une des grandes terres d'origine du cyclisme. L'histoire de ce constructeur est liée à celle du cyclisme en Flandre. L'entreprise est aussi connue pour son conflit familial acharné qui mena à la construction d'un mur en briques pour séparer l'usine en deux.

Le destin de cette marque est marqué de rivalités et de controverses mais aussi d'innovations et de succès typiques du monde du cyclisme. On pense à la querelle entre Eddy Merckx et Freddy Maertens suite aux championnats du monde 1973, à la victoire de Marc Demeyer sur Paris-Roubaix en 1976 (immortalisée par le documentaire *A Sunday in Hell*), à l'invention du « train » par l'équipe Faema-Flandria en 1962, ou encore à la disqualification de Michel Pollentier lors du Tour 1978 quand on découvrit un préservatif rempli d'urine sur lui lors des tests antidopage... L'histoire du constructeur est tout aussi passionnante.

Tout commença en 1896, quand Louis Claeys fabriqua son premier *velomobiel* dans la forge familiale à Zedelgem, près de la côte de Flandre occidentale. La famille Claeys tenait la forge du père de Louis qui avait travaillé pour le forgeron et avait fini par en épouser la fille. La production de vélos démarra lentement. Quatre des fils de Louis (Alidor, Jeremoe, Aimé et Remi) en firent une entreprise. À l'origine, elle fut baptisée *De West-Vlaamsche Leeuw* (Le Lion de Flandre occidentale), mais fut renommée *Werkhuizen Gebroeders Claeys* (Les Frères Claeys) en 1924. Elle vendit plus de 25 000 bicyclettes au cours des trois premières années et atteignit bientôt une production annuelle de 35 000 vélos. La fratrie adopta les nouvelles technologies et Aimé se chargea de la transformation de l'entreprise lors de l'industrialisation. En 1933, elle commença à produire des motos en plus des bicyclettes. Même la Seconde Guerre mondiale et le refus des frères Claeys de produire pour les Nazis ne purent enrayer la croissance de l'entreprise, qui prit le nom de Flandria en 1940.

Flandria produisait tout ce qui avait un lien avec le vélo, des tricycles aux vélos pliants, en passant par les premiers vélos d'intérieur en Belgique. En 1952, plus de 250 000 vélos furent vendus et l'entreprise possédait des usines en France, aux Pays-Bas, au Portugal, en Espagne et au Maroc. Mais dans les coulisses, les frères n'étaient pas satisfaits. Alidor partit créer sa propre société et en 1956 un différend familial opposa les trois autres frères. Jereome prit sa retraite, Remi et Aimé se partagèrent l'entreprise au sens propre. Un mur de briques fut construit afin de scinder l'usine en deux, ainsi que les machines trop lourdes pour être déplacées.

Aimé garda le nom de Flandria et Remi baptisa sa moitié d'entreprise Superia – nom du vélomoteur de Flandria le plus vendu à l'époque. Le conflit perdura, même après la mort des frères ; les ouvriers avaient l'interdiction de parler aux personnes qui travaillaient de l'autre côté sous peine d'être renvoyés.

Aimé Claeys continua à développer Flandria. C'est sous sa direction qu'eut lieu un autre événement majeur.

D'après la légende, en 1959 il rencontra par hasard dans un café en Belgique le sprinteur belge Leon Vandaele. Ce dernier venait d'être renvoyé de son équipe Faema-Guerra après avoir désobéi au leader de l'équipe Rik van Looy : roulant seul, il avait remporté Paris-Roubaix et le championnat des Flandres. Vandaele avait donc besoin d'une nouvelle équipe.

L'équipe Dr Mann-Flandria fut aussitôt formée, avec Vandaele en leader. « *L'homme de fer* », Briek Schotte, en devint le capitaine et le directeur sportif. Ils remportèrent 44 courses au cours de la première saison 1959.

En 1977, Sean Kelly fut engagé dans l'équipe Flandria par le directeur sportif Jean de Gribaldy.

1896

Louis Claeys fabrique un vélomobile dans la forge familiale située dans la province de Flandre occidentale, qui deviendra l'entreprise de cycles Le Lion de Flandre occidentale.

1924

Le nom de l'entreprise change et devient Werkhuizen Gebroeders Claeys (Les Frères Claeys) alors que la production est passée de 8 000 à 35 000 vélos par an.

1940

L'entreprise est rebaptisée Flandria Cycles. Elle produit toutes sortes de vélos, des tricycles aux vélos pliants en passant par les vélos d'intérieur.

1956

Suite à un différend familial, un mur de briques est érigé afin de scinder l'usine en deux. D'un côté se trouve Flandria Cycles et de l'autre Superia (du nom d'un vélomoteur de l'entreprise).

Au cours des années 1960, l'équipe Flandria changea régulièrement de nom, mais sa réputation pour l'innovation et le soutien de jeunes coureurs resta intacte. La plupart des grands coureurs belges de l'époque – à l'exception de Merckx – roulèrent pour le compte de cette équipe admirée pour ses nombreux talents. En 1962, le champion du monde Rick van Looy rejoignit l'équipe pour un an. C'est lors de cette saison que la « garde rouge » Faema-Flandria aurait introduit le concept de poisson pilote dans le cyclisme professionnel.

À partir de 1963, Flandria devint sponsor principal. L'équipe accentua alors son côté belge se battant bec et ongles et ne lâchant rien. Walter Godefroot, « Le bouledogue flamand », intégra l'équipe en 1967. Deux ans plus tard, Roger De Vlaeminck, « Monsieur Paris-Roubaix », passa professionnel avec l'équipe et commença sa carrière en beauté en remportant sa première course, la Omloop Het Volk. En 1970, Flandria était devenue l'équipe à battre dans les classiques.

Flandria vécut des hauts et des bas au cours des années suivantes. Jean-Pierre Monseré, la nouvelle recrue, remporta les championnats du monde de cyclisme sur route en 1970 à 21 ans. Il mourut tragiquement l'année suivante, percuté par une voiture en pleine course lors du *Grote Jaarmarktprijs*. Pour honorer sa mémoire, l'équipe voulut se dépasser. Elle participa donc à toutes sortes de courses, remportant toutes les grandes courses d'une journée ou des étapes – sauf pour le Tour de France, même si Jozef Plankaert et Joop Zoetemelk arrivèrent tous deux à la deuxième place au général. Avec l'arrivée du super sprinteur Freddy Maertens en 1972, Flandria continua d'aller plus haut et plus loin.

L'équipe, sponsorisée par un constructeur, disposait de vélos à la pointe de la technologie. En 1973, elle devint la première équipe professionnelle à utiliser des composants fabriqués par un constructeur japonais : Shimano faisait son apparition dans le peloton professionnel européen. Flandria était une énorme entreprise qui d'un côté adoptait la technologie japonaise pour ses vélos de route et d'un autre devait se battre sur le marché des vélomoteurs et des motos afin de concurrencer les importations d'Extrême-Orient.

En 1972, Flandria déplora la mort d'Aimé Claeys. Des milliers de personnes assistèrent à son enterrement. Lorsque son fils Paul reprit la direction, la société qui avait produit jusqu'à 350 000 vélos par an commençait à s'essouffler. La démocratisation de la voiture entraînait l'effondrement du marché des mobylettes.

Tandis que l'entreprise s'affaiblissait, l'équipe, elle, semblait se renforcer. En 1976, Freddy Maertens remporta 44 courses, égalant ainsi le record de Merckx. Sa plus belle victoire fut les championnats du monde. L'année suivante, l'équipe accueillit Jean de Gribaldy, découvreur de talents hors pair qui engagea le jeune irlandais Sean Kelly.

L'année 1977 fut sensationnelle, Flandria rafla 103 victoires. Maertens gagna 53 courses en maillot arc-en-ciel – dont 13 étapes, le classement général et le maillot à pois lors du Tour d'Espagne, suivi de 6 étapes sur le Tour d'Italie. Il dut abandonner la course après s'être cassé le poignet lors d'une violente chute. L'équipe voulut aussi se retirer, mais Maertens les persuada de rester. Son coéquipier Michel Pollentier prit sa place et remporta le Tour.

1959

Flandria entre dans la compétition professionnelle avec l'équipe Dr Mann-Flandria, le leader est Leon Vandaele. L'équipe remporte 44 victoires pour sa première saison.

1963

Flandria devient sponsor principal et six ans plus tard, Roger De Vlaeminck, l'un des plus grands coureurs de classiques, rejoint l'équipe et devient professionnel.

1973

Après avoir engagé la superstar belge Freddy Maertens, Flandria devient la première équipe professionnelle européenne à utiliser les composants du japonais Shimano.

1981

Malgré sa domination dans les classiques tout au long des années 1970, Flandria fait faillite. Superia rachète le nom, mais les vélos Flandria s'arrêtent au bout de cinq ans.

Maertens se remit vite en selle et en 1978, le Tour de France semblait lui tendre les bras. Il remporta la cinquième et la septième étape. Kelly gagna la sixième et Pollentier arriva en tête à l'Alpe d'Huez, s'emparant du maillot jaune… avant d'être exclu pour fraude au contrôle antidopage. On raconte qu'un coureur aurait accidentellement laissé voir son réservoir d'urine relié à un tuyau. Le médecin aurait alors demandé aux autres coureurs de soulever leur maillot et Pollentier aurait été pris en train de tricher et aussitôt disqualifié.

Même si Marc Demeyer remporta la dix-neuvième étape et Maertens le maillot à pois, l'équipe ne se remit jamais complètement de cette affaire. En 1979, Pollentier quitta la formation avec d'autres coureurs, dont Sean Kelly, et monta sa propre équipe Splendor. Maertens resta chez Flandria mais il souffrait encore des séquelles de son accident de 1977 et avait des problèmes au dos. Malgré trois victoires d'étape et la troisième place de Joaquim Agostinho au général, les résultats de l'équipe furent décevants.

Ce fut la dernière saison de l'équipe : le constructeur Flandria n'avait plus de budget pour sponsoriser l'équipe.

En 1981, Flandria ne vendait plus de vélos et l'entreprise fit faillite. La société Superia de Remi Claeys racheta Flandria et le mur qui séparait l'usine fut détruit, mettant ainsi un terme à la vieille querelle de famille. Mais la marque ne fut pas sauvée pour autant. En 1986, l'entreprise Superia-Flandria produisit ses derniers vélos. Ce fut la fin d'une époque, mais si l'entreprise avait bel et bien disparu, personne ne l'oubliait.

En 2002, le nom fut racheté par le Britannique Adam Longworth. En 2004, la production de vélos reprit sous le nom de Flandria pour les marchés du sport et de la compétition. Paul Claeys, l'ancien directeur, fut ravi de revoir la marque Flandria sur des vélos, de même que leur nouvelle couleur qui rendait hommage aux vélos de son passé. Aujourd'hui, plus de cent ans après la fabrication du premier vélomobile, les cadres rouge et blanc de Flandria s'attaquent encore aux pavés belges. *SC*

 Sorti en 2011,
le Compétition
en carbone est doté de
la technologie
des nanotubes.

L'ancien cadre Flandria
Red Competition pèse
980 g.

Focus

Nouveau venu dans le peloton professionnel, ce constructeur allemand conçoit des vélos admirés pour leur remarquable design. L'entreprise développe des produits innovants et fait appel aux coureurs professionnels pour tester les derniers cadres Focus.

Appartenant au géant allemand Derby Cycle, Focus vient de la course cycliste et se consacre à ce domaine. Depuis deux décennies, Focus s'est développé et a construit tous les types de vélos : des vélos de course pour le Tour de France jusqu'aux vélos électriques dont les ventes explosent en Allemagne. Focus est récemment apparu sur le devant de la scène cycliste grâce aux victoires de ses coureurs de niveau professionnel. En 2011 pendant le Tour d'Espagne, Roberto

Moreno et Joaquim Rodríguez de l'équipe Katusha ont remporté respectivement une et deux étapes avec un vélo Focus.

Jörg Arenz, directeur de la marque Focus, collabore avec le constructeur depuis 14 ans. Il avait remporté les championnats d'Allemagne de cyclo-cross en 1998 et est chargé de la gestion de produits en 2003. Comme Arenz le résume, la philosophie de la marque est « *par les professionnels pour les professionnels* » – les

anciens coureurs professionnels s'occupent
du développement. « *Nous sommes en contact
avec nos équipes pour savoir ce que nous pouvons
améliorer ou changer pour que les cadres soient plus
rigides ou plus confortables* » précise Arenz.

« *Les équipes testent aussi nos prototypes.
C'est très important pour nous dans la phase de
développement. Ainsi, nous avons des retours directs
sur ce qui se passe en condition de compétition.* »
Focus fonctionne de cette façon depuis ses
débuts. Lorsque le VTT était en plein essor en
Europe, Mike Kluge (champion du monde de
cyclo-cross de 1992) avait testé des pneus larges,
ce qui lui avait plutôt bien réussi puisqu'en 1990, il
avait remporté la coupe du monde de VTT. Kluge
décida de développer des vélos très performants
pour la compétition.

Le succès fut au rendez-vous. En 1993,
Kluge remporta le championnat national de
cyclo-cross avec un Focus et arriva à la seconde
place aux championnats du monde. Focus vendit
sa première gamme de vélos et le succès fut
immédiat. Avec Kluge aux commandes, Focus
sponsorisa la première équipe professionnelle

allemande de VTT en 1995. Quand le VTT fit son
apparition aux Jeux Olympiques de 1996, Kluge y
participa avec un Focus.

Focus fut relancé en 2004, quand Arenz devint
directeur-produit et introduisit les vélos de route.
En 2005, Hanka Kupfernagel, légendaire coureuse
de cyclo-cross allemand, fut sacrée championne du
monde avec un Focus et remporta le titre mondial
du contre-la-montre en 2006.

Focus se tourna vers les nouveaux matériaux
et sortit son premier vélo de route en carbone,
le Cayo, en 2006. Arenz expliqua que grâce à
son appartenance à un groupe, Focus bénéficiait
des ressources pour innover. Derby étant le plus
grand constructeur de vélo allemand et l'un des
trois plus importants en Europe, il permettait à
Focus de consacrer du temps et des ressources
à la recherche et au développement, même si
certains nouveaux projets étaient plus longs à
démarrer.

Arenz est fier de l'équipe qu'il dirige et dont
il dit que chaque membre est « *en permanence
impliqué dans la création d'une nouvelle gamme* »,
faisant de Focus « *la Formule 1 du cyclisme* ». **JS**

> **« *Nous restons
> toujours en contact
> avec nos équipes pour
> savoir ce que nous
> pouvons améliorer. »***

JÖRG ARENZ

Gazelle

S'il y a bien un pays au monde où le vélo est roi, ce sont les Pays-Bas. Gazelle, son principal constructeur de vélos, est au premier plan de cette passion depuis plus de cinquante ans.

Royal Dutch Gazelle est l'un des plus grands constructeurs de vélos au monde. L'usine se trouve à Dieren aux Pays-Bas, et a déjà produit plus de 13 millions de vélos pour des clients du monde entier. Les Gazelle sont aussi très populaires à Amsterdam où les habitants vont travailler en vélo. Ils sont reconnus par tous pour leur robustesse et leur fiabilité.

Aujourd'hui, l'entreprise n'est plus engagée dans le peloton professionnel, mais elle a équipé des générations de très bons coureurs pendant plus de 30 ans et, ce dès le milieu des années 1960. Gazelle fournissait un cadre de course solide et sûr, le Champion Mondial, qui

est devenu un vrai classique. Il fut créé par Bertus Slesker, constructeur néerlandais qui avait été recruté à la fin des année 1960 afin d'aider Gazelle à percer dans le cyclisme professionnel et pour ajouter un peu d'originalité à cette marque sérieuse et fonctionnelle. Le plan fonctionna, et même si la marque n'a sponsorisé que des formations néerlandaises, le Champion Mondial obtint d'excellents résultats en Europe.

Peter Post, Rik Van Looy, René Pijnen et Jan Raas ont tous roulé avec ce cadre au cours de leur carrière. C'est avec un Gazelle qu'ils ont vécu leurs plus belles saisons. Mais de tous les grands coureurs de classiques qui ont utilisé des

Gazelle, Roger De Vlaeminck fut peut-être le plus remarquable, même s'il ne roula pour l'équipe DAF Trucks qu'en 1981 et 1982, vers la fin de sa carrière.

Le séduisant Hennie Kuiper, dont le nom est indissociable de la marque Gazelle, est lui aussi un coureur qui fit beaucoup pour cette vénérable équipe. Il fit la couverture de la brochure Gazelle en 1976, superbe sur son Champion Mondial avec le maillot arc-en-ciel qu'il avait gagné à Yvoir en Belgique l'année précédente, arborant un sourire radieux. En 1977, il prit la deuxième place du Tour de France à seulement 48 secondes de Bernard Thévenet. La déception fut encore plus grande quand Thévenet avoua plus tard qu'il avait utilisé de la cortisone pour gagner. En 1980, Kuiper arriva encore deuxième, mais cette fois il fut battu à plate couture par Hendrik « Joop » Zoetemelk. Kuiper alla ensuite de succès en succès et vécut sa plus belle saison en 1981, quand il remporta le Tour des Flandres et le Tour de Lombardie pour le compte de l'équipe DAF-Côte d'Or-Gazelle, dirigée par De Vlaeminck.

À la fin de sa carrière, Kuiper resta très discret sur ses succès et ses déceptions, préférant laisser parler ses performances pour lui. Le Néerlandais savait qu'il n'était pas un bon sprinteur, il avait donc l'habitude d'attaquer, souvent à plus d'une dizaine de kilomètres de l'arrivée, pour prendre ses adversaires par surprise. Kuiper, l'insaisissable, agissait comme la gazelle, il utilisait la surprise et la vivacité pour distancer ses prédateurs.

Les vélos Gazelle disparurent subitement du peloton professionnel de même que l'équipe TVM en 1998. Le constructeur produit encore 300 000 vélos par an dans son usine à Dieren. En 2010, il fut même élu « marque de vélos la plus fiable » lors du sondage européen annuel du magazine Reader's Digest. **SD**

■ De Vlaeminck arrive à la deuxième place lors du Paris-Roubaix de 1981, il roule pour DAF-Côte d'Or-Gazelle.

■ Ce Gazelle Champion Mondial de 1981 est équipé d'un cadre A de 2 kg et de fourreaux de fourche Reynolds 531.

Giant

Ce constructeur taïwanais porte bien son nom : il est l'un des plus gros producteurs mondiaux avec plus de 5 millions de vélos par an : sa gamme s'étend des modèles de ville bon marché aux modèles de course mis à l'honneur par des stars comme Laurent Jalabert, Mark Cavendish ou Marianne Vos.

En 2007 le Grand Prix de l'Escaut, une course pour les sprinteurs, célébrait son centième anniversaire. À cette occasion, Giant équipa la formation T-Mobile qui remporta la course. Le vainqueur-surprise était un nouveau venu qu'on n'attendait pas : Mark Cavendish. Il n'avait pas encore 21 ans et fêtait sa première victoire professionnelle chez T-Mobile.

En cet après-midi d'avril en Belgique, le peloton professionnel reliait Anvers à Schoten pour une course de 200 km. Le parcours était plat avec quelques pavés. Dans le peloton, les coureurs de T-Mobile roulaient pour leur sprinteur allemand André Greipel et se relayaient pour gérer les échappées. Dans les quinze derniers kilomètres, leur directeur sportif, Allan Peiper, joua Cavendish comme joker et lui demanda de partir seul. Tous les autres devaient amener Greipel jusqu'à la flamme rouge et le déposer à quelques mètres de la ligne d'arrivée pour que l'Allemand dispute le sprint final.

À 2 km de l'arrivée, Lotto et Milram étaient en tête et les coureurs se relayaient pour amener leur sprinteur respectif Robbie McEwen et Erik Zabel au dernier kilomètre. Zabel surprit tout le monde et attaqua en avance. McEwen fut vite dans ses roues et le doubla. Wouter Weylandt, de l'équipe Quick Step, partit à toute allure et emmena Gert Steegmans pour rattraper les roues de McEwen. Aucun signe de Greipel et de son train. En revanche, le joker de Peiper s'était accroché à Steegmans et n'eut plus qu'à choisir la bonne roue à suivre.

McEwen accélérait vers la ligne d'arrivée quand Weylandt s'écarta pour laisser passer Steegmans. Le coureur de Peiper surgit et dépassa

■ Le fondateur de Giant King Liu (à droite) avec le PDG Tony Lo en 1972.

■ Mark Cavendish (à gauche) et Robbie McEwen dans le sprint final du Grand Prix de l'Escaut en 2007.

Steegmans. Dans un dernier effort, McEwen tenta de relancer. Jaillissant de sa droite, le joker de Peiper s'élança, le corps en avant, les biceps contractés et le regard fixé sur l'arrivée. McEwen ne lâcha rien, mais ce fut Mark Cavendish qui franchit la ligne d'arrivée le premier, les poings levés, triomphant.

Cette victoire du Grand Prix de l'Escaut en 2007 ne fut pas la plus grande du palmarès de Giant cette saison-là. Le constructeur équipait les professionnels du peloton depuis 10 ans. Il avait commencé avec la formation de Manolo Saíz, ONCE, et équipait T-Mobile depuis quatre ans.

Avec ONCE et T-Mobile, les vélos Giant avaient déjà gagné, entre autres, plusieurs monuments (Liège-Bastogne-Liège et le Tour des Flandres) et quelques classiques (Gand-Wevelgem et Paris-Tours). Pour Giant, cette journée d'avril fut comme les autres. Une course cycliste de plus. Mais pour Cavendish, le Grand Prix de l'Escaut marqua le début de sa carrière professionnelle.

Giant est en quelque sorte le petit nouveau, présent sur le marché depuis 40 ans seulement, ce qui est très peu pour un constructeur de vélos. L'entreprise est originaire de Taïwan, pays complètement étranger à l'univers du cyclisme,

Laurent Jalabert,
pour ONCE, lors
de la première étape
(contre-la-montre) du
Tour de France 2000.

et, comble de la provocation, elle produit des vélos à l'échelle industrielle.

L'entreprise fut fondée à Taïwan en 1972. Son fondateur King Liu avait pour unique objectif de construire et de vendre des vélos à d'autres marques. Dès la première année, Giant Manufacturing Company produisit près de 4 000 vélos pour un budget de 100 000 dollars américains. En 2007, quand Cavendish remporta sa première victoire en professionnel, Giant produisait 5 millions de vélos par an, l'entreprise valait alors un milliard de dollars. Transformer 100 000 dollars en un milliard est un véritable exploit qui a bien failli ne jamais arriver.

Le constructeur aurait pu rester célèbre pour les vélos qu'il fabriquait et revendait. Giant avait déjà construit des vélos pour Trek, Specialized ou même Colnago, mais l'activité d'un autre client, Schwinn, changea le cours de son histoire.

Dans les années 1970, Schwinn était le principal constructeur de vélos aux États-Unis depuis l'époque où Major Taylor était le sprinteur le plus rapide de la planète. Si vous aviez dit « vélo » à un Américain, il vous aurait répondu « Schwinn », tout comme un Britannique vous aurait répondu « Raleigh ».

À la fin des années 1970, une nouvelle génération Schwinn prit la relève dans l'entreprise familiale. Ils furent confrontés à des difficultés qui menèrent l'entreprise au bord de la faillite. Schwinn commença alors à sous-traiter sa production en Asie, notamment à Giant. Grâce aux vélos de grande qualité et bon marché du constructeur, Schwinn reprit bientôt sa place sur le marché.

En 1986, Schwinn décida de diversifier sa chaîne d'approvisionnement et délocalisa une partie de sa production en Chine. L'entreprise avait décidé d'investir deux millions de dollars chez un nouveau fournisseur, la China Bicycle Company, au grand dam de Giant. Ce dernier riposta en engageant Bill Austin, l'ancien directeur marketing de Schwinn, comme directeur de Giant.

Au cours des cinq années précédentes, Giant avait déjà produit un petit nombre de vélos sous son nom mais principalement pour le marché local. Austin jugea qu'il était temps que Giant s'internationalise. L'un des obstacles rencontrés par le constructeur fut l'étiquette « made in Taïwan » trop souvent associée à une qualité médiocre. Convaincre les revendeurs de la qualité des vélos fut relativement simple : Giant n'eut qu'à rappeler le fait qu'il vendait des vélos depuis des années sous d'autres marques. En revanche, persuader les consommateurs s'avéra plus difficile.

Dans les années 1990, Giant sponsorisa des équipes professionnelles pour démontrer la qualité de ses produits. Il commença avec les VTT puis s'associa à l'*Australian Institute of Sport* avant d'intégrer le peloton professionnel avec ONCE. Johan Bruyneel, Laurent Jalabert et Carlos Sastre furent les premiers coureurs à utiliser l'innovation de Giant : le cadre Compact Road.

Le Compact Road c'est un tube supérieur incliné en direction des bases et une réduction de la taille du triangle arrière. Il s'agit d'une autre contribution à la « taille zéro » : chaque gramme compte et qui dit cadre plus petit dit poids réduit. C'était alors une véritable obsession. Un cadre plus petit procure aussi davantage de confort et une meilleure maniabilité. Sur un plan esthétique, les coureurs adorent ou détestent.

Quand Giant s'attaqua à l'Europe, il décida d'ouvrir un magasin aux Pays-Bas puis y ouvrit une usine de production à la fin des années 1990. Depuis 2009, la formation néerlandaise Rabobank est le plus grand ambassadeur des vélos Giant : Denis Menchov a remporté le Tour d'Italie 2009 et Oscar Freire le Milan-San Remo l'année suivante. Giant est loin d'être une entreprise néerlandaise, mais le constructeur a pris racine dans ce pays.

Giant fournit également des vélos à la formation Rabobank, qui compte déjà de très bons coureurs comme Lars Boom et le jeune Jetse Bol recruté en 2012. Sans oublier la

CADRES TCR ET RABOBANK

OMNIUM FF
Le cadre rigide et aérodynamique en ALUXX SL est équipé d'une fourche composite.

RABOBANK ROUTE
Ce cadre est entièrement construit à la main et est composé de couches de carbone unidirectionnel.

RABOBANK TT
Conçus pour la vitesse, les freins avant de ce cadre TT sont situés derrière la couronne de la fourche pour réduire la traînée.

formation féminine avec l'incomparable Marianne Vos. Elle est championne sur route, championne de cyclo-cross, médaillée d'or sur piste aux Jeux Olympiques, championne des Pays-Bas, d'Europe et du monde, quadruple vainqueur de la Flèche Wallonne féminine et elle a remporté le Tour d'Italie féminin en 2011. Sur ce *Giro*, elle a scellé sa victoire en dépassant Emma Pooley, de l'équipe Garmin-Cervélo, dans le col du Mortirolo. Aux Pays-Bas, si un constructeur veut vendre un vélo, il n'a qu'à convaincre Vos de rouler avec pour que les ventes s'envolent.

En quarante ans, Giant a surgi de nulle part et s'est imposé sur le marché. Ce n'est pas le plus gros constructeur du secteur, mais il n'en est pas loin. Giant a travaillé dur pour arriver au sommet et il lui sera difficile d'y rester, car l'avantage d'une main d'œuvre bon marché qu'il avait à ses débuts est désormais passé côté chinois. La production

et la vente de vélos pour d'autres marques représentent toujours une partie importante de l'activité de Giant, et les prix doivent rester compétitifs.

Pour faire face, Giant a délocalisé une partie de sa production en Chine et y a développé son activité. Le constructeur a analysé sa chaîne d'approvisionnement et a racheté l'un de ses fournisseurs d'aluminium. La production de vélos électriques a conduit également Giant à étendre son activité aux voitures électriques. L'avenir est au « vert ». D'ici peu, Giant sponsorisera sans doute une équipe professionnelle assistée par une armada de voitures électriques. *FMK*

1972

King Liu crée Giant Manufacturing Company à Taïwan.

1980

Huit ans après sa création, Giant est le principal constructeur de vélos à Taïwan.

1986

Giant étend son activité aux Pays-Bas et s'implante aux États-Unis, au Japon, au Canada, en Australie et en Chine au cours des huit années suivantes.

1996

L'entreprise ouvre un site de production aux Pays-Bas. Il s'agit de son premier site en Europe.

« Nos vélos ont été
créés pour l'aventure
et ils accompagnent
nos coureurs
où qu'ils aillent. »

ANTHONY LO

Le magnifique Giant
TCR Advanced SL ISP
Rabobank
(Team Issue).

Marianne Vos (en
orange) en 2010 lors
de l'Omnium féminin
organisé par l'UCI
pour les championnats
du monde.

1997

Giant se consacre au développement
et crée l'entreprise Chuansin Metal
Products en Chine.

1998

Giant produit
2 840 000 vélos par an.

2002

L'entreprise bat tous les records
de production en construisant
4 730 000 vélos par an.

2007

Giant produit 5 000 000 de vélos
et l'entreprise est valorisée à
un milliard de dollars américains.

GIANT TCR DE L'ÉQUIPE ONCE EN 1997

L'utilisation des vélos de route Giant TCR par l'équipe espagnole ONCE en août 1997 en a surpris plus d'un. À l'époque, la géométrie des vélos de route était conforme à un type de mesure et de design spécifique, et les cadres étaient composés de tubes supérieurs longs et plats. Pour plus de rigidité, les constructeurs de cadres utilisaient des matériaux plus rigides, parfois au détriment du confort et de la puissance de déplacement.

Mais ONCE (nom du sponsor espagnol, une association caritative pour les aveugles) était une équipe novatrice et avant-gardiste. Surnommée « le péril jaune » en raison de sa tenue et de ses performances extraordinaires, la formation espagnole forma une alliance avec le constructeur taïwanais Giant qui brisa les codes traditionnels avec son nouveau cadre s'inspirant du VTT.

Le designer de vélo britannique Mike Burrows (concepteur du Lotus en carbone de Chris Boardman) travailla avec Giant dès le milieu des années 1990, il fut celui qui créa le TCR ou Compact Road, un cadre dont le tube supérieur incliné vers les bases permettait de varier la taille des triangles avant et arrière, réduisant ainsi le poids et améliorant la rigidité sans diminuer le confort.

Laurent Jalabert, Abraham Olano et Carlos Sastre furent parmi les premiers coureurs à utiliser les TCR. Malgré la disparition de l'équipe ONCE au début des années 2000, les vélos Giant furent ensuite utilisés par les équipes T-Mobile et Rabobank. De nombreux constructeurs ont tenté de copier Giant, mais le surprenant vélo jaune de 1997 conserve son statut de machine novatrice.

Giant fut l'un des premiers constructeurs à utiliser des tiges de selle profilée aéro micro-réglables.

Les cadres TCR originaux n'existaient qu'en small, medium et large. La série comporte désormais six tailles pour les hommes et quatre pour les femmes.

Giant achète ses composants en Italie, Cinelli et Campagnolo ajoutent les touches finales aux machines TCR.

Giant fut le premier à utiliser un tube supérieur incliné, inspiré des VTT. Ce modèle de cadre fut très apprécié sur route.

DÉTAILS DE CONCEPTION

LEVIERS DE FREIN

Ergopower, système intégré de Campagnolo, fut lancé en 1992. Les cadres ONCE TCR étaient équipés du groupe Record, de câbles de frein et de vitesse intégrés dans le tube.

PÉDALIER

Le TCR est équipé d'un pédalier 53/39 C-Record haut de gamme avec des manivelles de 175 mm, fabriqué par Campagnolo, le géant italien de la production de composants.

Gios

Constructeur italien au tempérament belge, Gios se distingua par ses cadres bleus et devint célèbre dans les années 1970 quand il équipa la formation italienne Brooklyn qui dominait les exigeantes classiques du nord de l'Europe.

Dans les années 1970 et 1980, l'ajout de cadres Gios à la gamme de vélos d'un magasin pouvait déclencher une émeute. Les fans déferlaient et s'extasiaient devant ces superbes vélos provenant d'Italie. Rien d'étonnant à cela, un cadre Gios neuf était d'une grande beauté. Parfait exemple d'élégance et de simplicité. Son bleu chatoyant était époustouflant. À l'époque, d'autres éléments contribuaient à en faire un cadre hors du commun. Soigneusement emballé dans une housse en polystyrène, il était présenté avec tout un ensemble d'accessoires assortis comme un maillot Gios, une casquette et un bidon. Il était aussi accompagné d'une potence Cinelli Record R1, d'une tige de selle et d'un plateau Campagnolo ainsi que d'une petite boîte de peinture « bleu Gios ».

Comme Henry Ford avant lui, les clients de Gios pouvaient choisir n'importe quelle couleur pour leur vélo – du moment que c'était bleu. Mais quel bleu ! Ce bleu était aussi remarquable que le vert *celeste* de Bianchi. Et tous en connaissaient l'histoire.

Tolmino Gios naquit le 4 mars 1916 à Vittorio Veneto dans la province de Trévise. Alors qu'il n'avait que deux ans, sa famille emménagea à Turin, ville qui allait devenir le berceau des vélos Gios. Tolmino fit du vélo sur les routes alentour et, en 1931, à l'âge de 15 ans, il incorpora les rangs des coureurs « cadets ».

Dans les années qui suivirent, Tolmino gagna de nombreuses courses. Il remporta sa plus belle victoire lors de l'édition 1936 de la grande course cycliste amateur Kings Cup à Milan. Le jeune Gios avait terminé la course à une vitesse moyenne de 42 km/h. Grâce à cette performance, il aurait dû être qualifié pour les championnats du monde à Berne et pour les J.O. de Berlin. Mais à cause d'un différend avec le directeur sportif, il fut exclu des deux événements, au grand dam de l'Italie, car la France domina les J.O. sur route et l'Italie ne rentra qu'avec une médaille d'argent en poursuite par équipes. Malgré ce revers, Tolmino passa professionnel et participa à plusieurs Tours d'Italie aux côtés des plus grands cyclistes italiens, même s'il ne réitéra jamais sa prouesse milanaise.

Après avoir servi dans l'armée pendant la Seconde Guerre mondiale, il rentra à Turin et ouvrit un magasin de vélos en 1948. Il commença par fabriquer des vélos pour la ville. Avec son passé, il était inévitable qu'il en vienne à la construction de vélos de course légers. Mais cela prit du temps. Le magasin prospéra pendant dix ans et finit par abriter le club de vélos Gios qui soutenait des cyclistes locaux. Le plus connu d'entre eux fut le grand et habile Italo Zilioli qui rejoignit le club en 1958. Zilioli remporta le championnat d'Italie avec un Gios et gagna cinq étapes du Tour d'Italie au cours de sa carrière.

À la fin des années 1950 et au début des années 1960, la production de cadres Gios augmenta. En 1958, Tolmino, alors âgé de 52 ans, confia la direction de l'usine à ses trois fils : Adrian et Alfredo dirigèrent, Aldo s'occupa de la construction des vélos et du développement de l'activité de l'entreprise.

Tolmino ne se retira pas, loin de là. Il guida ses fils et leur transmit ce qu'il avait lui-même appris, s'assurant ainsi que l'entreprise était entre de bonnes mains. Ce fut une bonne idée car la marque se développa. Leur réussite fut pour beaucoup à une rencontre fortuite lors du Salon de Milan en 1971. Le choix des trois frères d'exposer là-bas marqua un tournant dans l'histoire de « Gios Torino. »

Cette rencontre, ce fut celle de Giorgio Perfetti, propriétaire de Brooklyn Chewing Gum. Perfetti fut attiré par un vélo Gios et s'approcha du stand. Il avait repéré le « Easy Rider », un vélo dont le seul rôle était d'attirer l'attention.

« Comme Henry Ford, je vous vends un vélo de n'importe quelle couleur, à condition qu'elle soit bleue ! »

ALDO GIOS

■ Ce vélo de 1970 a la couleur caractéristique décrite par Gios comme « électrique, vive, presque irréelle ».

■ De Vlaeminck, quadruple vainqueur de Paris-Roubaix, en 1973 avec son maillot Brooklyn.

■ Affiche des années 1970 montrant De Vlaeminck sur son Gios.

Perfetti déclara qu'il avait eu « *un coup de foudre* » en le voyant. Il trouvait que ce vélo serait parfait comme récompense lors de sa course cycliste « Brooklyn Chewing Gum ». Prenant les frères Gios au dépourvu, il commanda aussitôt 100 vélos Easy Rider.

Alfredo décrira plus tard cette rencontre comme déterminante pour l'avenir de la marque Gios. Giorgio Perfetti créa une équipe cycliste professionnelle avec Franco Cribiori, éminent coureur de la décennie précédente. L'équipe Brooklyn était inhabituelle pour une formation italienne, elle se spécialisa dans les courses classiques mais elle captiva l'attention aussi bien grâce à ses superbes maillots qu'à ses nombreuses victoires.

L'engagement de Gios alla bien au-delà de celui du simple sponsor. Perfetti insista pour que le constructeur fournisse des vélos sur mesure

du même bleu que les maillots de l'équipe Brooklyn qui rappelaient le drapeau américain (bandes rouges en bas et un bleu roi vif en haut). Brooklyn ne se démarqua pas seulement pour ses maillots. La superstar belge Roger De Vlaeminck fut recrutée, tout comme son compatriote Patrick Sercu, une légende des courses sur piste.

Surnommé le « Gitan » pour ses origines familiales, De Vlaeminck fut aussi appelé « Monsieur Paris-Roubaix » après quatre victoires de cette classique sur un beau Gios bleu – sauf pour sa première course en 1972.

Une victoire sur Paris-Roubaix est sûrement la meilleure des publicités pour un constructeur de vélos.

« *L'enfer du Nord* » est la plus difficile des classiques ; ses longues sections sinueuses de pavés sont exigeantes et brutales pour l'homme et sa machine. De Vlaeminck les négociait avec

■

1948	1971	1972	1978
De retour à Turin après avoir servi lors de la Seconde Guerre mondiale, Tolmino Gios ouvre un magasin de vélos.	Alfredo Gios rencontre Giorgio Perfetti, propriétaire de la marque Brooklyn Chewing Gum. Perfetti commande 100 vélos pour les offrir en récompense.	Perfetti forme son équipe Brooklyn et utilise les vélos et l'expertise de Gios. L'équipe, composée notamment de Roger De Vlaeminck, remportera de nombreux titres.	Alfredo Gios signe avec Gustav Janssens (patron de IJsboerke). Dietrich « Didi » Thurau gagne d'importantes courses pour l'équipe.

1980

François Vermeer et Alfredo Gios créent l'équipe professionnelle Vermeer-Thijs-Gios. Elle se compose de coureurs comme Michel Pollentier et Alfons « Fons » De Wolf.

Années 1990

L'équipe Kelme triomphe pendant six saisons, de 1994 à 1999. Fernando Escartin monte sur le podium lors du Tour de France 1999.

2004

Création de l'équipe Relax. Elle roule avec des vélos Gios pendant trois saisons sous la direction de Jésus Suárez Cueva.

2010

La marque Gios est vendue à son distributeur japonais et l'entreprise se tourne vers les vélos grand public.

une grâce incroyable. On avait l'impression que son Gios filait sur les pavés.

Dans le documentaire *A Sunday in Hell* (réalisé par Jorgen Leith) qui retrace l'édition 1976 de la course, De Vlaeminck, avec son maillot Brooklyn et son vélo Gios, apparaît au premier plan. Il n'arriva que troisième, mais il gagna le cœur de nombreux admirateurs grâce à son style et son panache – les ventes de Gios suivirent.

L'année suivante, l'équipe Brooklyn fut dissoute, mais Gios ne disparut pas des courses cyclistes de haut niveau. Gios était alors reconnu comme l'un des meilleurs constructeurs et était conscient que travailler pour les équipes pro lui servait de vitrine. Son partenariat suivant débuta en 1978 : le constructeur équipa une formation belge sponsorisée par le fabricant de glaces IJsboerke. L'équipe comprenait la star allemande Dietrich « Didi » Thurau qui remporta plusieurs victoires mémorables au cours de sa carrière comme Liège-Bastogne-Liège en 1979.

Sans oublier le célèbre coureur Alfons « Fons » De Wolf, considéré à l'époque comme le successeur potentiel d'Eddy Merckx. Ce Belge élégant avait beaucoup de classe sur sa machine bleue. Bien que De Wolf n'ait jamais été à la hauteur des espérances du pays des passionnés de cyclisme, il gagna l'édition 1981 de Milan-San Remo suivi de près par De Vlaeminck qui pointa à la deuxième place avec 11 secondes d'écart.

La liste des coureurs de Gios est impressionnante, elle compte les vainqueurs du Tour d'Italie Michel Pollentier, Roberto Visentini et Stephen Roche, ainsi que Laudelino Cubino, Fernando Escartin, Roberto Heras et plus récemment, le sprinteur italien Ivan Quaranta (le « Guépard ») vainqueur de cinq étapes sur le Tour d'Italie 2001.

Dans l'entreprise, Aldo Gios s'occupait du développement des vélos, il réalisa de nombreuses améliorations et innovations pour les cadres au fil du temps, tout en honorant le savoir-faire de Gios. Il fut l'un des premiers à

utiliser des éléments moulés par microfusion, notamment le boîtier de pédalier qui était suffisamment rigide pour qu'il ne soit plus nécessaire de relier les bases du cadre entre elles. Cette zone représentait une difficulté pour les constructeurs car une température trop élevée lors de la fabrication pouvait entraîner une perte de rigidité du tube. Gios produisit également une patte de fixation micro-réglable (roue arrière) pour un cadre qu'il présenta comme le Compact. Cela permit un alignement très précis de la roue arrière et la présence d'une patte de dérailleur remplaçable : très pratique, si le cadre s'abîmait lors d'une chute, on évitait le retour à l'usine.

En 1998, Gios fêta son cinquantième anniversaire avec la sortie du cadre Cinquantenario. Construit avec un tube en alliage Dedacciai 7003 conçu sur mesure, il fut aussitôt considéré comme un « classique moderne ».

Le bleu roi brillant, reconnu par les spécialistes du monde entier, est la marque de fabrique de Gios. Mais cette couleur ne symbolise plus le savoir-faire d'antan. En effet, il est devenu difficile pour les constructeurs de qualité de résister sur un marché de plus en plus dominé par les constructeurs industriels. L'entreprise a donc dû évoluer.

En 2010, la marque Gios fut vendue à son distributeur japonais qui augmenta la production de vélos grand public, dont le seul point commun avec les anciens cadres Gios était la couleur bleue. Aujourd'hui, Aldo est le gardien de la flamme. Il continue à construire des cadres de qualité avec son fils Mauro dans son usine à Volpiano. Ces cadres sont vendus sous le nom « Original Gios Torino ». On raconte que les frères se seraient séparés non à cause d'un conflit familial, mais en raison d'un litige avec un revendeur belge. Le rêve bleu continue. **RD**

« Mon frère et moi fabriquions les vélos. Même si nous ne pouvions pas construire tous les cadres, aucun n'a jamais quitté l'usine sans que nous l'ayons vu. »

ALDO GIOS

Gitane

Plusieurs légendes du cyclisme comme Greg LeMond, Bernard Hinault, Laurent Fignon et Jacques Anquetil ont fait du Français Gitane l'un des constructeurs les plus célèbres et les plus prestigieux de ce sport.

Femmes de gitans, cigarettes, coureurs cyclistes et vélos en acier : c'est ce qu'évoque le plus souvent le mot « Gitane ». Mais dans le monde du cyclisme, c'est Bernard Hinault que l'on associe à Gitane. Ils résument à eux deux une période particulière, une époque où les coureurs roulaient en toutes saisons, de mars à octobre, et gagnaient le Tour et les classiques.

Les premiers vélos Gitane apparurent à la fin des années 1920. Quelques années plus tôt, Marcel Brunelière s'était installé comme forgeron dans la ville de Machecoul. Il ferrait les chevaux et réparait le matériel agricole. Il commença également à monter des vélos et finit par les construire entièrement. À la fin des années 1950, il fabriquait aussi des motos, l'entreprise devint Micmo (Manufacture industrielle de cycles et de motocycles).

Quand il commença à construire des vélos, Brunelière choisit le nom de « Gitane », sans que l'on sache pourquoi. *Gitanes* était déjà depuis vingt ans le nom d'une célèbre marque de cigarettes aux paquets bleus sur lesquels figurait

l'ombre dansante d'une gitane. Peut-être était-ce représentatif d'une certaine image de liberté et de bohème tel que le cyclisme le représentait à l'époque.

Brunelière sponsorisa ses premières équipes cyclistes dans les années 1940, mais le succès n'arriva que dans les années 1960. Des coureurs comme José Beyaert, Roger Piel et Roger Walkowiak passèrent par ces formations au début de leur carrière. Après une courte pause, Gitane revint avec l'équipe Rapha-Gitane-Dunlop. Ab Geldermans remporta le Liège-Bastogne-Liège, Roger Rivière gagna plusieurs étapes du Tour de France et Jo de Haan gagna Paris-Tours. L'année suivante, Tom Simpson remporta le Tour des Flandres, offrant ainsi à Gitane une belle victoire.

En 1963, trois équipes fusionnèrent pour former la formation Saint-Raphaël-Gitane-Géminiani. Raphaël Géminiani et Raymond Louviot dirigeaient l'équipe composée des plus grands coureurs de l'histoire du cyclisme : Jacques Anquetil, Rudi Altig, Guy Ignolin, Roger Hassenforder, Jean Stablinski, Shay Elliott,

Ab Geldermans et Jo de Rooy. Au palmarès de l'équipe, il y eut le Tour de France, Paris-Tours, le Tour de Lombardie et Paris-Nice.

Un an après, Arie den Hartog rejoignit l'équipe qui remporta, entre autres, Gand-Wevelgem, le Tour des Flandres, le Tour d'Italie et de nouveau le Tour de France. Ford France devint le sponsor l'année suivante. Le coureur britannique Vin Denson fut recruté et l'équipe gagna Paris-Nice, Milan-San Remo, le Critérium international et le GP des Nations. Anquetil réalisa le doublé Critérium du Dauphiné Libéré/ Bordeaux-Paris.

En trois ans, le nom « Gitane » était devenu synonyme de cyclisme français. Puis tout s'arrêta. Brunelière vendit son entreprise en 1966 et prit sa retraite. Micmo fut revendue dès 1970. En 1974, Renault acheta 30 pour cent de l'entreprise puis la totalité de Micmo en 1976.

Les vélos Gitane réintégrèrent le peloton professionnel dans les années 1970 et connurent des débuts timides. En 1973, Joop Zoetemelk gagna des étapes de Paris-Nice et du Tour. Le

Britannique Michael Wright remporta également une étape du Tour. Dès 1974, Gitane devint co-sponsor de la formation Sonolor qui avait pour directeur sportif Jean Stablinski. Ce dernier avait roulé pour Gitane dans les années 1950 et 1960, au sein de l'équipe de « Maître Jacques » (Anquetil). En 1974, la formation Sonolor comprenait les coureurs Lucien Van Impe, José De Cauwer, Willy Teirlinck et Bernard Hinault, mais ils ne gagnèrent rien cette année-là. En 1975, Hinault gagna le circuit de la Sarthe (pro-amateur) et Van Impe le maillot à pois sur le Tour.

L'année suivante, Stablinski fut remplacé par Cyrille Guimard. Ce dernier avait été un coureur de renom avant qu'une blessure ne l'oblige à prendre sa retraite. Il débuta l'année 1976 comme coureur pour l'équipe Gitane-Campagnolo et remporta plusieurs courses de cyclo-cross avant d'endosser le rôle de directeur sportif au début de la saison sur route. À la fin du Tour, le grimpeur Lucien Van Impe portait le maillot jaune et la légende de Cyrille Guimard était née : le directeur sportif aurait dit à son coureur que s'il

n'attaquait pas, il lui ferait quitter la route. Van Impe attaqua et gagna le Tour. Mais le poids léger belge n'était pas l'homme d'acier que cherchait Guimard et il quitta l'équipe à la fin de la saison. Personne ne s'en soucia, car en 1977, Hinault gagna Gand-Wevelgem, Liège-Bastogne-Liège, le Dauphiné Libéré et le GP des Nations. Bernard Quilfen fut l'un des trois coureurs de Gitane à remporter une étape sur le Tour. L'aube s'était levée sur l'âge d'or de Gitane.

En 1978, Renault devint le sponsor principal de l'équipe. Ce partenariat dura jusqu'en 1985. Il y eut les années de gloire de Guimard, et le talent grandissant de Hinault. Guimard recruta Laurent Fignon et introduisit Greg LeMond en Europe. À cette époque, Gitane gagnait presque toutes les courses. Si une course était intéressante, l'équipe de Guimard la remportait. Les trois grands Tours, les cinq « monuments », et la plupart des grandes courses d'une ou plusieurs journées de l'époque. L'équipe gagnait avec talent, classe et panache.

Dans son autobiographie *Nous étions jeunes et insouciants*, Fignon raconte en détail ces années-là. Les livres *Slaying the Badger* de Richard Moore et *LeMond: The Incredible Comeback* de Sam Abt en offrent également un aperçu fascinant. Au cœur de toutes ces histoires, il y a quatre hommes : Guimard, Hinault, LeMond et Fignon. Ce sont des hommes au tempérament impétueux. Des hommes de caractère. Des hommes d'acier, durs et inébranlables.

Les vélos jouèrent également un rôle important dans ces victoires. Même si Gitane ne fut pas toujours à la pointe de la technologie – les tubes Reynolds et Columbus dominaient encore – ses vélos étaient solides, sûrs et fonctionnels. Ils n'étaient pas des chefs-d'œuvre, mais ils étaient assez bons pour gagner les classiques pavées et

1925	1926	1940	1957
Marcel Brunelière ouvre un garage et une petite usine métallurgique à Machecoul en Loire-Atlantique.	Brunelière ouvre un atelier de montage de vélos dans une écurie rue des Redoux, à Machecoul. Il fabrique deux à trois vélos par jour.	La production de cadres commence véritablement et l'entreprise produit des vélos complets.	L'entreprise remporte sa première grande victoire grâce à Jacques Anquetil, vainqueur des championnats de France.

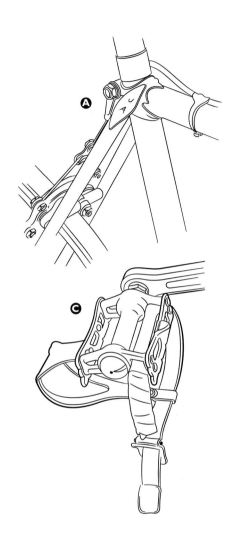

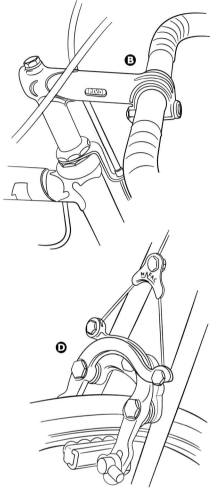

rouler jour après jour sur les grands Tours. Les vélos ressemblaient beaucoup aux hommes qui les maniaient avec brio : ils avaient une forte personnalité.

Gitane innova dans le domaine des vélos de contre-la-montre. En 1979, Guimard fit construire des vélos à profil bas pour ses coureurs. Il y eut aussi les câbles passant à l'intérieur du tube et les freins avant placés derrière la fourche. Chaque gain aérodynamique était étudié. Faire partie du groupe Renault et avoir accès à sa soufflerie avaient ses avantages.

La période de gloire de Gitane prit fin quand Renault commença à avoir des problèmes économiques. Il vendit Micmo en 1985. Gitane resta impliqué dans le cyclisme pendant quelques

1972

L'entreprise, rebaptisée Micmo en 1960, est le plus gros exportateur de vélos en France avec plus de 1 850 000 vélos exportés chaque année.

1974

Renault achète 30 % des parts de l'entreprise. Deux ans plus tard, celle-ci est entièrement absorbée par le groupe Renault avant d'être revendue en 1985.

1992

Gitane, Peugeot et BH Bikes s'associent pour former Cycleurope, le plus grand constructeur de cycles en Europe. En 2000, Cycleurope est racheté par Grimaldi.

2012

Aujourd'hui, les vélos Gitane produits à Machecoul ne sont disponibles qu'en France. Les vélos Gitane fabriqués à Taïwan sont vendus en Australie.

années et équipa la formation Système U, la nouvelle équipe de Guimard et de Fignon. Ce partenariat cessa fin 1988. En 1992, Micmo fut vendu – pour la cinquième fois en 26 ans – au constructeur espagnol BH (Beistegui Hermanos). BH acheta aussi l'entreprise de cycles Peugeot et créa Cycleurope qui regroupait les marques Peugeot et Gitane. Le groupe suédois Grimaldi racheta Cycleurope au début des années 1990. Aujourd'hui, Gitane n'est plus qu'une marque au sein d'un portefeuille comprenant Legnano, Bianchi et Puch.

Gitane était aussi engagé dans le cyclisme de haut niveau à la fin des années 1990 et au début des années 2000. Le constructeur équipa La Française des Jeux (1997-2001) puis la formation BigMat-Auber (2002-2003). Les frères Madiot, Marc et Yvon, étaient les directeurs sportifs de La Française des Jeux. Ils avaient fait partie des équipes de Guimard et avaient roulé avec des Gitane. En 2010, la marque réapparut au sein du peloton et équipa la formation Saur-Sojasun. Son directeur sportif Stéphane Heulot avait couru pour La Française des Jeux. La présence d'anciens coureurs Gitane comme directeurs sportifs compensait l'absence du constructeur, et maintenait une certaine continuité.

Aujourd'hui, les vélos sont construits à Machecoul et dans l'ancienne usine de Peugeot à Romilly-sur-Seine. Mais la plupart des Gitane sont des vélos de ville ou de loisirs. Bianchi est désormais la marque phare de Cycleurope et c'est grâce à elle que le groupe reste impliqué dans le cyclisme professionnel.

Certes il est peu probable de voir dans les prochaines années un Français gagner à nouveau de Tour de France sur un vélo Gitane. Quoi qu'il en soit, Gitane perdure à travers le souvenir nostalgique de l'époque de Cyrille Guimard et des exploits de Fignon, Hinault et LeMond. **FMK**

« Les vélos Gitane sont construits de façon artisanale dans l'usine. Les meilleurs artisans sont chargés des vélos professionnels. »

BERNARD HINAULT

Guerciotti

Guerciotti se caractérise par sa polyvalence. Comme peu d'entreprises de cycles italiennes, le constructeur milanais est réputé pour son excellence dans une discipline hivernale très populaire dans le nord de l'Europe : le cyclo-cross.

Le fait que les meilleurs cyclistes roulent avec telle ou telle marque de vélos ne devrait pas influencer les acheteurs à la recherche d'un nouveau modèle. Les coureurs professionnels sont payés pour utiliser le vélo qu'on leur fournit, ils vous diront qu'il s'agit du plus performant de tous les temps, qu'il se manie très facilement et qu'il fait tout ce qu'on lui demande, voire plus. La relation entre le sponsor et son équipe s'arrêterait si le public n'était pas sensible à l'avis des coureurs.

C'est impossible de ne pas être impressionné en regardant la championne de cyclo-cross britannique Helen Wyman sur son Guerciotti. Quand on l'interrogeait sur sa machine, Helen déclarait que c'était le meilleur vélo avec lequel

elle avait roulé jusqu'à présent. Cette réponse est sans doute prévisible, mais on ne peut pas nier le fait que le Guerciotti soit rapide. Il a de l'allure et il est italien.

En 1964, Italo Guerciotti ouvrit un petit magasin à Milan avec son frère Paolo (coureur talentueux) et reçut les conseils avisés du grand Cino Cinelli. L'entreprise se développa rapidement et produisit une gamme classique de cadres de route et de piste, ainsi que ses célèbres versions tout-terrain. Si les cadres modernes, la plupart en carbone, ne sont plus aussi esthétiques que leurs ancêtres en acier, ils sont beaucoup plus légers. Le modèle haut de gamme Eureka pèse moitié moins que le Record en acier manchonné.

Le seul modèle de la gamme Guerciotti ayant essuyé les critiques est le Team Replica avec une tige de selle intégrée que beaucoup de cyclistes trouvent inutile et gênante.

Les chiffres concernant Guerciotti sont impressionnants. Ses vélos ont été utilisés lors de dix championnats du monde de cyclo-cross par des grands coureurs comme Radomir Simunek et Roland Liboton, et chose rare, par l'Italien Daniele Pontoni (champion du monde amateur en 1992 et vainqueur des championnats du monde de cyclo-cross élites en 1997). La marque s'est également fait remarquer sur route. En 2008, l'équipe Serramenti PVC Diquigiovanni-Androni Giocattoli utilisa des Guerciotti. Lors de sa première saison, la formation remporta quelques petites victoires. En 2009, ce fut une toute autre histoire : l'équipe gagna trois étapes de la 100ᵉ édition du Tour d'Italie. Comme l'équipe ne participait pas au Tour de France ni au Tour d'Espagne cette année-là, le *Giro* représentait la course la plus importante de la saison. L'équipe ne fut pas déçue : rescapé d'un scandale de dopage, Michele Scarponi s'empara de la première victoire. Sur la cinquième étape, l'Italien perdit cinq minutes au classement général. Le lendemain, il était à nouveau en tête et gagna à Mayrhofen en Autriche. L'équipe enchaîna les titres et Leonardo Bertagnolli remporta une étape avant que Michele Scarponi gagne sa deuxième victoire lors de la 18ᵉ étape à Benevento.

L'année suivante, l'équipe revint sur le Tour d'Italie avec des Guerciotti. Scarponi remporta une nouvelle étape et termina à la quatrième place au général. Le partenariat avec Androni Giocattoli prit fin, mais en 2011, Guerciotti ajouta son nom pour former l'équipe Miche-Guerciotti. Il équipa la nouvelle formation et devint co-sponsor, confirmant ainsi son statut de grand constructeur. Et même si certains ne sont pas attirés par les parcours boueux du cyclo-cross, la qualité des vélos milanais est indéniable. *IC*

■ Paolo Guerciotti était un coureur talentueux. En 1979, il participa aux championnats du monde de cyclo-cross.

■ L'Oro Guerciotti de 1979 présente une finition en plaqué or anodisé sous la tige de selle, une fourche courbée, des bases et l'étoile caractéristique du constructeur sur le tube de direction.

■ LeMond règle
sa selle dans
son atelier.

■ Essai en soufflerie à
l'Institut aérotechnique
de Saint-Cyr en 1989.

LeMond

Greg LeMond, premier Américain à avoir remporté le Tour de France à trois reprises, était toujours très pointilleux avec ses vélos. Il adopta la même approche pour les modèles produits sous son nom jusqu'à ce qu'un litige avec Trek ne l'oblige à fermer son entreprise.

« Je regardais beaucoup de vélos différents un peu partout. Il n'y avait rien de génial et de novateur. »

GREG LeMOND

Le nom de Greg LeMond est synonyme d'innovation, ou plutôt de révolution. LeMond, c'est cet Américain qui arriva en Europe au début des années 1980 et qui fut au premier plan des grands changements qui survinrent (du matériel à la rémunération des coureurs) à une époque où la domination européenne dans le cyclisme était mise à mal par l'invasion des coureurs anglophones.

LeMond était en tête de cette vague. Il fut le premier coureur à signer un contrat d'un million de dollars, le premier vainqueur non européen du Tour de France (en 1986) et le premier à le remporter avec un vélo en carbone. Pour sa deuxième victoire en 1989, la plus serrée de l'histoire du Tour, il fut le premier à utiliser un guidon de triathlon. Après ce triomphe, il fit exploser les salaires des cyclistes en signant un contrat de trois ans d'une valeur de 5,5 millions de dollars. Il boucla la boucle en remportant son troisième et dernier Tour avec un vélo de sa propre marque.

En 1985, LeMond et son père Bob envisagèrent d'ouvrir une entreprise de cycles familiale. Pour LeMond, il s'agissait d'un choix de carrière évident : il était fasciné par la conception et la biomécanique. De plus son nom était à la fois original et très vendeur : l'écho de sa victoire au Tour de France 1986 était arrivé jusqu'aux États-Unis, la presse grand public et les magazines comme *Sports Illustrated* et même *Rolling Stone* en avaient parlé, sans oublier l'invitation à la Maison Blanche du Président Reagan.

Le projet initial était de créer l'entreprise quand LeMond prendrait sa retraite. Mais tout s'accéléra quand l'Américain fut recruté par la formation française La Vie Claire en 1985 et qu'il devint le premier cycliste millionnaire. Dans cette équipe française dominée par Bernard Hinault, il roula avec un vélo en acier de marque Hinault. Ce modèle était imposant, lourd et peu performant. LeMond le perfectionniste n'en fut pas satisfait. Même en cherchant ailleurs, il ne trouvait pas ce qu'il voulait : un vélo idéal en termes de conception et de poids.

« Je regardais beaucoup de modèles différents un peu partout, mais ils n'étaient pas formidables et peu avancés, explique LeMond. La fibre de carbone commençait à faire des vagues alors, en 1986, j'ai demandé à La Vie Claire d'ajouter dans mon contrat que je pouvais utiliser le vélo de mon choix. Je voulais surtout un avantage compétitif. Dans la plupart des cas, un pro ne peut rouler qu'avec le vélo choisi par son sponsor. Mais moi je voulais trouver le meilleur constructeur, le meilleur équipement et cela devint l'objectif même de mon entreprise. »

LeMond et son père conclurent un accord avec le constructeur américain Huffy, qui avait développé les vélos de l'équipe olympique américaine en 1984. Mais les vélos furent inutilisables. *« Huffy avait construit ce vélo et nous l'avait envoyé. Mais quand le mécanicien installa la fourche, elle sortit littéralement comme une dent pourrie, se souvient LeMond. J'ai fini par utiliser les vélos de l'équipe Look qui avaient été construits par TVT. »*

C'est sur un de ces vélos qu'il remporta le Tour de France 1986 et battit Hinault après trois semaines de lutte acharnée.

■ L'équipe de LeMond travaille ses cadres et règle les bases.

■ Raccords de LeMond utilisés pour relier les bases au tube oblique, au tube vertical et aux haubans.

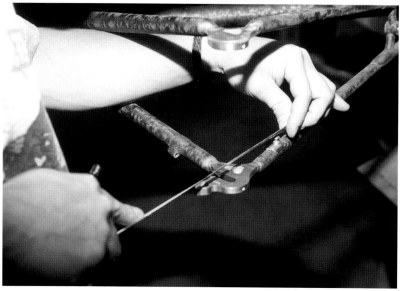

Dans son entreprise, LeMond développait sa propre gamme de vélos. Mais il vécut un drame au printemps 1987 : il fut touché par une balle lors d'un accident de chasse aux États-Unis. Par chance, il survécut, mais il arrêta la compétition pendant plus d'un an et eut du mal à retrouver une équipe. Il avait beau être vainqueur du Tour de France, seules deux formations acceptèrent de lui offrir une deuxième chance, PDM et Carrera. Il rejoignit finalement PDM.

L'année suivante, LeMond intégra la formation belge ADR. Son action avait chuté et il n'était plus en position d'exiger de rouler avec le vélo de son choix. Mais en 1989, sa carrière prit une nouvelle tournure : à la fin de la saison, il était à nouveau un champion. Son entreprise de cycles et sa carrière de coureur prospéraient.

Pour son deuxième titre sur le Tour de France en 1989 il utilisa un vélo Bottechia et arriva 8 secondes devant Fignon, le plus petit écart de l'histoire du Tour. C'est ensuite sur un vélo LeMond (avec des tubes en carbone TVT) qu'il remporta les championnats du monde sur route à Chambéry la même année. LeMond, plutôt grand, avait insisté pour que le vélo soit doté d'un tube supérieur très long qui lui permettait ainsi de mieux se baisser sur le vélo pour avoir une position plus aérodynamique.

Après son doublé au Tour de France et aux championnats du monde, LeMond était à nouveau en position d'imposer ses choix. Il signa un contrat de 5,5 millions de dollars avec l'équipe Z et exigea que tous les coureurs de sa nouvelle équipe roulent avec des vélos LeMond. « J'étais aux commandes, dit-il, et nous avons sponsorisé les équipes que j'intégrais pendant cinq ans. »

LeMond triompha en 1990 quand il défendit son titre sur le Tour en utilisant un vélo LeMond.

1986	1986	1987	1990
Greg LeMond est le premier Américain et le premier coureur non européen à remporter le Tour de France. Il réitère cet exploit en 1989 et 1990.	Greg LeMond et son père fondent la marque LeMond Bikes.	Deux mois avant le Tour de France, LeMond frôle la mort dans un accident de chasse. Son beau-frère le touche d'une balle dans le dos.	LeMond remporte son dernier Tour de France avec un vélo de la marque portant son nom.

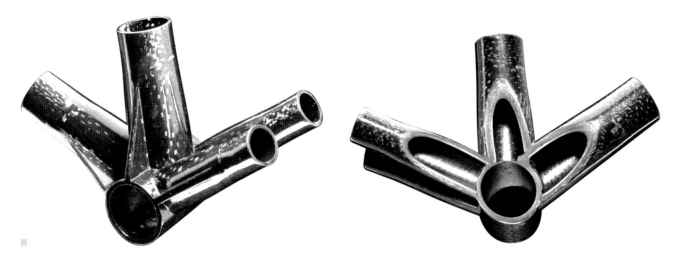

Il avait été le premier Américain à gagner le Tour en 1986 et devint le premier qui remporta la course avec une machine américaine. Un an plus tard, il devenait le premier à faire le Tour de France avec un vélo en carbone.

Sa contribution au vélo de course fut considérable. « *Quand je suis passé professionnel, très peu de constructeurs reproduisaient les vélos utilisés par les coureurs pro*, explique LeMond. *Ils étaient complètement déconnectés et produisaient essentiellement des vélos de cyclotourisme.* »

Mais à partir de 1990, la carrière cycliste de LeMond et son entreprise LeMond Bikes commencèrent à s'essouffler. Ses performances diminuèrent et il fut confronté à la montée d'une nouvelle génération. L'EPO transforma le cyclisme. Son entreprise rencontra des difficultés et sa relation avec son père se dégrada.

LeMond avait conclu un marché avec des investisseurs japonais d'une valeur d'environ deux millions de dollars en capitaux. Mais ce contrat fut affecté par la crise économique japonaise. LeMond affirma que six mille dollars seulement furent octroyés. L'entreprise était à court de fonds mais continuait à produire à plein régime. Elle développait des vélos de route et des VTT d'après les instructions de LeMond : des vélos conçus pour la vitesse plus que pour le cyclotourisme.

Les tensions entre LeMond et son père eurent un effet négatif sur l'entreprise. LeMond avoue aujourd'hui que c'était « *l'une des expériences les plus douloureuses* » de toute sa carrière. « *Quand je suis passé pro à 18 ans, je n'étais qu'un gosse. C'est mon père qui s'occupait de tout et il m'a vraiment aidé à obtenir de très bons contrats. Pendant les négociations, je jouais le rôle du gentil et lui faisais le méchant. Les gens disaient "ton père, c'est un dur", mais en réalité, c'est moi qui étais exigeant et mon père n'était que le messager. Nous formions une équipe.* »

Les retombées de l'échec du contrat japonais furent désastreuses. « *Mon père se retrouva dans une position très difficile. Il avait embauché des employés, il s'était engagé auprès d'eux et il n'y avait plus d'argent. Mon père se trouvait au milieu de tout ça. J'ai tout de suite compris que nous n'étions pas dans une bonne situation et j'ai dit à*

> « *Quand je suis passé professionnel, très peu de constructeurs reproduisaient les modèles de vélos utilisés par les coureurs pro.* »
>
> GREG LeMOND

1994	1995	2004	2008
LeMond prend sa retraite. À l'époque, il pense que sa baisse de performance est liée à une myopathie mitochondriale. Il l'expliquera plus tard par le surentraînement.	Trek et LeMond signent un contrat de licence de dix ans, révisé en 1999. L'accord autorise Trek à utiliser la marque Greg LeMond.	Dans une interview, LeMond déclare aux journalistes : « *Si Armstrong n'est pas dopé, c'est le plus beau retour. Mais s'il l'est, c'est la plus grande imposture* ».	Après une bataille juridique acharnée, Trek et LeMond trouvent un accord en privé. Trek fait un don à 1in6.org, association caritative à laquelle LeMond est affilié.

mon père que nous devions licencier. Mais il était tellement proche des employés que j'ai dû faire un choix : la compétition ou l'entreprise.

Il a été anéanti et j'ai perdu tout contact avec lui. Je lui ai dit de trouver quelqu'un d'autre pour diriger l'entreprise et qu'il pourrait revenir avec moi. Mes parents ont cru que je ne leur faisais pas confiance, mais ce n'était pas le cas. Il y avait beaucoup d'émotions dans cette histoire, et j'ai dû le licencier. Mais en fait ce que je voulais vraiment, c'était le retrouver. »

LeMond engagea de nouveaux dirigeants et l'effectif fut réduit. L'entreprise continua à produire des vélos et l'équipe Z de LeMond (future Gan) utilisa ses modèles jusqu'à ce qu'il se retire de la compétition en 1995.

Alors que la production ralentissait, Trek proposa de vendre les vélos de LeMond. À l'époque, Trek avait du mal à pénétrer le marché européen. Trek et LeMond signèrent un contrat de licence de dix ans. « *Une énorme erreur* », déclare aujourd'hui LeMond. Le contrat fut résilié après un différend public avec Lance Armstrong grâce à qui Trek s'était fait connaître. Quand LeMond remit en question la véracité des titres d'Armstrong, Trek se retrouva dans une position délicate. LeMond affirma que la réaction de Trek face à son désaccord avec Armstrong fut d'arrêter de promouvoir ses vélos.

En 2008, un procès mit un terme au litige entre LeMond et Trek, ainsi qu'à l'entreprise LeMond Bikes. Les deux constructeurs passèrent un accord hors des tribunaux et Trek fit don d'un montant tenu secret à une association caritative choisie par LeMond. Grâce à l'intérêt de LeMond pour la technologie, les matériaux et la biomécanique, cette marque aurait pu trouver sa place dans le haut de gamme. Mais elle disparut avec amertume. **DB**

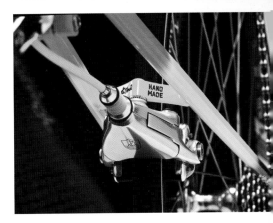

■ En 1990, LeMond roule vers sa troisième victoire du Tour de France pour le compte de l'équipe Z.

■ Caractéristiques d'un cadre LeMond construit à la main : signature sur le tube supérieur, cintre ergo, frein arrière et pédalier Campagnolo.

Armstrong remporte
les championnats du
monde de cyclisme
sur route 1993 en
individuel avec son
Litespeed Eddy Merckx.

Litespeed

Litespeed fut le premier à utiliser le titane alors que la plupart des constructeurs testaient l'aluminium et le carbone. Il produisit des vélos qui furent autant admirés pour leur magnifique finition en argent brossé que pour leur résistance et leur légèreté.

Au cours des vingt dernières années, cette entreprise, installée dans le Tennessee, fut l'un des principaux constructeurs de cycles en titane au monde. Mais tout comme BH et Orbea en Espagne, elle a commencé dans un tout autre domaine.

Litespeed fut fondée en 1986 mais son origine remonte à la création en 1962 de Tennessee Machine Works. C'était une entreprise de sous-traitance pour le spatial et l'industrie chimique basée à Chattanooga qui fournissait des alliages spécialisés. Elle aurait pu rester dans ce petit segment de marché si David Lynskey, l'un des fils du cofondateur de l'entreprise, n'avait pas commencé le vélo après une blessure au genou survenue en pratiquant la course à pied. Lynskey était ingénieur dans l'entreprise familiale et il se mit à concevoir des vélos en utilisant des morceaux de titane. Au début, il travaillait avec des amis et produisait des cadres pour leur utilisation personnelle. Mais en 1986, il développa un cadre qui fut présenté lors du salon du cycle de Long Beach.

Au bout de trois ans, la conception et la construction de vélos devint une activité officielle de Tennessee Machine Works. Sept ans plus tard,

Litespeed était devenu un constructeur de cycles à part entière.

Même si Litespeed a parfois produit des vélos en aluminium et en carbone (encore aujourd'hui) le titane a toujours été son matériau de prédilection. C'est grâce à ses modèles en titane que Litespeed est devenu un grand constructeur, connu pour ses cadres haut de gamme. Sa réputation fut longtemps liée aux cadres produits pour d'autres marques comme Bianchi, Merckx, De Rosa et Trek. Ces collaborations permirent aux concepteurs de Litespeed de travailler avec des constructeurs de renom, et d'affiner leurs expérimentations sur le titane avec des constructeurs chevronnés grâce à l'expérience que ces derniers pouvaient leur transmettre sur les caractéristiques à mettre en œuvre pour les vélos de route et les VTT.

La collaboration entre Litespeed et Trek en 1999 est la plus connue. Trek recherchait un vélo de contre-la-montre très performant pour le retour de Lance Armstrong sur le Tour de France après son cancer. Trek choisit un Litespeed Blade peint aux couleurs de l'équipe US Postal Service et l'utilisa sous sa marque car il était le fournisseur de l'équipe à l'époque. Il est intéressant de

« Je me suis dit que si je devais passer autant de temps sur un vélo pour les entraînements et les courses, autant que ce soit un bon vélo. »

BRYCE WALSH
Ultracycliste

noter que déjà en 1993, lors des championnats du monde d'Oslo, Armstrong avait remporté la médaille d'or pour le compte de l'équipe Motorola avec un Litespeed. À l'époque, il était présenté sous la marque Eddy Merckx.

Le problème de ce partenariat était que le constructeur qui distribuait le vélo fini s'en attribuait tout le mérite. Au début, Litespeed s'en accomoda très bien, et continua à développer ses connaissances et son expertise dans le travail du titane. L'entreprise finit cependant par sortir de l'ombre et devint célèbre au milieu des années 1990, en fournissant des vélos à l'équipe Chevrolet-LA Sheriffs alors dirigée par le sprinteur britannique Malcolm Elliott. Le jeune Bobby Julich, talent naissant, faisait aussi partie de cette formation qui domina le cyclisme nord-américain pendant plusieurs saisons. Malgré un modeste budget, l'équipe avait de l'allure avec son élégante tenue verte et jaune remarquablement bien assortie à la finition brillante en argent brossé de ses Litespeed.

En 2002, alors que Mark Lynskey (le frère de David) était président de l'entreprise, Litespeed devint le fournisseur de la formation belge Lotto-Adecco, dirigée par le sprinteur australien Robbie McEwen et les Belges Andrei Tchmil et Peter Van Petegem (deux spécialistes des classiques). Les vingt-six coureurs de l'équipe reçurent différents types de vélos : le très performant Vortex pour la route, l'ultramoderne Blade pour les contre-la-montre et l'ultraléger Ghisallo pour les courses de montagne et certains contre-la-montre.

Cette saison-là, McEwen, Tchmil et dix-sept coureurs de la formation Lotto-Adecco utilisèrent ces cadres, révélant la précision du design et de la géométrie de Litespeed. McEwen vécut l'une des plus belles années de sa longue carrière professionnelle. La victoire de l'Australien au classement par points du Tour de France fut le moment le plus marquant pour le coureur, pour son équipe et pour Litespeed. Vainqueur de

■ Sprint final de Robbie McEwen (à gauche) et d'Erik Zabel lors de la dix-huitième étape du Tour de France 2002.

■ Le Litespeed Archon CIR, sculpté dans une soufflerie, est conçu pour réduire la traînée. Le cadre a une finition mate et un look furtif, des composants haut de gamme SRAM, des tubes de taille variable et une tige de selle entièrement intégrée.

deux étapes, dont la prestigieuse finale sur les Champs-Élysées le 28 juillet, McEwen succéda au sprinteur allemand Erik Zabel, sextuple vainqueur du classement par points, et lui vola le maillot vert. En 2002 il remporta aussi dix-sept courses au sprint, notamment sur le Tour d'Italie et le Paris-Nice.

Les vélos de la gamme Litespeed alliaient légèreté, confort et résistance. Ils furent très appréciés des coureurs professionnels. Comme ils étaient vendus entièrement montés, les cyclistes amateurs furent vite conquis. Aujourd'hui, dix ans après le partenariat entre Lotto et Litespeed, on trouve d'ailleurs encore facilement des Vortex et des Ghisallos de cette époque en parfait état.

Le secret du succès de Litespeed repose sur son utilisation du titane 6/4 (6 % d'aluminium et 4 % de vanadium) dans ses cadres haut de gamme, et non du 3/2,5 plus courant. Même si l'alliage 6/4 est plus difficile à mettre en œuvre, il a un meilleur rapport résistance/poids que l'alliage 3/2,5 ou que le titane pur. Grâce à cet alliage, Litespeed se distingua des autres constructeurs qui utilisaient le titane, notamment parce que l'alliage n'était pas disponible sous forme de tube à l'époque. Litespeed devait déformer à froid le titane jusqu'à la formation du tube souhaité. Une fois le tube formé, il était ensuite soudé. Cette technique exigeait beaucoup de temps, mais les tubes pouvaient être fabriqués selon les spécificités de Litespeed. En outre, l'entreprise acquit une expertise que les autres constructeurs admirèrent mais ne surent reproduire. La précision des soudures était impressionnante. Elles étaient si parfaitement réalisées qu'elles ne nécessitaient ni finition, ni rembourrage ni ponçage. La touche finale transformait le cadre qui passait d'un aspect terne à un brillant argenté

si élégant qu'il n'avait besoin d'aucune couche de peinture.

Aujourd'hui encore, Litespeed conçoit des vélos en titane toujours plus innovants, aérodynamiques et typiquement américains. Ses cadres haut de gamme en titane T1, comme les cadres de route Archon et les cadres de VTT Citico, sont connus pour être les cadres en titane les plus avancés à ce jour. Ils ont été développés à partir des connaissances acquises lors des recherches effectuées en partenariat avec la NASA et d'autres organismes de recherche scientifique.

Grâce à sa technologie brevetée WRAP qui augmente la zone de soudure et « enveloppe » le tube à fixer, ces cadres sont aussi plus rigides et plus résistants car les forces exercées au niveau du joint sont mieux réparties.

La technologie de pointe à l'origine de la victoire de McEwen et de ses coéquipiers en 2002 est présente dans les Litespeed T3 comme le Xicon et le Pisgah. À l'instar des autres cadres de la gamme Litespeed, ils ont été créés pour être légers, très performants et extrêmement maniables. Ils sont toujours construits à la main dans le Tennessee

Depuis 2010, Litespeed développe des modèles composites et a construit une gamme de vélos et de cadres en carbone. Ils sont plus aérodynamiques que les vélos de contre-la-montre déjà très performants lors du Tour de France 2002. De plus, l'utilisation de la technologie de moulage sous pression réactive permet de contrôler la structure interne et l'épaisseur d'un cadre en carbone pendant sa fabrication, et entraîne une diminution du poids, une augmentation de la rigidité et une meilleure résistance.

1986

David Lynskey commence à fabriquer des cadres de vélos. Le premier est présenté lors du Salon du cycle de Long Beach.

1993

Lance Armstrong remporte les championnats du monde de cyclisme sur route à Oslo. Il s'empare du maillot arc-en-ciel avec un Litespeed sous la marque Eddy Merckx.

1999

Armstrong gagne le Tour de France après avoir vaincu son cancer. Il roule avec un Litespeed aux couleurs de Trek lors des contre-la-montre.

2000

L'entreprise achète les concurrents Merlin et Quintana Roo, spécialisé dans le triathlon. Lance Armstrong avait déjà utilisé un vélo Quintana Roo Superform.

Parallèlement à son activité de conception, Litespeed se développa et racheta Merlin (concurrent spécialisé dans le titane) et le constructeur de vélos de triathlon Quintana Roo en 2000. Les entreprises se regroupèrent et formèrent l'American Bicycle Group, nom donné à Litespeed après son rachat par JHK Investments en 1999.

Début 2011, la société a vendu Merlin, elle se consacre depuis aux marques Litespeed et Quintana Roo.

La longue association de la famille Lynskey avec Litespeed a pris fin en 2005 quand Mark Lynskey a quitté ses fonctions de vice-président commercial et marketing. Il a créé une nouvelle marque avec ses frères Tim, Chris, David et leur mère Ruby. Ils continuent à produire une large gamme de cadres de route et de VTT en titane sous le nom de Lynskey Performance. Les fans de Litespeed reconnaîtront la finition argent de la plupart de ces cadres. L'entreprise se trouve toujours à Chattanooga dans le Tennessee. **PC**

> « *Ce qu'il me reste, c'est encore plus d'envie. Je continue à m'investir à fond.* »
>
> DAVID LYNSKEY

2002

L'entreprise sort de l'ombre et équipe la formation cycliste professionnelle belge Lotto-Adecco. Elle lui fournit une gamme de vélos comme le Vortex, le Blade et le Ghisallo.

2002

L'Australien Robbie McEwen remporte le maillot vert sur le Tour de France avec un Litespeed.

2005

L'association de la famille Lynskey se termine quand Mark Lynskey quitte ses fonctions de vice-président de la société American Bicycle Group.

2008

Lors des J.O. de Pékin, le VTTiste Geoff Kabush utilise un Ocoee et la triathlète portugaise Vanessa Fernandes roule avec un Ghisallo.

Look

Dans les années 1980, ce constructeur français révolutionna le cyclisme professionnel avec ses pédales automatiques et ses cadres carbone grand public, utilisés pour la première fois par Bernard Hinault et son challenger américain Greg LeMond.

Look eut une influence extraordinaire sur le cyclisme sur route. À une époque où de nombreux grands champions se révélaient, le constructeur sortit à deux reprises en deux ans des nouvelles technologies qui révolutionnèrent le sport professionnel et en firent un loisir aujourd'hui reconnu et pratiqué par des millions de personnes dans le monde.

Le cyclisme serait très différent sans les pédales automatiques et les cadres en carbone. Look lança les versions grand public de ces deux innovations en s'appuyant sur la popularité de deux champions du Tour de France, deux incroyables athlètes que tout opposait : Bernard Hinault, talentueux, agressif et attaché aux traditions du cyclisme, et Greg LeMond, jeune américain naïf qui devint un modèle pour un nombre croissant de nouveaux venus dans le cyclisme pro.

Si les débuts de Look dans le cyclisme furent liés aux victoires de Hinault et de LeMond, son histoire remonte à 1951. Jusqu'au milieu des années 1980, on ne pouvait rencontrer la marque qu'en hiver et sur les pistes de ski.

En effet, l'entreprise, installée à Nevers, dans le centre de la France, était célèbre pour ses fixations de ski. Elle fut fondée par Jean Beyl, ingénieur et inventeur à l'imagination débordante qui avait commencé par créer une entreprise de production de caoutchouc, Le Caoutchouc Manufacturé, qui fabriquait entre autres des vessies pour les ballons de foot. En 1948, Beyl se cassa la jambe dans un accident de ski et comprit que la fracture était due aux fixations qui empêchaient la jambe de bouger en cas de chute. Quand il inventa une fixation de sécurité de ski, il fonda Look, nom emprunté à un magazine de photos américain devenu célèbre pendant l'après-guerre.

Beyl réalisa ensuite que ses fixations pouvaient être adaptées au vélo. Au cours des années 1970, d'autres constructeurs avaient tenté en vain de résoudre cette problématique technique. Stephen Roche, vainqueur du Tour en 1987, se souvient que des représentants de petites sociétés d'ingénierie approchaient les coureurs en leur présentant divers engins au début des années 1980, mais qu'aucun ne

Bernard HINAULT

JOSÉ ALVAREZ **LOOK**

fonctionnait. Au début, la technologie de Beyl sembla prendre le même chemin car il ne disposait pas du capital suffisant pour développer sa pédale automatique.

Tout changea en 1983 avec l'arrivée d'un homme d'affaires multimillionnaire qui savait flairer les bons investissements. Bernard Tapie était un magnat aux nombreuses relations qui avait grandi dans une banlieue difficile de Paris. Il avait à la fois la réputation d'être de toutes les affaires et de savoir remettre à flot des entreprises en faillite. Il acheta 66 % des parts de l'entreprise et laissa Beyl, avec un tout petit budget, finaliser la conception de ses pédales.

Mais Tapie avait toutefois un problème. S'il avait un don pour les affaires, il ne connaissait pas grand-chose au cyclisme et ne savait pas comment vendre ce nouveau produit.

Un jour Tapie entendit Hinault à la radio parler de son projet de création d'une nouvelle équipe pour la saison 1984. Il fut séduit par la voix dure et déterminée du Breton et le contacta aussitôt pour lui proposer que sa chaîne de magasins, La Vie Claire, devienne le sponsor principal de cette nouvelle équipe. Une semaine après leur première rencontre en septembre 1983, Tapie et Hinault officialisèrent l'accord au cours d'une conférence de presse.

C'était l'association idéale. Tapie recruta Hinault comme consultant pour accompagner le développement de la pédale automatique, et comme simple coureur dans l'équipe, car nul ne savait s'il retrouverait son niveau de quadruple vainqueur du Tour de France après la blessure qui l'avait empêché de participer au Tour 1983. À 28 ans, Hinault, qui envisageait peut-être de

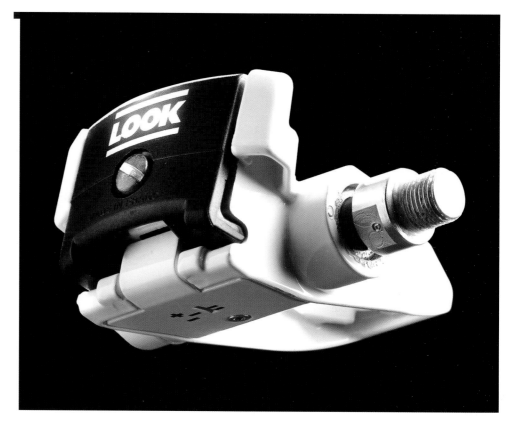

- Commercialisée en 1984, la pédale automatique PP65 introduisit la cale à trois trous.

- Pédale automatique Keo Blade avec une lame en carbone et une plate-forme élargie pour une meilleure transmission de la force.

- La Keo Blade en carbone pèse à peine 95 g et a été conçue pour faciliter le clipsage et le déclipsage.

« C'est sûrement la plus grande innovation de ces trente dernières années dans le cyclisme, pourtant on en a peu parlé quand Hinault les a utilisées pour la première fois. »

STEPHEN ROCHE

prendre sa retraite, se retrouva au cœur d'une équipe puissante avec une porte de sortie plutôt agréable s'il ne retrouvait pas sa forme physique.

Au début de l'année 1984, la pédale était en vente mais Hinault ne l'utilisa pas sur le Tour. En fait, toute l'attention se porta sur l'affrontement attendu avec un jeune talent précoce nommé Laurent Fignon, vainqueur du Tour 1983. Hinault et son équipe étaient très reconnaissables avec leur maillot La Vie Claire au motif cubique inspiré de Piet Mondrian et aux couleurs bleu, rouge et jaune du constructeur Look.

La saison 1984 n'eut rien d'un conte de fées pour Hinault. Il fut battu sur le Tour par son ancien coéquipier Fignon. Fidèle à lui-même, Hinault fit tout ce qu'il put pour déloger son rival, mais Fignon répondit à chacune de ses attaques. Sa domination fut totale et il déclara par la suite : *« Je gagnerai cinq ou six Tours puis j'arrêterai ».*

En 1985, Fignon fut mis sur la touche à cause d'une blessure. Hinault prit donc le départ du prologue à Plumelec, à domicile, en grand favori. À ses côtés, il y avait LeMond, recruté par Tapie pour un salaire d'un million de dollars, une première pour un cycliste. En plus d'une solide équipe, Hinault avait une arme secrète : il portait des chaussures de vélo insolites avec des cales sous la semelle qui se clipsaient dans des pédales automatiques Look PP65 encore plus étranges. Aucun cale-pied en vue. Autour de lui, ses adversaires appartenaient déjà au passé avec leurs sangles en cuir. Hinault fit la promotion de cette nouveauté, affirmant qu'elle était plus sûre, plus efficace et plus confortable que les pédales classiques.

Le vétéran du Tour Stephen Roche se souvint qu'en dépit de l'innovation qu'elles représentaient et malgré la révolution qu'elles engendrèrent, leur

1951

L'entreprise est créée à Nevers par Jean Beyl. Il s'agit d'une entreprise de production de fixations de ski.

1984

Plus de trente ans après l'invention des fixations de ski, la technologie est appliquée aux pédales de vélos et la première pédale automatique, la PP65, est commercialisée avec succès.

1986

Greg LeMond remporte le Tour de France avec un Look KG 86, le premier cadre carbone avec des tubes TVT qui en font un cadre très rigide.

1988

Le Look KG 96 est le premier cadre en carbone entièrement construit à la main. Il est équipé de composants Campagnolo comme le pédalier, le dérailleur, la tige de selle et les jantes.

introduction fut plutôt discrète. « *C'est sûrement la plus grande innovation de ces trentes dernières années dans le cyclisme, pourtant on en a peu parlé quand Hinault les a utilisées pour la première fois. Les gens ont dû penser qu'il s'agissait seulement d'un nouvel accessoire et il leur a fallu du temps pour réaliser leur importance.* »

Même si Look avait créé le marché, son concepteur Beyl se lassa de travailler avec le modeste budget imposé par Tapie. Il partit à la fin des années 1980 et fut recruté par une nouvelle entreprise, Time Sport International, où il améliora le mécanisme et ajouta un degré de flottement horizontal pour un meilleur coup de pédale.

Roche fut l'un des derniers à abandonner ses cale-pieds en 1993. Il disait ne pas vouloir changer d'équipement, surtout après plusieurs blessures. Mais quand il adopta les pédales automatiques comme son compatriote Sean Kelly, la révolution fut totale. À l'instar des cuissards en lycra, les pédales automatiques devinrent incontournables.

Par ailleurs, au milieu des années 1980, les ingénieurs de Look travaillaient sur d'autres projets dans l'usine de Nevers. Profitant de la victoire de Hinault sur le Tour de France 1985, Tapie voulut rapidement renforcer la réputation de Look. L'occasion se présenta lors du Tour 1986, et les ingénieurs présentèrent un nouveau cadre.

Le Tour s'annonçait comme l'un des plus difficiles, mais La Vie Claire était présente et avait des chances de gagner. La dernière chose dont l'équipe avait besoin était une défaillance de son matériel. Cette crainte n'empêcha pas Tapie de transférer l'équipe sous la marque Look pour remplacer les vélos Hinault et augmenter sa couverture médiatique.

1996	2008	2010	2011
Les cadres de piste du constructeur triomphent aux J.O. d'Atlanta, remportant quatre médailles d'or et deux d'argent.	Look remporte quinze médailles lors des championnats du monde de cyclisme sur piste et cinq médailles aux J.O. de Pékin. L'un des coureurs est le célèbre Arnaud Tournant.	Lancement du cadre en carbone 695 doté d'innovations comme la potence C-Stem inclinable, le pédalier carbone monobloc ZED2 et la fourche HSC7 en carbone.	Pour la deuxième fois, l'entreprise reçoit les Trophées INPI de l'innovation pour la Keo Power, la première pédale à mesurer la puissance de pédalage.

Bien qu'Hinault et LeMond soient tous les deux dans la formation La Vie Claire équipée par Look, ils s'affrontent sur le Tour de France 1986.

Ainsi, l'équipe changea de vélos et de leader. L'année précédente, Hinault s'était publiquement engagé à soutenir LeMond, après que l'Américain l'ait aidé en 1985. Dans l'un des Tours les plus passionnants de l'histoire, Hinault et LeMond s'étaient retrouvés au coude à coude. Dès la première étape dans les Pyrénées ralliant Pau, Hinault avait lancé une échappée imprévue. LeMond, languissant à l'arrière du peloton ne l'avait appris que lorsque le groupe de tête eut une avance irrattrapable. C'était typique d'Hinault et de sa façon de courir. Tout portait à croire qu'il ne faisait preuve d'aucun fair-play avec son coéquipier.

Cette lutte fratricide dura pendant deux semaines. La bataille pour la suprématie prit fin sur une route entre le col de la Croix de Fer et l'ascension finale de l'Alpe d'Huez. Hinault s'était épuisé dans une attaque désespérée dans le col du Galibier et se faisait rattraper par LeMond. La scène finale débuta quand une voiture de La Vie Claire s'arrêta à leur hauteur. Tapie leur dit quelques mots et le duo roula à l'unisson jusqu'au col envahi par la foule. Hinault guidait son coéquipier LeMond dans les virages. L'Américain au maillot jaune offrit la victoire d'étape à Hinault. Ce fut un geste intelligent et opportun qui confirma que 1986 était une année de transition. Pour la première fois, le Tour fut remporté par un anglophone qui battit la star française du cyclisme la plus adulée de l'époque.

Si le Tour 1986 fut mémorable en raison de l'arrivée du premier champion américain, il fut aussi le théâtre d'une révolution technologique dans l'équipement cycliste. LeMond et Hinault utilisèrent tous deux des cadres Look KG 86 ultramodernes fabriqués avec un tout nouveau matériau : la fibre de carbone.

Le cadre était le fruit d'une collaboration avec le spécialiste du Kevlar TVT qui avait fourni les tubes. Les ingénieurs de Nevers avaient relevé le défi de fixer les tubes dans des manchons en

aluminium pour créer un cadre rigide, léger et confortable.

Sur le Look KG 86 commercialisé, une étiquette informait fièrement le nouveau propriétaire : « *Cette fourche et ce cadre uniques ont été produits et conçus par Look en collaboration avec l'équipe cycliste professionnelle La Vie Claire du Groupe Bernard Tapie et créés par TVT, leader technologique du composé carbone-Kevlar. Ce tube affiné et incassable est fabriqué en fibres de carbone Kevlar. Bonne route.* » On ne peut s'y méprendre ; le ton de ce message est bien américain, autre signe de renouveau dans le cyclisme.

Ce n'est que dix ans plus tard que les cadres en carbone devinrent de rigueur, preuve irréfutable de l'avance que Look avait prise. Tout au long des années 1980 et au début des années 1990, le constructeur fut à l'avant-garde du développement. Il fut le premier à fabriquer des manchons en carbone permettant la construction du premier cadre 100 % carbone. En 1990, Look produisit l'un des premiers cadres monocoques (une seule pièce) en carbone. Il y eut beaucoup de premières fois, même si on retient surtout les innovations des deux premières années.

En 1989, Tapie vendit Look à un fonds de pension suisse. Mais les ventes ne suffisaient plus à couvrir les coûts des programmes de recherche et d'innovation. L'émergence de marques américaines possédant des sites de production moins coûteux en Extrême-Orient eut également de fortes répercussions sur Look. En 1998, l'entreprise fit faillite. Elle fut rachetée par son dirigeant Dominique Bergin. Aujourd'hui, il en est encore le directeur général, et l'entreprise a retrouvé toute sa place sur le marché du vélo.

Bergin a remis l'innovation au cœur de l'activité de l'entreprise et il a réaffirmé la présence de Look au sein du peloton professionnel. En 2002, Look sponsorisa trois grandes équipes : Kelme, Crédit Agricole et CSC-Tiscali. Laurent Jalabert, ancien coureur de CSC, devint l'ambassadeur de la marque et poursuivit son engagement comme consultant technique. Entre 1998 et 2009, l'entreprise déposa 169 brevets liés aux nouvelles générations de pédales et de cadres. Au cours des dix dernières années, Look a reçu de nombreuses récompenses pour ses vélos et s'est vu attribuer à deux reprises les Trophées INPI de l'innovation.

Cette marque française est l'une des plus créatives. Contrairement à de nombreux constructeurs qui ont délocalisé leurs sites de production en Extrême-Orient, Look continue à fabriquer chacun de ses cadres à la main dans son usine de Nevers où tout a commencé. **SD**

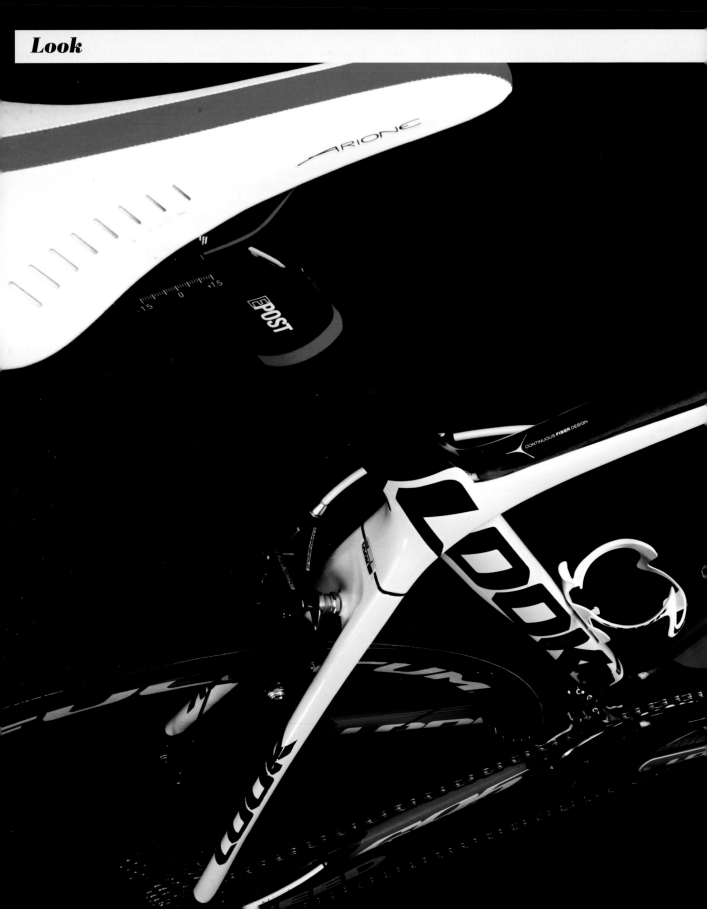

Le Look 695 IPACK fut le vélo officiel de l'équipe Cofidis lors des Tours de France 2010, 2011 et 2012.

The Tradition of Endurance and Excellence ... Goes On.

Masi

Faliero Masi, l'artisan italien créateur des cadres Masi, était surnommé « le Tailleur » pour son talent à construire des vélos sur-mesure aux coureurs. La liste de ses clients témoigne de sa réputation.

Les vélos d'Eddy Merckx, vainqueur du Tour d'Italie 1968, de Federico Bahamontes, leader du Tour de France 1959, et de Tom Simpson, coureur de Peugeot, étaient le fruit du travail d'un homme qui consacra sa vie aux vélos : Faliero Masi. De nombreux coureurs se rendirent dans son atelier sous le vélodrome Vigorelli à Milan mais son nom n'apparut que rarement sur les vélos professionnels. Ce privilège était réservé aux puissantes marques industrielles qui sponsorisaient les équipes cyclistes.

Faliero Masi dédia sa vie aux vélos de course. Dans sa jeunesse, il participa au Tour d'Italie puis devint mécanicien. Il développa un véritable talent et continua à exercer ce métier bien après s'être établi comme constructeur de cycles.

Masi racontait souvent l'histoire d'Antonio Maspes, sprinteur milanais, qui exigeait que ses roulements soient bouillis pour faire fondre la graisse pensant que celle-ci le désavantagerait.

Mais l'événement le plus connu concernant Masi est le record de l'heure qui reste le meilleur test contre-la-montre de l'homme et de sa machine. Entre la tentative de Fausto Coppi en novembre 1942 dans le vélodrome Vigorelli, et l'effort de Ferdinand Bracke dans le vélodrome olympique à Rome en 1967, Masi construisit cinq des six vélos qui battirent le record de l'heure.

On raconte que Bracke ne roula avec son vélo qu'une seule fois avant sa tentative, un peu plus tôt dans la journée, autour du vélodrome. Avec la précision de Masi, un essai était suffisant,

■ La couverture d'un
catalogue des années
1970 rappelle l'histoire
de Masi.

■ Antonio Maspes
en septembre 1955
lors des championnats
du monde de cyclisme
sur piste à Milan.

« Maspes était le plus
exigent. C'était un
coureur pointilleux.
Il fit même boullir
ses roulements
dans de l'huile. »

FALIERO MASI

on le surnommait bien « le Tailleur », l'homme qui construisait des vélos parfaitement sur-mesure.

C'est peut-être parce que les coureurs furent déçus des cadres de leurs sponsors que Masi devint synonyme de qualité dans le cyclisme de haut niveau. Quoi qu'il en soit, cela lui permit de vendre ses vélos au grand public, dépassant largement les frontières européennes.

En 1972, Masi confia la direction de son atelier milanais à son fils Alberto et partit s'installer en Californie pour profiter du marché croissant des cadres italiens. Mais l'expérience fut un échec, il rentra en Italie après avoir vendu la marque Cicli Masi à un consortium américain dirigé par Ted Kirkbride. Les volumes de production avaient diminué et Masi n'aimait pas le style de vie californien. Kirkbride continua à construire des cadres de haute qualité dans l'usine de Carlsbad pour le marché intérieur américain et Alberto poursuivit l'œuvre familiale en fabriquant des vélos dans l'atelier milanais.

Après de nombreuses années passées à construire des cadres qui portaient les noms d'autres marques, Masi finit par voir son talent enfin reconnu grâce à une présence au premier plan dans le film américain *La Bande des quatre*, film culte sur le cyclisme réalisé en 1979. Le héros et italophile Dave Stohler s'engage dans une course cycliste avec un groupe d'amis, mais il ne veut rouler qu'avec un Masi Gran Criterium rouge vif. C'est le genre de publicité dont rêvent toutes les marques.

Le talent de Masi est maintenant passé au second plan en raison des progrès technologiques des chaînes de production. Mais on n'oubliera jamais la qualité exceptionnelle de cette marque et la grande lignée de stars du cyclisme qui roula en Masi. **SD**

> ### « *Un Masi est pour le cycliste ce qu'une Ferrari est pour un passionné de voitures.* »
>
> Magazine *BICYCLING*

■ Le coureur belge Ferdinand Bracke dans les années 1970 avec un vélo Masi construit à la main.

▨ Masi Gran Criterium du début des années 1970, restauré par Ray Dobbins : freins Campagnolo, cadre en acier, moyeu Campagnolo et tubes Reynolds. Les finitions du cadre ont été refaites par les restaurateurs de Cycle Art à Vista, en Californie.

■ Antonin Magne fut
le premier cycliste
professionnel à utiliser
les jantes en aluminium
sur un Tour de France.

■ La jante Dura en
aluminium fut interdite
en 1934 ; le constructeur
la fit passer pour
une jante en bois.

■ Une affiche de 1934
vante les avantages
du « garde-boue
à bavolet ».

Mavic

Mavic est réputé pour ses roues de course innovantes. Après avoir introduit la première jante en aluminium en 1934 et la première roue lenticulaire en 1973, le constructeur crée le dérailleur électrique ZMS (*Zap Mavic System*) en 1994.

En 1934, Antonin Magne remporta le Tour de France pour la deuxième et dernière fois de sa carrière. À une époque où le Tour était disputé par des équipes nationales, Magne et ses compatriotes français dominèrent l'événement et gagnèrent dix-neuf étapes sur vingt-trois. Magne lui-même en remporta deux.

Dans le plus grand secret, Magne roula avec un vélo doté d'une innovation technologique révolutionnaire : des jantes en aluminium. Interdites lors du Tour 1934, elles furent peintes couleur bois pour ressembler aux jantes utilisées par le reste du peloton. Le constructeur de ces nouvelles jantes n'était autre que le Français Mavic. Si ses débuts dans les courses professionnelles furent discrets, le constructeur est aujourd'hui omniprésent. Les coureurs Mavic sont facilement reconnaissables à l'emblématique logo elliptique jaune et noir apparaissant sur les roues ultralégères en carbone. Sans oublier les voitures jaunes Mavic qui sillonnent le convoi des courses cyclistes pour assister les coureurs.

Mavic est un vétéran du cyclisme. L'entreprise fut fondée en 1889 par Charles Idoux et Lucien Chanel. Son nom est l'acronyme de Manufacture

d'articles vélocipédiques Idoux et Chanel. Les acronymes sont très répandus chez Mavic où de nombreuses innovations technologiques ont été baptisées de la sorte.

L'équimentier français se fit d'abord connaître pour ses garde-boue pour bicyclettes puis pour ses voitures à pédales pour enfants. Henri Gormand acheta Mavic en 1920 et se consacra à la construction de jantes de vélos. Mais la première véritable innovation du constructeur en 1934 faillit passer inaperçue à cause d'un homologue italien qui avait eu la même idée. Mavic avait développé une jante creuse en duraluminium avec des œillets pour répartir la tension des rayons sur les parois inférieures et supérieures. Ce nouveau concept permit de créer une jante plus légère et plus solide que les jantes classiques en acier. Mais deux heures avant que Mavic ne dépose un brevet pour sa conception, un Italien du nom de Mario Longhi breveta un prototype identique.

Heureusement Longhi autorisa Mavic à utiliser son invention sous licence. Magne roula avec un vélo équipé des nouvelles jantes et remporta le Tour de France 1934. Mavic considéra cette

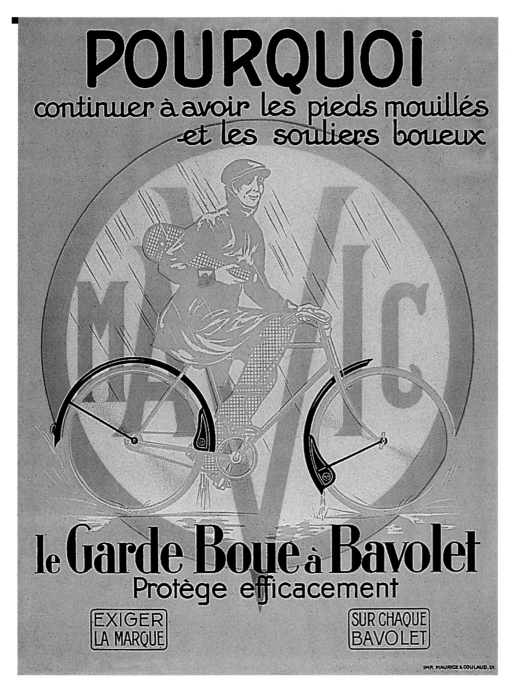

victoire comme un beau présage pour l'avenir et commercialisa ses jantes peu après.

Ce n'est qu'à partir de 1964, quand Bruno, le fils d'Henri Gormand, reprit la direction de l'entreprise, que Mavic se retrouva au premier plan de l'innovation technologique au sein du peloton professionnel. Bruno Gormand fut pour Mavic ce que furent Tullio Campagnolo et Ernesto Colnago pour leur entreprise respective : son cœur, son âme et l'initiateur de l'innovation, de l'excellence et de la qualité dans le monde du cyclisme professionnel.

« Bruno Gormant avait tout de l'entrepreneur français, déclara Richard Goodwin, directeur des ventes et du marketing pour Mavic aux États-Unis à la fin des années 1980 et fondateur du programme américain Mavic pour l'*assistance neutre*, dispositif destiné à aider les coureurs quelle que soit leur équipe. *Il fumait, buvait, aimait la bonne chère et avait la vie d'un playboy. Il connaissait absolument tout le monde dans le cyclisme européen. Il prit la direction de l'entreprise en 1964 et mit en place l'équipe qui accompagna l'entreprise jusqu'au tournant du siècle. Il créa l'assistance neutre, développa les composants et les jantes rigides anodisées. Et même si les composants Mavic eurent un succès commercial limité, un grand nombre de ses innovations sont aujourd'hui omniprésentes sur la plupart des vélos.* »

C'est Bruno Gormand qui eut l'idée de cette *assistance neutre* sous la forme d'un véhicule jaune. Lors du Critérium Dauphiné Libéré 1972, il prêta sa voiture à un directeur sportif dont le véhicule était tombé en panne juste avant une étape. Cet événement le poussa à introduire une voiture d'assistance (sous marque Mavic) qui sillonnerait le convoi pour aider les coureurs.

Mise en place sur Paris-Nice 1973, cette initiative fut révolutionnaire. Elle apporta une assistance mécanique à tous les coureurs et utilisa la liaison radio entre les véhicules présents, permettant ainsi aux organisateurs aux médecins, aux directeurs sportifs et aux journalistes de communiquer entre eux efficacement. Pour améliorer la visibilité de Mavic sur les courses, on conseilla à Gormand de remplacer le rouge de son logo par du jaune plus télévisuel.

Aux yeux du public, les véhicules d'assistance Mavic devinrent indissociables du Tour de France. En 1977, les organisateurs du Tour reconnurent

---

1889

Léon et Laurent Vielle démarrent une activité de nickelage et Charles Idoux et Lucien Chanel vendent des pièces détachées pour bicyclettes. Leur président est Henri Gormand.

1923

La première version du logo de Mavic est créée. Elle comprend un grand V au centre d'un cercle.

1933

L'entreprise se diversifie en fabriquant des voitures à pédales pour enfants. Produites en faible quantité, elles sont devenues des pièces de collection extrêmement rares.

1952

Ferdinant Bracke établit le record de l'heure avec un vélo Mavic en parcourant 48,09 km.

Un catalogue Mavic de 1980 présente l'impressionnante gamme de jantes de la marque.

En 1975, Mavic introduit le moyeu 500 : le premier moyeu avec roulement à cartouche.

le rôle innovant de Mavic et rendirent hommage au constructeur en donnant le départ de la dix-neuvième étape devant l'usine Mavic à Saint-Trivier-sur-Moignans.

Cherchant sans relache à concevoir des roues toujours plus solides et plus rapides, Mavic inventa dans les années 1970 les moyeux avec roulements à cartouche, les premières jantes anodisées et la jante brevetée Module E. Celle-ci était la première jante double pont « à crochets » pouvant accueillir un pneu. La Module E annonça l'ère des roues à pneus performantes dans un marché dominé par les jantes pour boyaux.

Ce développement aboutit en 1979 avec la création de l'ensemble « Tout Mavic ». L'ancien vice-président de Mavic, Art Wester, déclara : « *Quand Mavic a lancé l'assistance neutre en 1973, nous avons eu beaucoup de problèmes pour utiliser les composants de l'époque. Nous avons alors pensé que nous pouvions faire mieux.* » Les coureurs avaient besoin de composants fiables et les mécaniciens devaient pouvoir disposer d'un matériel facile à monter. L'ensemble « Tout Mavic » fut conçu pour être solide et réparable, comme les dérailleurs qu'on pouvait facilement démonter.

Les légendes du cyclisme professionnel comme Sean Kelly, qui vécut sa plus belle saison en 1984 avec un Vitus équipé Mavic pour la formation Skil-Sem, seront toujours associés aux composants Mavic. Au printemps de la même année, Kelly remporta Paris-Nice, rafla les trois étapes du Critérium International, arriva à la deuxième place de Milan-San Remo et du Tour des Flandres et il gagna Paris-Roubaix et Liège-Bastogne-Liège. Aucun coureur n'a réitéré

1973

S'inspirant d'études sur l'aérodynamisme, Mavic se tourne vers un autre domaine et produit sa première roue. La même année, Mavic introduit l'assistance neutre.

1979

L'invention la plus connue et la plus importante de Mavic est commercialisée : l'ensemble de composants « Tout Mavic ».

1989

Greg LeMond arrive huit secondes devant Laurent Fignon et remporte le Tour de France en « Tout Mavic » après un affrontement intense et captivant.

1994

La technologie de pointe est appliquée aux systèmes de roue Mavic crée Cosmic Aluminium et Cosmic Carbone.

ce doublé depuis. Chacune de ses victoires mérite d'être gravée dans l'histoire du cyclisme : son incroyable performance dans la boue de Paris-Roubaix au terme d'un sprint final haletant avec Rudy Rogiers, suivie de son exploit en Belgique, où pour la première fois, trois coureurs anglophones (Sean Kelly, Phil Anderson et Greg LeMond) montèrent sur le podium d'une classique.

Le « Tout Mavic » eut son heure de gloire grâce à Greg LeMond dans les années 1980. Lors du Tour de France 1989, le coureur américain battit Laurent Fignon avec un Bottecchia équipé Mavic. L'écart entre eux fut de huit secondes : le plus petit jamais enregistré. Ce fut le seul triomphe de l'ensemble « Tout Mavic » sur le Tour. Plus tard dans la saison, LeMond remporta son deuxième titre mondial à Chambéry.

Dans les années 1980, la plupart des composants du peloton professionnel étaient développés par les constructeurs européens, notamment par Campagnolo.

Dans les années 1990, le groupe Shimano Dura-Ace fit son apparition. Le savoir-faire du constructeur taïwanais poussa alors les entreprises à se lancer dans une course à l'innovation.

Mavic réagit et introduisit en 1994 un dérailleur électrique tout d'abord connu sous le nom de *Zap Mavic System* (ZMS). Il deviendra par la suite le Mektronic, le premier dérailleur arrière piloté par microprocesseur avec des touches sur le guidon pour changer de vitesse. Ce système fit des adeptes dans le peloton professionnel, comme la légende du contre-la-montre Chris Boardman. Mais il fut abandonné en raison de son manque de fiabilité. Boardman ne manqua pas de marquer l'histoire du Tour de France en 1994, lorsqu'il parcourut 7,2 km à la vitesse moyenne de 55,152 km/h (un record) lors du prologue

ÉVOLUTION DES ROUES

COMÈTE

Les roues paraculaires Comète en carbone furent commercialisées en 1985. L'année suivante apparut la Comète « + » et « - ».

3G

Créée en 1992, la 3G en carbone a trois bâtons pour l'avant ou l'arrière et des cartouches-moyeux interchangeables.

HÉLIUM

Développée en 1996, l'Hélium est ultralégère et conçue spécifiquement pour les courses de montagne.

CROSSMAX

Introduite en 1999, la Crossmax est construite à partir d'un alliage en aluminium (maxtal) et a des jantes surdimensionnées pour plus de rigidité.

avec un vélo de contre-la-montre Lotus équipé de dérailleurs électriques Mavic.

L'année 1994 se révéla déterminante : le groupe français de sports d'hiver Salomon racheta Mavic, apportant ainsi le capital permettant l'exploitation de l'entreprise à long terme. Dans les années qui suivirent, Mavic s'éloigna du « Tout Mavic » et retourna à son activité d'origine : la conception de roues innovantes. L'entreprise française Roval avait déjà développé un système de roue global et Mavic fut le premier à le produire pour le public en introduisant les roues Cosmic Aluminium et Cosmic Carbone en 1994.

Deux ans plus tard, s'appuyant sur le succès de la Cosmic pour les vélos de route, Mavic adopta le concept pour VTT et lança la roue Crossmax. La roue Hélium, avec ses jantes et moyeux rouges, fut également commercialisée avec succès en 1996. La première roue complète ultralégère fut bientôt présente dans les étapes de montagne des grands Tours ou sur les courses d'une journée, où l'efficacité dans les montées était essentielle pour les coureurs.

En 2000, Mavic alla encore plus loin et créa la roue Ksyrium, établissant de nouveaux critères de qualité en termes de performance. Lance Armstrong avait utilisé un prototype de ces roues lors du Tour 1999. Avec la Ksyrium, Mavic révolutionna les systèmes de roue.

La plupart des roues sont constituées d'un ensemble de composants compatibles fabriqués par différents constructeurs puis assemblés. Avec le potentiel de la Cosmic et de l'Hélium, les ingénieurs de Mavic décidèrent de concevoir la roue idéale : rigide, légère, fonctionnelle et fiable.

Mavic avait déjà créé une roue ultralégère, fonctionnelle et relativement résistante avec le modèle Hélium. Le roulement interne et l'axe du moyeu de l'Hélium étaient satisfaisants, les ingénieurs ne virent donc aucun intérêt à

KSYRIUM SSC

Cette roue créée en 1999 est dotée de rayons profilés Zicral et a une construction intégrée brevetée.

AKSIUM

L'Aksium est une roue de haute qualité, légère et bon marché.

COSMIC CARBONE ULTIMATE

Cette roue sortie en 2011 est l'équilibre parfait entre légèreté, rigidité et aérodynamisme.

COSMIC CARBONE 80

Avec ses rayons profilés et ses jantes carbone surdimensionnées, cette roue est considérée comme la plus rapide de la gamme Mavic.

les changer. En revanche, l'Hélium n'était pas assez rigide. D'après Mavic, une amélioration de la jante augmenterait la rigidité latérale. Le plus grand facteur limitant n'était ni la jante ni le moyeu, mais les rayons en acier classiques. Si les rayons pouvaient être plus rigides sans augmenter le poids de la roue, celle-ci serait beaucoup plus réactive. On savait que l'aluminium surdimensionné pouvait être plus dur que l'acier et potentiellement plus léger. Des rayons en alliage surdimensionné extrêmement rigides et résistants furent alors conçus. Mais Mavic rencontra un problème de taille : il n'existait aucun moyen fiable de fixer les rayons au moyeu et à la jante.

C'est là qu'intervint une nouvelle fois le système de roue. Les ingénieurs s'attaquèrent à la conception de moyeux et de jantes compatibles avec les nouveaux rayons ultramodernes. Utilisant de l'alliage usiné, ils prirent l'axe en alliage du moyeu et les roulements éprouvés de l'Hélium et les placèrent dans un moyeu spécialement conçu pour optimiser le potentiel du nouveau rayon. Ils assemblèrent ensuite le nouveau moyeu avec une nouvelle jante fabriquée avec un alliage innovant, le maxtal, utilisé dans les TGV français et bien plus rigide que l'alliage d'aluminium 6106 standard. Cette rigidité permit aux ingénieurs de développer un embout surdimensionné et fileté pour que le rayon se fixe directement dans la jante. Mavic remplaça les rayons et embouts classiques en acier inoxydable par un bout surchauffé qui fit fondre le rayon dans la jante en maxtal. Des embouts surdimensionnés sur les rayons profilés en aluminium s'enfilèrent ensuite directement dans la paroi interne de la jante. La partie extérieure restait dure pour plus de résistance, de rigidité.

La roue obtenue répondit à toutes les attentes des ingénieurs. Encore aujourd'hui, la plupart des grandes courses cyclistes sont remportées par des coureurs utilisant des roues Mavic.

Même si le carbone est le matériau à la mode pour la fabrication des roues, Mavic ne commença à l'utiliser qu'en 1985 pour ses roues paraculaires Comète. En 2011, Philippe Gilbert accumula les victoires avec la Cosmic Carbone Ultimate, le haut de gamme de Mavic.

Mavic développe également des pneus, des compteurs, des pédales, des casques, des chaussures et des vêtements techniques, témoins de la qualité du constructeur français. Les limites technologiques du matériel utilisé par les coureurs cyclistes ne cessent d'être repoussées, mais Mavic relève chaque défi et continue d'innover. **PH**

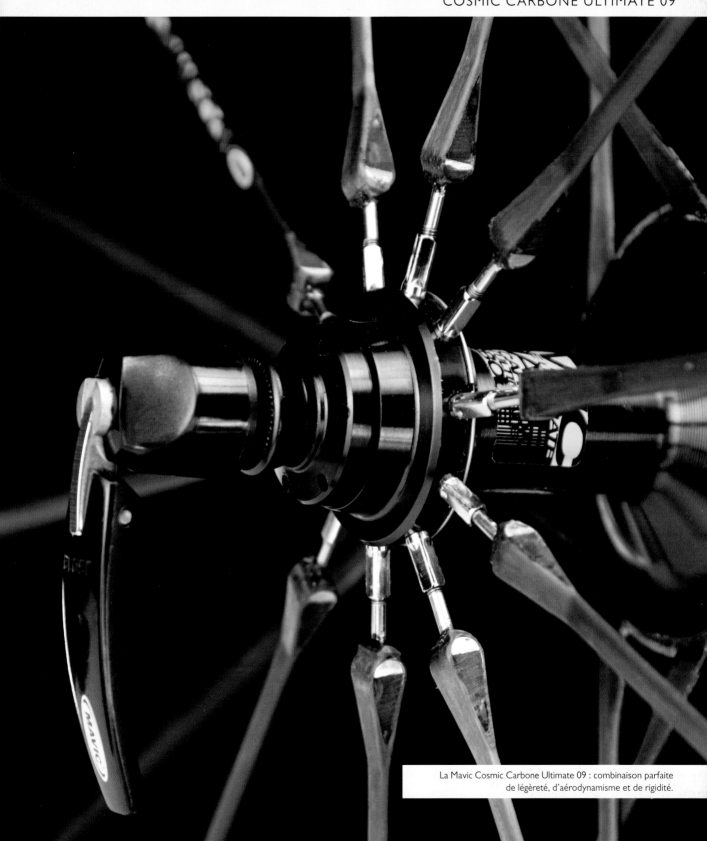

La Mavic Cosmic Carbone Ultimate 09 : combinaison parfaite de légèreté, d'aérodynamisme et de rigidité.

LE LOTUS 108
DE CHRIS BOARDMAN

Quand le Britannique Chris Boardman apparut aux
Jeux Olympiques de Barcelone avec son étrange vélo
Lotus sorti tout droit d'un livre de science-fiction, il
suprit le monde entier. C'était le but. Avant les Jeux, il
n'avait encore jamais roulé avec ce vélo en compétition,
mais il avait passé six mois à tester le modèle dans
une soufflerie. Bryan Steel, autre membre de l'équipe
britannique moins connu, avait été sélectionné comme
cobaye pour rouler avec le Lotus lors d'une course à
Leicester dans les Midlands de l'Est.

La raison de ce test en compétition n'était pas la
performance même du vélo – Boardman savait qu'il
était rapide. En revanche, il fallait s'assurer qu'il serait
autorisé. En fait, il suscita très peu d'intérêt et son
contrôle par les organisateurs ne posa aucun problème.
Le fait que le vélo était utilisé par Steel, coureur
relativement inconnu, y fut peut-être pour quelque
chose.

Le cadre composite carbone monocoque n'était
pas nouveau, mais la version du Lotus fut développée
par le designer Mike Burrows quand l'Union
cycliste internationale autorisa à nouveau les cadres
monocoques en 1990. Deux ans plus tard, Boardman
remporta le titre de champion olympique de poursuite
individuelle et établit un nouveau record du monde.
Le vélo, surnommé « Superbike », et Lotus furent
autant remarqués que le coureur et sa position très
aérodynamique. En adoptant cette même position sur
d'autres vélos que le Lotus, Boardman remporta de
nombreux titres sur piste et sur route.

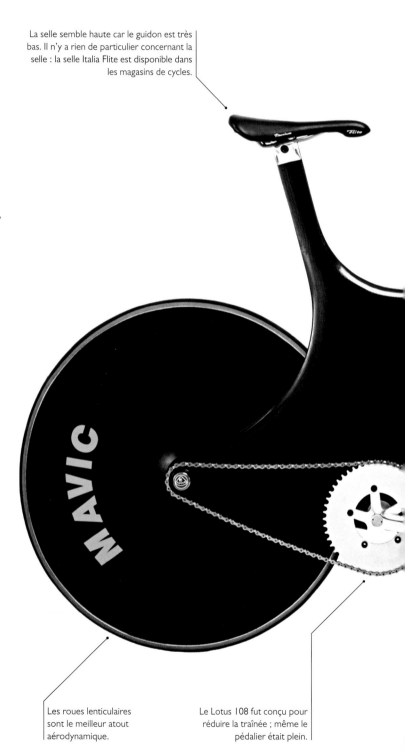

La selle semble haute car le guidon est très
bas. Il n'y a rien de particulier concernant la
selle : la selle Italia Flite est disponible dans
les magasins de cycles.

Les roues lenticulaires
sont le meilleur atout
aérodynamique.

Le Lotus 108 fut conçu pour
réduire la traînée ; même le
pédalier était plein.

Boardman utilisa un prolongateur, rendu célèbre par LeMond lors du Tour de France 1989. La colonne de direction du Lotus était en titane. La fourche avait deux fourreaux avec un profil aérodynamique.

DÉTAILS DE CONCEPTION

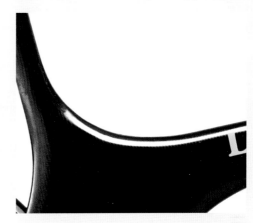

CADRE MONOCOQUE

Le Lotus 108 est un vélo profilé monocoque composite moulé principalement en fibres de carbone. Il est constitué de coupes transversales profilées de feuilles de fibres de carbone tissées en résine époxy.

MAVIC 3G

La roue Mavic 3G en carbone à trois bâtons est plus aérodynamique qu'une roue à rayons standards et plus stable qu'une roue lenticulaire. À pleine vitesse, les bâtons surdimensionnés produisent un son impressionnant.

Roue Mavic en carbone à trois bâtons : plus aérodyamique que les rayons standards.

Mercian

En cinquante ans d'histoire, les artisans anglais du Derbyshire sont restés à l'écart de la publicité et du marketing, pourtant leurs cadres originaux construits à la main ont toujours été admirés et convoités.

En Angleterre, l'itinéraire des passionnés de vélo était souvent le même dans les années 1970. Ils commençaient par un flamboyant modèle à dix vitesses bon marché dans le magasin de cycles local. À l'adolescence, ils changeaient et optaient alors pour des vélos légers d'occasion. Et à l'âge adulte, ils s'achetaient un cadre construit sur-mesure par l'un des nombreux constructeurs du pays.

L'argent durement gagné n'était pas dépensé dans n'importe quel vélo. Une multitude de petits constructeurs rivalisaient entre eux. Leurs noms, typiquement anglais, étaient inscrits sur les tubes obliques : Harry Quinn, Roy Thame, Chas Roberts, Bob Jackson, Ron Cooper. Ceux qui préféraient les cadres élaborés par des constructeurs étrangers étaient sévèrement jugés, il fallait « acheter britannique » faire confiance à un constructeur digne de ce nom qui comprenait les besoins de son client et qui lui concevait un vélo sur-mesure. Pour de nombreux cyclistes amateurs, Mercian était le meilleur.

Peu de choses ont changé depuis que Tom Crowther et Lou Barker ont ouvert leur magasin dans le Derbyshire. Les catalogues des années 1970, chers à de nombreux cyclistes, sont toujours visibles sur le site de l'entreprise et présentent une gamme de cadres en acier principalement construits avec des tubes Reynolds. Leurs noms – Vincitore, Strada, Super Vigorelli – ornent encore les cadres. Mais si ces vélos ont des consonances italiennes, les cadres sont bien anglais, tout comme la file d'attente bien ordonnée que vous devrez rejoindre si vous commandez un vélo : « *En ce moment, il y a cinq à six mois d'attente* » déclarait Grant Mosley en 2012. Mosley et sa femme Jane Smith sont co-propriétaires de Mercian. Ils en ont repris la direction en 2002 à la suite de William Betton. « *Il est difficile de savoir si une telle attente décourage les gens. Mais nos clients ne sont pas pressés, ils comprennent que nous avons besoin de temps pour faire des vélos de qualité.* »

Le premier magasin Mercian ouvrit à Derby en 1946, période de plein essor pour le cyclisme après six années de guerre. À cette époque, peu de gens possédaient une voiture. Le vélo était un moyen de transport peu coûteux, idéal pour s'évader de la ville et respirer dans le parc de Peak District. En 1950, l'association nationale de

cyclisme *Cyclist's Touring Club* comptait plus de 53 000 membres. Mercian devint une marque de choix, et Crowther et Barker s'installèrent bientôt dans de plus grands locaux.

Le cadre Special Tourist figurait sur le catalogue des années 1950. Il coûtait la modique somme de quatorze shillings. Le catalogue promettait que les vélos Mercian seraient « *vus partout : aux Jeux Olympiques, aux championnats du monde, aux championnats de Grande-Bretagne, à Berlin, à Prague, aux Jeux de l'Empire britannique* ». Cette affirmation pouvait paraître osée, mais effectivement le cadre de piste Super Vigorelli – construit avec des tubes Reynolds 531 à double épaisseur – fut utilisé pour la plupart de ces événements.

1963 fut une année intéressante. Cette année-là, le catalogue présenta le King of Mercia – doté de haubans « enveloppés » et de manchons Prugnat ou Nervex Professional – ainsi que le New Superlight – une machine de rêve avec des roues fixes, recommandée « *pour les contre-la-montre, des freins et des boyaux en soie, et pesant 8,1 kg* ». Ces modèles existent encore et ont peu changé. « *C'est vrai*, confirma Mosley. *Les clients peuvent commander les tubes ou les pièces qu'ils veulent, le modèle de base est le même qu'avant.* »

Mercian a construit ses cadres en utilisant divers tubes standards et surdimensionnés provenant du légendaire constructeur Reynolds. Le tube Reynolds 953 en acier inoxydable n'est pas seulement beau, il a aussi un rapport résistance-poids très élevé. Il n'égalera sûrement jamais le carbone en termes de légèreté, mais il est plus résistant et se répare plus facilement. Si un Mercian est endommagé, l'entreprise dispose d'une longue liste d'options pour remettre le vélo en état. Un vélo Mercian usé peut également être restauré et retrouver son allure d'antan. Ce sont des vélos pour la vie et même plus.

La gamme moderne des vélos Mercian révèle que peu de choses ont changé au cours

« *Nos clients sont rarement pressés, ils comprennent que nous avons besoin de temps pour faire des vélos de qualité.* »

GRANT MOSLEY

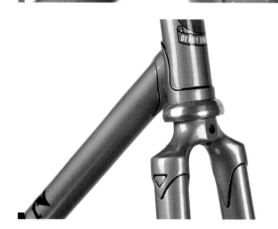

■ Le Vincitore et le Vincitore Special sont dotés de manchons au design travaillé, ils ont été découpés à la main.

■ Les manchons du Strada Speciale présentent un motif de trèfle découpé à la main.

■ Les bordures noires des manchons contrastent avec la couleur verte polychromatique du Super Vigorelli.

■ Le King of Mercia a une finition vert feuille brillante avec une bande en émail blanc sur le tube vertical.

■ Le Velocita est doté
de bases en carbone
et d'une fourche
Dedacciai en carbone
pour absorber les
chocs. Malgré la
nouvelle technologie, le
cadre est soudo-brasé.

■ L'élégant Mercian est
doté de tubes Reynolds
753 et d'une peinture
au motif « enseigne
de barbier » en option.

des décennies. À l'exception du Velocita, avec
sa fourche et son triangle arrière en carbone
(allusion inopportune à la modernité), les artisans
du Derbyshire sont restés fidèles à leurs origines.
Les superbes manchons travaillés et découpés
à la main du Vincitore séduiront les passionnés.
On pourrait croire que le Miss Mercian (avec sa
barre transversale inclinée) n'est pas un succès
commercial étant destiné à un public restreint.
Pourtant, il est toujours présent sur le marché.
Les couleurs des cadres, des bandes contrastées
et des manchons à bordures, sont typiques et
sobres. « *Je crois que les bandes rouges et blanches
auront toujours le même succès* » indiquait Mosley.

Le Paul Smith est un modèle où la complexité
de la finition est la plus manifeste. Fruit de la
collaboration entre le constructeur Mercian
et le couturier Paul Smith, ce vélo a été conçu
avec un grand souci du détail. Sir Paul est un
adepte de Mercian depuis toujours. Il était même
bon coureur avant qu'un accident survenu à
l'adolescence ne brise tout espoir de carrière
professionnelle.

Smith a doté son vélo Mercian d'une
combinaison de couleurs unique avec des nuances
distinctes sur les côtés opposés du cadre, comme
pour refléter visuellement le rétropédalage du
pignon fixe. Son cadre est équipé de manchons en
forme de harpon, de tubes Reynolds 631 et de
signatures gravées, le tout assorti à la selle et au
guidon Brooks. Le modèle est presque trop beau
pour être utilisé.

À une époque où de nombreux constructeurs
de cadres britanniques ont cessé leur activité
(à l'exception du prolifique Terry Dolan dans le
Merseyside), l'existence et le développement
de Mercian sont surprenants. La nature jetable
des vélos modernes produits industriellement et

1946

Le magasin de cycles ouvre à Derby
sur la London Road. Le nom est
inspiré du royaume anglo-saxon de
la Mercie (Mercia en anglais) dont
l'ancienne capitale se trouve à Repton.

Années 1950

Les modèles Special Tourist,
Campionissimo et Super Vigorelli sont
commercialisés. Le Super Vigorelli est
fabriqué avec des tubes Reynolds 531
double épaisseur.

1963

L'entreprise jouit d'une bonne
réputation et commercialise le New
Superlight, un vélo pesant 7,937 kg.

1965

Après avoir changé de locaux dans
les années 1950, Mercian s'installe
dans un atelier sur Pontefract Street
à Derby.

les inconvénients des matériaux alternatifs ont probablement favorisé ce retour à l'acier parmi les cyclistes.

« Nous avons toujours eut beaucoup de travail, déclare Mosley. Mais le retour à l'acier nous a sûrement aidés. Nous recevons des commandes du monde entier : des États-Unis, de Singapour, d'Australie. Mercian s'exporte bien. »

La promotion de la marque n'a jamais été une priorité, ni une nécessité. En dehors des catalogues à l'ancienne produits par Mercian à ses débuts, il existe peu de publicités dans les publications sur le cyclisme. « Nous n'avons pas besoin de publicité, affirme fièrement Mosley. Notre site Internet et notre outil en ligne "Online Frame Builder" nous ont sûrement aidés, mais nous n'avons jamais eu autant de travail. Nous venons juste d'engager un quatrième ouvrier spécialisé pour les cadres. »

Une fois la commande passée, l'un de ces ouvriers assemble les tubes et les manchons pour former un nouveau cadre. « Chacun d'eux a son propre style. Je peux prendre un nouveau cadre et savoir qui l'a construit. C'est bien de savoir qu'une personne a travaillé sur un cadre du début à la fin », explique Mosley. Et il a bien raison. C'est peut-être le secret du succès de Mercian.

« Nous avons encore un gabarit dans le magasin, nous pouvons donc mesurer les clients qui le souhaitent. Mais beaucoup d'entre eux se contentent d'utiliser "Online Frame Builder". Nous les encourageons à venir avec leur vélo pour analyser leur position et corriger les anomalies. Parfois, ils ont vraiment de mauvaises habitudes, alors il faut les persuader gentiment d'adopter la bonne position. »

Cette application en ligne permet de commander une machine faite sur-mesure. Cela peut sembler risquer mais Mosley est confiant :

la sélection des tailles et l'option « personnal spec » qui permet de changer les angles ont donné les mêmes résultats qu'avec des mesures réalisées sur place. Mercian a d'ailleurs reçu une distinction comme exportateur le plus innovant du Royaume-Uni pour cet outil, et il a été invité par la Reine à prendre le thé à Buckingham.

Les vélos Mercian évoluent dans des cercles glamour. Sir Paul Smith en a un. Pour la Reine on ne sait pas, mais quoi qu'il en soit le Miss Mercian violet lui irait à merveille. *IC*

> « Chaque assembleur de cadre a sa propre signature. Je peux prendre un nouveau cadre et savoir qui l'a construit. »
>
> GRANT MOSLEY

1971

L'entreprise déménage à The Cavendish, à Normanton. En 1984, elle s'installera au 7 Shardlow Road à Alvaston.

1981

Le Strada Speciale, allégé grâce à des manchons percés, est commercialisé. Le Tourist Tandem, « adapté aux courses et au cyclotourisme », est équipé de tubes Reynolds 631.

2002

Mercian Cycles est racheté par le constructeur de cadres Grant Mosley et sa femme Jane.

2006

Mercian arrête de produire le modèle Superlight, un vélo phare des années 1950. C'est aujourd'hui une pièce de collection.

Mercier

Ce grand nom du cyclisme français a équipé quelques-uns des meilleurs coureurs du pays comme Raymond Poulidor tout au long de sa carrière. Le constructeur n'est plus présent sur le marché mais son nom restera dans l'histoire.

L'ascension du puy de Dôme se fait en moins de 5 km, mais c'est l'une des épreuves les plus exigeantes du Tour de France avec une pente ultime de 13 %. C'est là que se déroula l'un des affrontements les plus captivants de l'histoire du Tour. Raymond Poulidor, « l'éternel second », termina l'ascension coude à coude avec le grand Jacques Anquetil. Aucun d'eux ne parvenait à distancer l'autre. Ils arrivèrent au sommet ensemble. Cette image d'Anquetil et Poulidor est devenue un symbole du Tour.

Ce moment fut décisif pour les deux coureurs, ce fut aussi l'apogée de la formation Mercier qui accompagna Poulidor tout au long de sa carrière. Ce dernier sut séduire les foules plus facilement que son rival. Anquetil arrivait toujours en tête, sans jamais creuser l'écart, avant le contre-la-montre final, sa spécialité. Plus Poulidor perdait, plus les gens l'aimaient, et plus la renommée de Mercier, bastion du cyclisme pendant plus de trente ans, augmentait. C'est en portant le maillot violet de son sponsor que Poulidor franchit la ligne d'arrivée. Et c'est avec le même maillot qu'il termina le Tour, manquant le maillot jaune de moins d'une minute.

Poulidor fut le plus connu des représentants de Mercier. Très populaire en France en raison de son statut d'éternel second, il fut de loin l'unique star de Mercier. Cyrille Guimard faillit décrocher le maillot jaune en 1972 : il souffla la victoire à Eddy Merckx au sommet du Revard mais dut se retirer du Tour quelques jours avant la fin. Joop Zoetemelk roula aussi pour le compte de Mercier mais quitta l'équipe à la fin de la saison 1979. Il rejoignit alors la formation TI-Raleigh avec laquelle il remporta le Tour l'année suivante.

■ Poulidor était meilleur grimpeur qu'Anquetil mais la victoire était loin d'être assurée.

■ Photographie mémorable d'Anquetil et Poulidor au coude à coude lors du Tour de France 1964.

L'histoire de Mercier commence avec son fondateur Émile Mercier, né en 1899 à Saint-Étienne. À 20 ans, il s'associa aux frères Paret et Ribaud et fabriqua des axes et des cuvettes de pédalier. En 1924, il racheta les parts de ses deux associés. En 1930, il s'était reconverti dans la construction de cadres et le montage de cycles.

Après s'être essayé aux courses cyclistes professionnelles dès 1920, Émile décida de s'y consacrer pleinement. La première équipe Mercier fut formée en 1933 en collaboration avec Francis Pélissier et Hutchinson, une entreprise basée près de Montargis qui produisait des pneus de vélos depuis 1890. Albert Barthélémy, qui battit le coureur d'Alcyon-Dunlop, Alfons Ghesquiere, sur Paris-Bruxelles, puis Henri Poméon, qui remporta le Circuit des Monts du Roannais, offrirent à l'équipe ses premières victoires.

En 1935, Mercier devint le sponsor de l'équipe, même si Hutchinson assura sa présence au sein de la formation en fournissant des pneus. Maurice Archambaud, professionnel depuis 1932, remporta une étape du Tour d'Italie cette année-là et deux étapes sur le Tour de France 1935, qu'il termina à la septième place du classement général.

L'équipe remporta le Tour deux ans plus tard grâce à Roger Lapébie qui profita du retrait de la formation belge et du très apprécié Sylvère Maes pour s'imposer devant l'Italien Mario Vicini avec une avance de sept minutes. Lapébie gagna aussi quatre étapes du Tour et Archambaud remporta la deuxième étape à Charleville.

Cette victoire accrut la réputation du constructeur et permit à Émile de se venger d'Henri Desgrange, le premier organisateur du Tour de France. Ce dernier, ancien coureur cycliste ayant battu douze records du monde

1924	1933	1937	1946
Émile Mercier rachète les parts de l'entreprise qu'il avait fondée avec les frères Paret et Ribaud. En 1930, la société se consacre à la construction de cadres.	Émile intègre le monde des courses cyclistes professionnelles en formant la première équipe Mercier avec Francis Pélissier et l'entreprise Hutchinson.	Mercier remporte son premier Tour grâce à la victoire de Lapébie, premier coureur à gagner avec un dérailleur « moderne ». Il devance le favori Vicini de sept minutes.	Le célèbre maillot violet est adopté et devient emblématique de la marque Mercier. Le col et les manches jaunes sont ajoutés en 1950.

sur piste, s'était fâché avec Mercier après une incroyable dispute à propos de la carrière d'André Leducq.

Après avoir passé deux ans (1926-1927) au sein de l'équipe Thomann, Leducq intégra la formation Alcyon, dirigée par Edmond Gentil. En 1934, il rejoignit l'équipe Mercier qui prit alors le nom de Leducq-Mercier. Par représailles, Gentil demanda à Desgrange de ne pas mentionner Leducq dans le nom de l'équipe française pour le Tour. Sa demande fut acceptée au grand dam de Mercier. Ce dernier engagea des avocats pour faire annuler la décision, mais Desgrange fut inflexible et ordonna même à son personnel de ne pas mentionner le nom de Mercier. Face au dilemme, le journal *L'Auto*, choisit de mal orthographier le nom de Mercier et écrivit « Cermier », mais Mercier ou ses avocats mirent le journal en demeure de publier une correction, et la querelle s'envenima. Ainsi, on put lire : « *Monsieur Cermier insiste pour que nous indiquions que, en réalité, il s'appelle Monsieur Merdier* ». Alors quand Lapébie termina à la quatrième place du contre-la-montre décisif entre Vire et Caen, prenant ainsi une position stratégique qui lui permit de remporter le Tour 1937, Mercier fut ravi non seulement d'avoir gagné, mais surtout de voir son vélo en plein milieu de la couverture de *L'Auto* avec son nom écrit correctement.

Les années qui suivirent furent tout aussi triomphales. Leducq, Archambaud et Louviot excellèrent sur le Tour. Jean-Marie Goasmat ajouta un titre du Grand Prix des Nations en 1942 et Marcel Kint remporta de nombreuses classiques et courses d'une journée.

> *« Moins j'avais de chance, plus le public m'aimait et plus je gagnais d'argent. »*
>
> RAYMOND POULIDOR

1959

Gauthier découvre Poulidor et le recommande à Magne, directeur sportif de Mercier. En 1961, Poulidor remporte Milan-San Remo pour sa deuxième saison professionnelle.

1964

Sous le regard d'un demi-million de spectateurs, Poulidor affronte son rival Jacques Anquetil dans la montée du puy de Dôme et le bat de 42 secondes.

1975

Joop Zoetemelk intègre l'équipe Mercier et arrive derrière Bernard Hinault sur les Tours de France 1978 et 1979. Il quitte Mercier quatre ans plus tard.

1985

Après cinq ans de difficultés financières, Mercier fait faillite et l'entreprise est vendue.

■ Le Kilo TT est équipé
d'un jeu de direction
non fileté 25,4 mm,
d'un pédalier TruVativ
Touro, d'une fourche
en acier chrome-
molybène Mercier 4130
et de moyeux grande
flasque TrackSpec avec
rayons inoxydables.

■ Sean Kelly roule en
Mercier et porte le
maillot vert sur le Tour
de France 1985.

L'année 1946 fut plutôt ordinaire, mais elle marqua l'apparition de l'une des légendes les plus durables de Mercier : son maillot violet.

À cette époque, certains coureurs au sein de la famille Mercier choisirent de rouler sous leurs propres noms. En 1947 par exemple, Leducq roula avec un cadre portant son nom pour le compte de l'équipe Mercier-Leducq. D'autres coureurs comme Archambaud et Lapébie firent de même. Comme les cadres avaient de nouveaux noms, c'est le maillot violet qui identifiait l'équipe Mercier dans le peloton. En 1950, le col et les manches jaunes furent ajoutés. Ce motif caractéristique perdura jusqu'en 1970. Quand Raymond Poulidor rejoignit l'équipe, il devint le plus bel ambassadeur du maillot Mercier. Poulidor avait été découvert alors qu'il roulait en indépendant dans un critérium. Antonin Magne, directeur sportif de Mercier, lui avait proposé d'intégrer l'équipe et Poulidor avait accepté. Il passa toute sa carrière au sein de cette formation marquant à jamais les mémoires par ses duels avec Anquetil.

Ils rivalisaient sur la taille de leurs cadres et sur la route. Anquetil se vantait d'être le meilleur, notamment sur le Tour. Mais les apparitions de Poulidor étaient tout aussi attendues et rémunérées car le public voulait voir les deux coureurs s'affronter. Si le ressentiment d'Anquetil à l'égard de Poulidor reste à prouver – ils devinrent amis par la suite – l'argent fut un véritable problème et ne fit qu'attiser la flamme aux yeux des spectateurs. Sans oublier leur personnalité. Anquetil fut souvent perçu comme hautain ou arrogant et maîtrisait l'art de gagner une course en donnant juste ce qu'il fallait. Poulidor, lui, obtint l'affection du public pour sa sincérité et son style unique et agressif. Poulidor déclara : « *Moins j'avais de chance, plus le public m'aimait et plus je gagnais d'argent.* » La rivalité entre les deux coureurs atteignit son apogée au sommet du puy de Dôme en 1964, où Poulidor faillit détrôner Anquetil. Certains pensèrent

que Poulidor refusait d'attaquer Anquetil,
qui était moins bon grimpeur. Mais les deux
adversaires avaient atteint leurs limites physiques.
Grimpant côte à côte, leurs bras et leurs coudes
s'entrechoquaient parfois. À quelques mètres
de l'arrivée, Poulidor, portant le maillot violet
de Mercier, réussit à distancer Anquetil.
La photographie de ce duel fait désormais partie
de l'histoire du Tour.

Poulidor décrocha la deuxième place sur trois
Tours de France. Il continua à rouler à un haut
niveau jusqu'à son dernier Tour en 1976 où il
arriva à la troisième place pour la cinquième fois.
À cette époque, Fagor devint sponsor principal
de l'équipe (1970-1971) avant d'être remplacé
par GAC la saison suivante. Cyrille Guimard
commença à se distinguer au sein de l'équipe, qui
accueillit le Néerlandais Joop Zoetemelk en 1975.
Sur les Tours 1978 et 1979, Zoetemelk arriva à
la deuxième place, derrière Bernard Hinault mais
remporta Paris-Nice à trois reprises ainsi que le
Tour d'Espagne 1979.

Mercier commença à rencontrer des
problèmes financiers en 1980 et fit faillite en 1985,
deux ans après avoir fait sa dernière apparition
sur le Tour de France. Le département cyclisme
fut vendu puis revendu. Aujourd'hui, il produit
toujours des cadres de route, même si ses vélos
ne sont plus sur le Tour.

Tout comme la photographie du coude
à coude de Poulidor et Anquetil lors de leur
ascension du puy de Dôme, l'empreinte laissée
par Mercier sur le cyclisme est historique
et légendaire. Grâce à ses cinquante ans
d'engagement dans le Tour et aux coureurs
qui ont rejoint son écurie, Mercier reste l'un
des plus beaux noms à associer au Tour de
France. À travers Poulidor et le maillot violet, le
constructeur immortalisa sa présence et marqua à
jamais la plus grande course cycliste. *ST*

Olmo

Giuseppe Olmo fut l'un des meilleurs coureurs des années 1930 (une médaille d'or olympique, vingt étapes au Tour d'Italie et un record de l'heure) avant de fonder une entreprise de construction de cadres, encore très innovante aujourd'hui.

À l'instar de nombreux grands constructeurs de cadres italiens, l'histoire d'Olmo commence avant la Seconde Guerre mondiale, avec les exploits de Giuseppe « Gepin » Olmo. Médaillé d'or lors du contre-la-montre par équipes aux J.O. de Los Angeles 1932, Olmo eut une brillante carrière de coureur professionnel. En 1933 il remporta sa première étape du Tour d'Italie, et arriva derrière le légendaire Gino Bartali en 1936. Il gagna à deux reprises Milan-San Remo, la plus grande course d'une journée en Italie. Très performant sur piste, il établit un nouveau record de l'heure en octobre 1935 en parcourant 45,090 km sur le mythique vélodrome Vigorelli à Milan, battant le record détenu par le Français Maurice Richard de plus de 300 m.

En 1939, voyant la fin de sa carrière arriver, Olmo fonda Olmo Cicli avec ses trois frères, Franco, Giovanni et Michele, dans leur ville natale Celle Ligure. Dix ans plus tard, l'entreprise des quatre frères était renommée pour ses vélos robustes et de qualité. Après la guerre, l'entreprise soutint une équipe professionnelle, ce qui renforça le statut de la marque. Contrairement à la plupart des constructeurs italiens, Olmo se développa dans le secteur du cycle et se diversifia. Dans les années 1950, les frères créèrent plusieurs entreprises de production de plastiques spécialisés pour différents secteurs comme l'automobile, le textile et les chaussures.

Néanmoins, la production de vélos resta le cœur de métier d'Olmo. Grâce au savoir-faire acquis lors des compétitions qu'il avait gagnées, Gepin Olmo joua un rôle déterminant dans le développement de vélos de pointe avec des matériaux d'avant-garde. De nombreux modèles conçus par l'entreprise dans les années 1970 et

■ Joaquim Agostinho en pleine ascension avec son Olmo lors du Tour de France 1972.

■ Affiche publicitaire d'un vélo Olmo des années 1940 rappelant l'âge d'or de Giuseppe sur piste.

■ L'Olmo Soon, commercialisé en 2010, est construit avec des fibres de carbone haut module Toray T700.

1980 sont encore aujourd'hui considérés comme des classiques de par la qualité qu'ils offrent aux professionnels et aux amateurs. Ce fut un âge d'or pour Olmo. Le constructeur a soutenu des formations comme Magniflex, Gis et Alfa-Lum qui ont remporté de nombreux titres dont Milan-San Remo. À cette époque Gepin Olmo avait déjà plus de 70 ans mais il continua à s'impliquer dans la conception et la production jusqu'à sa mort en 1992. Son expertise et ses connaissances permirent de maintenir le niveau de qualité qui avait fait sa renommée dans le haut de gamme.

Dans les années 1990, Olmo réintégra les courses cyclistes professionnelles en devenant le fournisseur de la formation espagnole Vitalicio Seguros. C'est grâce à cette équipe que le constructeur connut sa plus belle victoire : Oscar Freire remporta les championnats du monde sur route à Vérone en 1999. Un an plus tard, l'équipe espagnole gagna quatre étapes du Tour d'Italie avec des vélos Olmo.

Malgré son industrialisation, Olmo a su conserver la qualité et l'extrême maniabilité de ses vélos en privilégiant la précision, le développement et un processus de production soigné. Toujours plus innovante, l'entreprise a développé des vélos de route, des VTT et des vélos de ville en utilisant de nouveaux matériaux plus légers et des techniques de pointe. Grâce à ses nouvelles gammes, Olmo a réussi son entrée dans le XXIe siècle. *PC*

Orbea

Ce constructeur basque a débuté dans l'armurerie puis s'est tourné vers la production de bicyclettes dans les années 1920. Il a équipé de grands coureurs espagnols comme Pedro Delgado (vainqueur du Tour de France 1988) à Samuel Sánchez (champion olympique 2008).

Le cyclisme basque, ce sont les maillots orange de l'équipe Euskaltel, les foules de supporters rassemblés le long des routes de montagne sous la pluie, les grimpeurs affûtés (se tordant souvent de douleur après une chute) et un constructeur de cycles au cœur de tout ça : Orbea. De Pedro Delgado, s'échappant dans l'avant-dernière étape du Tour d'Espagne 1985 et reprenant les six minutes qui le séparaient de Robert Millar pour remporter la course, à Samuel Sánchez, gagnant le titre olympique sur route en 2008 au terme d'une échappée avec cinq autres coureurs, en passant par d'autres histoires marquantes sur route, sur piste, en VTT et en triathlon, Orbea garde une place particulière dans ce sport.

L'histoire commença en 1847 quand les frères Juan Manuel, Casimiro, Mateo et Petra Orbea Murua fondèrent l'entreprise Orbea Hermanos y Compañía à Eibar dans le pays basque espagnol. Ils fabriquèrent des fusils et du matériel de chasse. L'entreprise prospéra et se modernisa. En 1890, Jacinto, Valentín et Juan, fils des fondateurs d'Orbea, construisirent une centrale hydroélectrique qui leur permit de vendre de l'électricité et d'alimenter leur usine. L'entreprise changea de nom et devint Orbea y Compañía.

Après quelques différends qui aboutirent à un conflit familial, l'entreprise fut partagée en 1926. Une partie continua à produire des cartouches de fusil et l'autre se lança dans la construction

■ Iban Mayo sur son
Orbea lors de la
treizième étape du
Tour de France 2004.

■ Les prototypes sont
montés à la main et des
robots dans des pièces
hermétiques sont
utilisés pour peindre
les cadres.

de bicyclettes en conservant le nom d'Orbea y Compañía. Comme les habitants du pays basque se passionnaient pour le cyclisme, l'entreprise rencontra vite le succès. Quatre ans plus tard, le constructeur sponsorisait des coureurs professionnels. Entre 1932 et 1936, il soutint sa première équipe cycliste et poursuivit cette activité dans les années 1940, 1960 et 1970.

À l'instar de nombreux constructeurs, Orbea développa un vélo électrique dans les années 1950. Mais tout comme les autres constructeurs européens, il rencontra des difficultés en se diversifiant. L'entreprise aurait pu faire faillite, mais elle devint une coopérative en 1960 et fut intégrée à la Corporation Mondragón en 1964 (un grand groupe coopératif composé de plus de 250 membres). Cette décision porta ses fruits et Orbea continua à construire des vélos pour les coureurs professionnels sur route, sur piste, pour les VTTistes ainsi que des modèles pour les enfants, le cyclotourisme et les loisirs. À partir de 1998, Orbea se développa à l'international. Aujourd'hui, l'entreprise emploie plus de 70 000 salariés en Espagne, au Portugal et en Chine. Tous les vélos sont assemblés dans l'usine basque.

Le constructeur poursuit son activité de sponsoring avec l'équipe non officielle du Pays basque Euskaltel-Euskadi, l'équipe continentale Orbea et la formation Andalucía-Caja Granada pour la route, l'Orbea Racing Team et Luna Chix pour le VTT et les triathlètes australiens Courtney Atkinson et Emma Moffatt. Il soutient également les courses de cyclisme sur route et de VTT en Espagne. Si l'entreprise exporte sa philosophie et sa culture dans de nouveaux marchés à travers le monde entier, elle reste très attachée à ses origines basques. *SC*

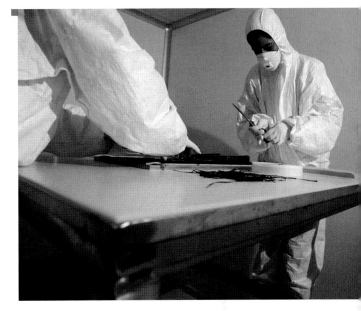

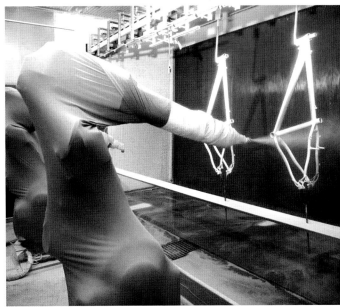

Pegoretti

Les cadres Pegoretti sont peu connus mais très recherchés sur le marché. Chaque création peut nécessiter jusqu'à deux ans de travail passionné et coûter aussi cher qu'une voiture de sport.

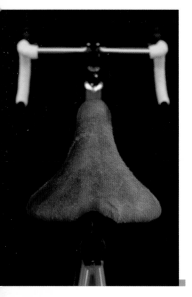

Quand un cycliste commande un cadre Pegoretti, il ne sait pas quand il le recevra ni à quoi il ressemblera. C'est d'ailleurs cet effet de surprise qui attire nombre de cyclistes. Le seul nom de Dario Pegoretti inspire confiance car c'est l'un des rares constructeurs aujourd'hui à produire des cadres qui allient qualité technique et particularités qui en font de véritables objets d'art. La plupart des acquéreurs s'accordent à dire que les vélos sont à la hauteur de l'attente même si celle-ci peut durer deux ans.

Pegoretti débuta sa carrière en 1975 et apprit son métier grâce au célèbre constructeur italien Luigino Milani. Ce dernier avait produit des vélos pour de nombreux champions, même si son nom était remplacé par celui des sponsors sur ses cadres. Les compétences de Pegoretti

en matière de conception vont bien au-delà des étonnantes finitions qui décorent ses créations. Il est si estimé dans la profession qu'il peut collaborer étroitement avec les constructeurs de tubes, et profiter d'un niveau d'intervention et de personnalisation peu courant.

Il n'est donc pas étonnant que le prix de ses cadres soit excessif. Cependant, le coût d'un cadre Pegoretti n'est pas si différent de celui d'un cadre en carbone, construit industriellement en Asie puis importé et vendu avec un nom de marque. À l'inverse, les Pegoretti sont fabriqués par un maître-artisan, un par un et avec passion.

Tous les cadres Pegoretti racontent une histoire et retracent l'évolution permanente des modèles et des méthodes. Pegoretti est considéré comme le pionnier du soudage TIG.

Il travaille avec l'aluminium mais l'acier reste majoritaire (80 %). Malgré l'apparition de nouveaux matériaux et de nouveaux modèles, le constructeur a décidé de s'en tenir à ce qu'il connaissait. Sans être des pièces de musée pour autant, ces cadres ont évolué à leur façon au cours des trois dernières décennies.

Les cadres Pegoretti n'ont qu'une chose en commun : ils sont tous différents. Chaque création est destinée à un client spécifique et elle est personnalisée. Aux détails techniques, comme les profils de tubes, s'ajoute la peinture, véritable expérience chez Pegoretti. En général, quand un cycliste commande un cadre, il indique seulement un choix de couleurs. Dario, avec son humeur et son imagination, s'occupe du reste. Le résultat est une interprétation vraiment personnelle. De nombreux cyclistes affirment qu'ils retrouvent un peu de Dario et un peu d'eux-mêmes dans leurs cadres. C'est peut-être pour cela qu'il existe très peu de vélos Pegoretti d'occasion sur le marché.

Pegoretti n'a pas équipé de grands champions de façon officielle. À l'instar de son mentor Milani, il est très demandé mais reste discret. Miguel Indurain, Marco Pantani et Mario Cipollini ont roulé avec des Pegoretti. Leurs cadres ont été recouverts par les logos de grandes marques, mais en y regardant de plus près, on y découvre le fond de l'histoire. Pour des raisons évidentes, Dario ne peut pas citer de noms lors de la commercialisation de ses cadres. Quoi qu'il en soit grâce à sa réputation, il n'en a pas besoin.

Aujourd'hui, Dario Pegoretti travaille avec quelques amis dans un petit atelier à Caldonazzo, un village reculé dans les Dolomites. Un homme singulier, un constructeur exceptionnel. **RD**

■ Trente cadres Love#3 en aluminium sont produits chaque année.

■ Le vélo Day is Done a une finition nommée « Venezia ».

■ Cadres : Luigino, Baci, Duende et une autre vue du Luigino, baptisé d'après le mentor de Pegoretti.

LE BIG LEG EMMA
DE DARIO PEGORETTI

Dario Pegoretti fait partie de ceux qui sont à la fois constructeurs de cadres et artistes. Mais pour lui les choses sont claires : il est constructeur avant tout et sa priorité est de développer des vélos de course de grande qualité et techniquement performants. Les considérations esthétiques, certes essentielles, viennent après.

Pegoretti est l'un des constructeurs les plus doués au monde : il a eu pour mentor et modèle le grand Luigino Milani. Pegoretti se consacre à son métier et construit des cadres sous son propre nom. Il a travaillé pour de nombreux champions cyclistes comme Miguel Indurain, Maurizio Fondriest, Mario Cipollini et Marco Pantani.

Pour les non-initiés, les cadres Pegoretti (et Dario lui-même) se distinguent par leur aspect décalé. Influencé par le *street art* dans les années 1960, le constructeur a voulu « *essayer de changer certaines règles conventionnelles* ». Ces cadres sont peints dans des couleurs vives et originales, ils présentent des détails et des textures ajoutés à l'aide d'autres matériaux comme du papier journal, de la poudre, des grains de café et de l'aquarelle.

Pour Pegoretti, la musique est une grande source d'inspiration. Tous les matins, il met de la musique dès qu'il entre dans son atelier et ne l'éteint que tard le soir. La plupart de ses cadres portent le nom de ses chansons préférées comme *Big Leg Emma* de Franck Zappa, *Day is Done* de Nick Drake ou encore *Love#3* de Charles Lloyd Quartet.

Selle italienne Fi'zi:k Aliente avec rails en carbone.

Combinaison de composants italiens et taïwanais avec le groupe Campagnolo Record et le plateau FSA.

Pour les modèles plus originaux, Pegoretti utilise des journaux, de la poudre et des grains de café pour réaliser les finitions.

La fourche est la seule partie qui n'est pas en acier. Big Leg Emma est doté d'une fourche Reynolds Ouzo Pro en carbone.

DÉTAILS DE CONCEPTION

CADRE

Le Big Leg Emma ressemble à un cadre en aluminium mais il s'agit d'un cadre en acier dont les tubes ont été renforcés horizontalement pour une meilleure reprise en cas de rotation. Le cadre est une exclusivité chez Pegoretti, grand fan de l'acier.

BASES

Sous le code-barres est inscrit en lettres capitales (de 35 mm) Big Leg Emma. Les bases (l'un des principaux points de tension sur un vélo) sont renforcées à l'intérieur pour une plus grande solidité, plus de rigidité et une meilleure réactivité.

Peugeot

Du Grand-Bi des années 1880 aux cadres de course en carbone un siècle plus tard,
le lion Peugeot se dresse, rugissant, symbole de l'excellence industrielle française
et de la compétition de haut niveau. Peugeot a remporté dix Tours de France
avant son retrait de la compétition.

Le 11 mai 1985 restera dans les mémoires
comme le jour où le mauvais temps et une
coalition d'équipes espagnoles empêchèrent
Robert Millar de gagner le Tour d'Espagne.
Pedro Delgado avait réussi à se faufiler lors
d'une échappée mais Millar, lui, se retrouva seul,
sans aucun allié sur qui compter, entouré de
coureurs qui avaient choisi de ne pas rouler. Des
accusations de tricherie entachèrent la course, et
la victoire n'échappa pas seulement à Millar, mais

aussi à l'équipe Peugeot, l'une des formations les
plus anciennes et les plus couronnées. Ce fut la
dernière année où l'équipe disputa un grand Tour.
Un an plus tard, elle fut dissoute pour raisons
financières. Une triste fin pour ce monstre sacré
du cyclisme.

Il est plus important de se souvenir des succès
de l'histoire de Peugeot que de ses derniers
instants. L'équipe compte dix Tours de France,
trois Tours d'Espagne, trois titres mondiaux, six

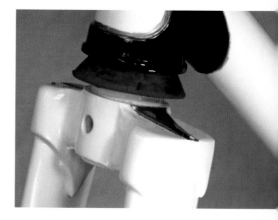

Milan-San Remo et cinq Paris-Roubaix à son palmarès. Sans oublier que Peugeot permit à Eddy Merckx, le plus grand de tous, de faire ses débuts en 1966 avec la suite que l'on connaît.

Robert Millar est sans doute le coureur de Peugeot le plus connu. Il symbolise un héritage qui va bien au-delà d'une rangée de trophées accumulés et sublime le sport lui-même. Quatorze ans après avoir engagé Merckx comme professionnel, l'équipe recruta Millar et plusieurs autres coureurs anglophones comme Phil Anderson, Stephen Roche et Allan Peiper à l'ACBB, le club amateur de Boulogne-Billancourt. Grâce à leurs victoires, le cyclisme se développa et passa d'un sport qui n'intéressait que quelques pays à une audience internationale. C'est la raison pour laquelle l'impact de Peugeot ne se limite pas à ses trophées mais aussi à l'impulsion donnée au cyclisme. Peugeot fut l'une des rares équipes à transcender ce sport et à en écrire la légende.

Le succès de Peugeot est d'autant plus remarquable que ses débuts furent modestes. L'entreprise apparut au début du XIXe siècle à l'initiative de Jean-Pierre et Jean-Frédéric Peugeot. Les deux frères transformèrent un moulin en fonderie d'acier. Pour faire face à la concurrence, ils diversifièrent leur production et réalisèrent des moulins à café et des rasoirs dans leur usine près de Montbéliard. Afin de distinguer leurs produits, un graveur fut chargé de réaliser un emblème. C'est ainsi qu'en 1858 naquit le lion Peugeot. Il orna le Grand-Bi, première bicyclette produite par les frères Peugeot dans leur usine de Beaulieu en 1882. Ce vélo marqua la naissance du cyclisme pour Peugeot (Peugeot devint aussi constructeur automobile mais la production de voitures fut séparée de la production de vélos dès 1926).

Huit ans après avoir produit sa première bicyclette, Peugeot obtint sa première victoire grâce à Paul Bourillon, qui remporta les championnats du monde de vitesse à Copenhague. Au début du XXe siècle, l'équipe cycliste Peugeot fut créée. Elle participa à la deuxième édition du

■ Le Grand-Bi de Peugeot avec sa roue motrice date de 1882.

■ Ce blason et ces décalcomanies furent utilisés entre 1970 et 1976. Le logo changea à trois reprises dans les années 1970.

■ Lucien Petit-Breton fut
le premier à remporter
le Tour de France
en 1907 et 1908
avec un vélo Peugeot.

1882

Le premier vélo Peugeot, le Grand-Bi,
est commercialisé. Il est fabriqué à la
main par Armand Peugeot.

1907

Peugeot domine le Tour de France :
Lucien Petit-Breton remporte le Tour
et les quatre places suivantes
du classement sont occupées
par des coureurs Peugeot.

1926

Après avoir construit 9 000 voitures
pendant la Première Guerre mondiale,
le secteur automobile est séparé de la
fabrication de vélos. En 1930, 162 000
vélos sont produits.

1955

L'usine de Beaulieu-Mandeure, dans
le Doubs, emploie 3 500 ouvriers et
produit 220 000 vélos.

Tour de France en 1904. Hippolyte Aucouturier, double vainqueur de Paris-Roubaix (1903 et 1904) termina à la quatrième place avant d'être déclassé. C'est Henri Cornet de l'équipe Cycles JC qui remporta le Tour.

Aucouturier resta dans l'équipe lors de la saison 1905 et remporta trois étapes du Tour, terminant à la deuxième place au classement général. Mais un autre coureur Peugeot lui vola la vedette : Louis Trousselier, surnommé « Trou-Trou » par le public français. Fils d'une riche famille, Trousselier effectuait son service militaire l'année du Tour de France 1905. Il s'absenta pour y participer et gagna le prologue ainsi que quatre autres étapes. Il termina avec le maillot jaune à trente-cinq points. Aucouturier arriva deuxième avec soixante-et-un points. On raconte que cette victoire lui rapporta des contrats pour courir en France et un bonus de son équipe, qu'il joua et perdit aux dés le soir même.

Trousselier remporta quatre étapes lors du Tour 1906, dont la longue et difficile étape reliant Marseille à Toulouse (480 km). Mais cette fois-ci, il termina à la troisième place derrière un autre coureur Peugeot, René Pottier, l'un des meilleurs grimpeurs du Tour. Ce dernier gagna la deuxième étape puis la troisième qui reliait Nancy à Dijon en passant par le Ballon d'Alsace. Il en remporta trois autres et termina en tête du classement général. Ce fut sa première et dernière victoire sur le Tour. Deux ans plus tard, il se suicida. Une stèle fut érigée en sa mémoire au sommet du Ballon d'Alsace.

Peugeot domina le Tour pendant les deux saisons suivantes. Lucien Petit-Breton remporta les deux Tours et sept étapes. Pourtant, les chances de Petit-Breton étaient minces en 1907 : il se fit distancer par les leaders dans le col de

la Porte, mais avec le système de points utilisé lors des premières années du Tour, le temps ne comptait pas et il prit finalement la tête du classement général. En 1908, il entra dans l'histoire en devenant le premier coureur à gagner le Tour deux fois de suite. À l'exception d'une étape, il arrivait toujours dans les quatre premiers. Le sacre de Peugeot sur ce quatrième Tour (1907) fut grandiose : l'équipe décrocha les quatre premières places. La formation remporta deux autres Tours avant la Première Guerre mondiale. Le Belge Philippe Thys gagna en 1913 et en 1914. En 1913, Oscar Egg établit également un nouveau record de l'heure en parcourant 43,525 km avec un vélo Peugeot.

Peu après la fin de la guerre, Peugeot renoua avec le succès grâce au Belge Firmin Lambot qui remporta le Tour de France 1922 avec une avance de 21 minutes. L'équipe s'imposa dans les dix premières étapes et dans la dernière. Ce fut la dernière victoire du Tour pour l'équipe. Elle remporta cependant plusieurs championnats nationaux sur route et le Tour d'Espagne 1948 (premier de ses trois titres sur cette course).

Les deux décennies suivantes furent le théâtre de la renaissance de Peugeot. Les nouveaux coureurs de l'équipe remportèrent plusieurs courses. Gaston Plaud devint le nouveau directeur sportif et les coureurs Charly Gaul, Tom Simpson, Roger Pingeon, Eddy Merckx, entre autres, rejoignirent la formation.

Le retour du succès coïncida avec l'adoption d'un nouveau maillot en 1963 à damiers blanc et noir. Grâce à ce maillot, l'équipe Peugeot était immédiatement reconnaissable dans le peloton. C'est donc en blanc et noir que Tom Simpson remporta Bordeaux-Paris cette année-là et Milan-San Remo l'année suivante.

1963

Peugeot présente le désormais célèbre maillot à damiers noir et blanc et sort le PX-10, vélo utilisé par Eddy Merckx au début de sa carrière.

Années 1980

C'est une décennie difficile pour Peugeot qui doit faire face à la concurrence asiatique. La période triomphale de l'équipe cycliste Peugeot se termine.

1986

En dépit de ses victoires, l'équipe Peugeot est dissoute pour raisons financières.

2001

Peugeot s'associe à Cycleurope pour distribuer ses vélos dans toute l'Europe.

En 1965, il fut sacré champion du monde et ajouta le Tour de Lombardie à son palmarès.

En 1966, Eddy Merckx intégra l'équipe. Le Belge gagna vingt courses, dont la classique Milan-San Remo, et monta seize fois sur le podium. Sa deuxième saison au sein de l'équipe fut tout aussi brillante : il remporta vingt-sept courses et monta vingt-quatre fois sur le podium. Il devint champion du monde sur route et gagna à nouveau Milan-San Remo. Peugeot domina la saison 1967 : Roger Pingeon, moins agressif que Merckx, termina premier au classement général du Tour de France, devançant Julio Jiménez Muñoz de plus de trois minutes.

En 1969, Pingeon remporta le Tour d'Espagne et sa victoire sur l'étape reliant San Feliú se révéla déterminante. Deux ans plus tard, c'est Ferdinand Bracke qui gagna le Tour d'Espagne pour le compte de Peugeot. Ce fut la seule victoire du Belge sur un grand Tour, bien qu'il fût sacré champion du monde de poursuite avec Peugeot en 1964 et 1969.

Peugeot remporta de nombreuses autres victoires sur les championnats nationaux, mais la formation dut attendre huit longues années avant de décrocher un nouveau titre sur le Tour de France 1975. Cette année-là, Maurice De Muer était le directeur sportif et le Tour se transforma en un duel opposant Bernard Thévenet et Eddy Merckx qui roulait alors pour Molteni-RYC. Thévenet remporta les quinzième et seizième étapes, devançant Eddy Merckx de plus de trois minutes, prenant ainsi la tête du classement général avant la course finale sur les Champs-Élysées.

Avant que le co-sponsor BP ne soit remplacé par Esso, le géant pétrolier décrocha un dernier Tour grâce à Thévenet en 1977. Ce fut la dernière fois qu'un coureur de Peugeot monta sur le podium avec le maillot jaune.

Après 1977, Peugeot gagna trois courses d'envergure en France et commença à décliner. À cette époque, la formation recruta des

Robert Millar termina à la 4e place du Tour de France 1984 et remporta le classement de la montagne.

Le Peugeot Vitus ZX1, commercialisé au début des années 1990, avait des composants Dura-Ace 7400 et des roues Mavic en carbone.

coureurs anglophones, au grand dam des traditionnalistes, jusqu'à ce que le talent et la soif de victoires des nouvelles recrues portent leurs fruits. En 1983, Pascal Simon s'empara du maillot jaune au terme de la dixième étape mais il se fractura l'omoplate le lendemain. Il persévéra pendant six jours mais finit par abandonner. Dès lors, plus aucun coureur de Peugeot ne porta le célèbre maillot jaune. L'équipe continua à concourir et décrocha l'argent sur le Tour d'Espagne 1985 grâce à Robert Millar. Leader à deux jours de l'arrivée, Millar subit la foule qui voulait voir un Espagnol remporter le tour, des conditions météo difficiles et le manque de soutien de la part de son directeur sportif Roland Berland. Ce qui aida Pedro Delgado à gagner l'avant-dernière étape.

Triste fin pour la légendaire équipe Peugeot. Elle concoura en 1986 mais ne put finir la saison par manque de budget. Cette grande équipe cycliste s'éteignit près d'un siècle après sa formation. Cependant, l'influence de Peugeot dans le monde du cyclisme perdura bien après sa disparition. Tout comme l'avait fait l'équipe française avant elles, de nombreuses formations allèrent chercher la nouvelle génération de coureurs à l'étranger. Les années triomphales de Peugeot sont désormais racontées dans les livres et à travers les trophées sans pour autant être reléguées au passé. Peugeot reste une grande source d'inspiration. *ST*

Pinarello

Les triomphes de Pinarello en compétition ont accompagné le succès commercial de l'entreprise familiale italienne dont les vélos ont été utilisés par le quintuple vainqueur du Tour de France Miguel Indurain et, plus récemment, par les coureurs de l'équipe britannique Sky.

Dans les années 1920 et 1930, l'Italie vivait pour le cyclisme. Costante Giradengo et Alfredo Binda déchaînaient les passions. Gino Bartali imposait son allure et le jeune Fausto Coppi préparait son entrée dans le cyclisme avec l'ancien coureur Biagio Cavanna, comme soigneur et formateur.

En 1939, Giovanni « Nane » Pinarello devint cycliste à l'âge de 17 ans. Né à Villorba, dans la province de Trévise, dans une famille de douze enfants, il montra très tôt un talent pour le vélo. Pendant la Seconde Guerre mondiale, il remporta soixante courses. À la fin de la guerre, il passa professionnel, mais la fréquence de ses victoires diminua. En 1948, il roula pour Atala-Pirelli et

gagna une étape du Tour des Dolomites. Deux ans plus tard, il remporta la Coppa Lepori et la Coppa Barbieri pour le compte de l'équipe Stucchi. En 1951, roulant pour l'équipe Bottecchia, il ajouta une étape de Rome-Naples-Rome à son palmarès.

Pour être un bon cycliste, il ne suffit pas de gagner des courses. Les stars ont besoin d'équipiers qui les protègent, les soutiennent et souffrent pour eux. Il arrive parfois que le dernier coureur qui parvient à terminer soit plus admiré que le vainqueur : le Tour de France a sa lanterne rouge et le Tour d'Italie son maillot noir. Ce maillot fut même une récompense officielle

■ Giovanni Pinarello à ses débuts (à gauche), vers 1950, portant les couleurs de l'équipe Stucchi.

■ Alexi Grewal décroche l'or aux J.O. de Los Angeles en 1984 sur un Pinarello Montello.

pendant quelques années : le leader de la course portait le maillot rose et le dernier du classement général était en noir. Luigi Malabrocca (1946, 1947), Aldo Bini (1948), Sante Carollo (1949) et Mario Gestri (1950) sont tous connus pour leur dernière place sur le Tour d'Italie. En 1951, Giovanni Pinarello porta lui aussi le maillot noir.

En 1952, alors qu'il roulait pour le compte de l'équipe Bottecchia, ses patrons lui firent une offre inattendue. Ils lui demandèrent de céder sa place sur le Tour d'Italie à leur nouvel espoir Pasqualino Fornara en échange de 100 000 lires. « Nane » accepta et utilisa cette somme conséquente pour créer sa propre entreprise.

Avant de commencer sa carrière de cycliste professionnel, Pinarello avait travaillé dès ses 15 ans pour le constructeur de vélos Paglianti. Pendant qu'il était coureur, il avait complété ses revenus en construisant des vélos avec son frère Carlo. Il s'agissait principalement de machines ordinaires. Parfois, des cadres de course étaient sous-traités aux constructeurs locaux. L'offre de

Bottecchia arriva à point nommé car Pinarello disposait alors d'une base de clients suffisamment importante pour ouvrir un magasin à Trévise et le faire vivre avec ses vélos et ceux des autres.

En 1957, le club cycliste La Padovani utilisa les vélos de Pinarello. Nane comprit alors l'importance du sponsor et réalisa que sa célébrité en tant que coureur cycliste s'atténuerait avec le temps. En 1960, l'entreprise sponsorisa sa première équipe professionnelle, Mainetti, et lui fournit des vélos Pinarello. L'équipe rencontra son premier succès international grâce à Guido De Rosso qui gagna la première édition du Tour de l'Avenir, version amateur de la Grande Boucle. Cette victoire fit démarrer les ventes et elles augmentèrent encore quand en 1967, Marino Basso gagna deux étapes du Tour de France avec un vélo marqué GPT (Giovanni Pinarello Treviso).

Il fallut attendre la saison 1975 pour qu'un Pinarello remporte le Tour d'Italie au classement général. Fausto Bertoglio, de l'équipe Jolly-Ceramica, s'empara du maillot rose à peine un

an après le début du partenariat de son équipe
avec Pinarello. En 1981, le constructeur devint co-
sponsor et son nom apparut sur les maillots de la
formation Inoxpran. Ce fut un bon investissement.
Giovanni Battaglin remporta un doublé inattendu
sur le Tour d'Espagne et le Tour d'Italie.
À l'époque, le Tour d'Espagne avait lieu environ
une semaine avant le Tour d'Italie. Cette année-là,
le Tour d'Italie débuta seulement trois jours après
la fin de son homologue espagnol. Ce doublé fut
d'autant plus admirable.

L'équipe sponsorisée par Pinarello gagna deux
grands Tours, plusieurs étapes du Tour d'Italie
et du Tour d'Espagne et quelques victoires sur
des courses moins prestigieuses. En 1984, Alexi
Grewal décrocha l'or avec un Pinarello aux Jeux
Olympiques de Los Angeles. La même année,
Pinarello débuta un partenariat avec la formation
espagnole Reynolds dirigée par José-Miguel
Echavarri et Eusebio Unzué. En 1988, Pedro
Delgado remporta le Tour de France avec un
Pinarello. Le changement de Reynolds en Banesto
et la victoire de Miguel Indurain marquèrent
l'entrée de Pinarello dans un âge d'or.

D'après les dires de Pinarello, Indurain aurait
remporté ses cinq Tours de France en roulant
avec ses vélos. La vérité est plus complexe.
En 1991, l'équipe Banesto utilisa des vélos de la
marque espagnole Razesa. Même si la formation
roula avec des Pinarello lors des quatre victoires
suivantes sur le Tour, la plupart des vélos
d'Indurain avaient été conçus par Dario Pegoretti.
Il était monnaie courante que les meilleurs
coureurs du peloton se fassent construire leurs
vélos par des spécialistes et qu'ils soient ensuite
utilisés sous le nom du fournisseur du reste de
l'équipe.

Les années de règne du « Roi Miguel » furent
les années les plus glorieuses du constructeur.
Les Pinarello étaient désormais utilisés par les
coureurs les plus rapides du peloton. Indurain
remporta aussi plusieurs contre-la-montre lors
des championnats du monde et des J.O. d'Altanta

**« Je pensais que je
n'avais rien de plus
à prouver. »**

MIGUEL INDURAIN

« *Un vélo gagnant réunit l'expertise d'un artisan, les dernières innovations technologiques, l'amour du sport et un grand souci du détail.* »

FAUSTO PINARELLO

1952

À Trévise (Italie), « Nane » Pinarello est dédommagé par Bottecchia pour ne pas prendre le départ du Tour d'Italie. Il utilise l'argent pour créer sa propre entreprise.

1960

Pinarello sponsorise sa première équipe professionnelle Mainetti.

1981

Co-sponsor avec Inoxpran, la marque apparaît sur le maillot de l'équipe Mainetti et remporte la même année le Tour d'Espagne et le Tour d'Italie grâce à Giovanni Battaglin.

1984

Alexi Grewal remporte l'épreuve de cyclisme sur route aux J.O. de Los Angeles avec un vélo Pinarello. Jan Ullrich renouvellera la performance à Sydney.

en roulant avec un Pinarello. Quant à l'équipe Banesto, elle gagna Paris-Nice, le Critérium international, le Critérium du Dauphiné Libéré ainsi que le Grand Prix des Nations.

La plus belle victoire fut le record de l'heure en 1994. C'était une course prestigieuse du moins avant que l'UCI ne remette les compteurs à zéro en invalidant plusieurs records. Cette course fut surtout le théâtre d'une prouesse technique.

Pour le record de l'heure d'Indurain, Pinarello avait conçu un cadre monocoque en carbone baptisé l'Espada (l'épée). Le vélo, très coloré, fendait l'air. Même les puristes, qui prônaient un cadre classique en diamant, ne purent qu'admirer son design. Avec l'Espada, Miguel Indurain dépassa le record de Graeme Obree de 327 m, parcourant 53,04 km. Bien que le record d'Indurain fût battu de 792 m cinq semaines plus tard par Tony Rominger, le vélo construit par Pinarello était d'une beauté intemporelle : il combinait à la perfection forme et fonctionnalité, esthétique et vitesse.

À l'époque, Banesto n'était pas la seule équipe à triompher avec des vélos Pinarello. Le constructeur équipait aussi la formation italienne Del Tongo, dans laquelle évoluait un jeune sprinteur extravagant. Avec ses cheveux blonds et son allure de star de cinéma, Mario Cipollini savait se faire remarquer. Mais c'est pour son talent de sprinteur qu'il fut admiré. Roulant pour le compte de Del Tongo puis pour Mercatone Uno, Cipollini fit grande impression avec les Pinarello. Le constructeur était tout aussi victorieux dans le peloton féminin : Diana Ziliute remporta les championnats du monde sur route en 1998 et Edita Pucinskaite gagna le Tour féminin.

Pinarello équipa aussi la formation Telekom. Après cinq victoires successives sur le Tour de France, Indurain fut battu par le Danois Bjarne Riis en 1996, lorsque ce dernier attaqua dans la montée d'Hautacam sur un Pinarello. Un an plus tard, le co-équipier de Riis, Jan Ullrich, ajouta une septième victoire du Tour au palmarès du constructeur. Ces deux premières victoires révélèrent la puissance de l'équipe Telekom qui s'empara des maillots jaune, vert et blanc. Le sprinteur allemand Erik Zabel frappa encore plus fort : il porta le maillot vert à six reprises entre 1996 et 2001. Zabel gagna aussi Milan-San Remo.

Dans les années 1990, Pinarello avait transformé son entreprise au capital initial de 100 000 lires en une société valant plusieurs millions d'euros. Il se servait des courses d'envergure comme vitrine pour ses vélos. Si son palmarès personnel était modeste, celui de ses vélos, utilisés par les stars du cyclisme, fit de Pinarello l'une des marques prééminentes de ces trois dernières décennies. Le constructeur transmit son entreprise à ses enfants Carla et Fausto. Son fils cadet Andrea travailla également dans l'entreprise, mais il mourut en 2011 à 40 ans d'une crise cardiaque lors de la première étape du Tour du Frioul amateur.

Les trophées s'accumulèrent au cours des années 2000. Ullrich s'était emparé du maillot arc-en-ciel lors du contre-la-montre des championnats du monde 1999. Un an plus tard, le coureur décrocha l'or sur l'épreuve de cyclisme sur route des Jeux Olympiques de Sydney. Ses coéquipiers Alexandre Vinokourov et Andreas Klöden furent respectivement médaillés d'argent et de bronze. Le couple Telekom/Pinarello occupa toutes les places du podium. L'équipe Fassa Bortolo ajouta la Tirreno-Adriatico et le Tour de Lombardie au palmarès de Pinarello,

Jan Ullrich tout en force dans la treizième étape du Tour de France 1997.

Riis en jaune et Zabel en vert sur le Tour de France 1996 avec des Pinarello.

Le cadre Pinarello Dogma en carbone est asymétrique pour plus de stabilité. Il est équipé de roues Campagnolo.

ainsi que plusieurs étapes et maillots sur les grands Tours. Chez les femmes, Nicole Cooke remporta le Tour d'Italie féminin 2004 en roulant avec un cadre de la série Opera pour le compte de l'équipe Safi-Pasta Zara.

Pinarello a construit sa réputation en équipant les meilleurs coureurs des plus grandes équipes avec ses vélos. Malheureusement, nombre de ces coureurs ont été impliqués dans des affaires de dopage (EPO). Quoi qu'il en soit le prestige des équipes comme Banesto, Telekom et Fassa Bortolo qui ont choisi des vélos Pinarello est bien la preuve de l'admiration que lui porte le peloton. Cette considération, Pinarello la doit à sa capacité à évoluer avec son temps et à s'adapter aux évolutions des matériaux : de l'acier au titane, à l'aluminium et au carbone.

En 2002, l'entreprise commercialisa un cadre en magnésium : le Dogma. Il combinait légèreté et rigidité, mais le processus de fabrication était complexe et coûteux. Alessandro Pettachi, de l'équipe Fassa Bortolo, permit le retour sur investissement en gagnant neuf courses sur le Dogma et quinze sur un Prince.

Dans la dernière série de Dogma, le magnesium fut remplacé par le carbone. Le cadre était assymétrique, ce qui était une innovation. Le hauban du côté de la chaîne et la base opposée pouvaient absorber des tensions différentes de celles de l'autre côté.

En 2011, le Dogma fut choisi par l'équipe Movistar pour la dernière collaboration entre Pinarelli et Eusebio Unzué. Sans oublier la victoire en 2006 d'Alejandro Valverde sur

Liège-Bastogne-Liège pour le compte de l'équipe Caisse d'Épargne également dirigée par Unzuè.

Le Dogma fut également le vélo choisi par l'équipe Sky. En 2011, Bradley Wiggins l'utilisa pour remporter le Critérium du Dauphiné Libéré ainsi que des étapes du Tour de France et du Tour d'Espagne. Pinarello compte désormais un troisième sprinteur de talent associé à son nom (après Cipollini et Zabel) puisque Mark Cavendish a rejoint l'équipe Sky en 2012.

Il manquait encore deux monuments à la longue liste des victoires de Pinarello : le Tour des Flandres et Paris-Roubaix. Grace Verbeke a remporté le Tour des Flandres féminin en 2010 avec un vélo Pinarello, elle laisse donc aux coureurs du peloton masculin le privilège d'affronter les pavés de Paris-Roubaix pour que le palmarès du constructeur italien soit enfin complet. **FMK**

Pinarello a conçu quatre vélos Espada
pour Miguel Indurain.

No. 1896. Vol. LXII.
August 18, 1921.
ENGLISH FOUR-SPEED BICYCLE ON TRIAL.

CYCLING

3^D

CARE FREE.
Care free is the owner of a machine that
runs year in, year out, without repair.
Therein lies the great dividing line
between the "just-as-good" and the
genuine world-famous

RALEIGH
THE ALL-STEEL BICYCLE
fitted with Dunlop tyres and Sturmey-
Archer 3-speed gear, which is rightly
called the "rigid, rapid, reliable Raleigh."

Send for the "Book of the Raleigh," illustrating the
latest models post free from the Raleigh Agent in
your town, or direct from

THE RALEIGH CYCLE COMPANY, Ltd.,
NOTTINGHAM.
London Address   61, HOLBORN VIADUCT, E.C.1.

- Frank Bowden créa l'entreprise Raleigh Cycle Company en 1887.

- Le vélo tout en acier Raleigh est présenté dans l'un des premiers numéros du magazine *Cycling*.

- Arthur Zimmerman, coureur de l'équipe Raleigh, en 1893, l'année de son titre mondial de vitesse.

Raleigh

Leader britannique et mondial dans toutes les gammes de vélos (du BMX aux modèles de course performants) Raleigh fut le seul et unique constructeur anglais à remporter le Tour de France grâce à Joop Zoetemelk.

Autrefois, pour de nombreux Britanniques, Raleigh était synonyme de bicyclette, au même titre que Hoover pour les aspirateurs. C'est le rêve de tout constructeur : que les clients confondent le nom de sa marque avec le nom du type de produit qu'il fabrique. Cependant cette association a parfois desservi Raleigh, surtout quand le constructeur a voulu commercialiser des vélos de route haut de gamme.

Dans les années 1970 et au début des années 1980, Raleigh a fourni des vélos et prêté son nom à l'équipe cycliste professionnelle européenne la plus performante : TI-Raleigh. Mais dans son pays d'origine, la marque cultivait une autre image : les Raleigh étaient destinés aux familles avec des modèles ludiques pour enfants (le Bomber puis le Grifter) et des vélos pour adultes appréciés pour leur fiabilité et leur faible coût.

Outre-Manche, la redoutable formation TI-Raleigh mettait à mal le cyclisme. Ce fut la première « super équipe », et la première à appliquer le principe néerlandais du « football total » au cyclisme. Avec le charismatique Peter Post comme directeur sportif, l'équipe avait tout pour gagner : le sens de la course hollandais associé à la mécanique britannique. Sur le continent européen, la formation TI-Raleigh était partout, mais en Angleterre, la contribution du constructeur passa presque inaperçue.

Cela semble incroyable aujourd'hui, mais même le formidable Post était impuissant face aux valeurs établies de la marque et à sa réputation de constructeur de vélos fonctionnels pour la famille. À l'exception de quelques personnalités, l'entreprise n'avait pas l'air intéressée par l'équipe qu'elle sponsorisait. Peut-être ne savait-elle pas

comment tirer profit des victoires de l'équipe TI-Raleigh. Peut-être même ne le voulait-elle pas, son cœur de marché ne se passionnant pas pour les courses cyclistes.

La victoire de Joop Zoetemelk lors du Tour de France 1980 illustre parfaitement cette attitude. Ce fut la première et dernière fois qu'un coureur remporta la course la plus prestigieuse au monde avec un vélo britannique. Néanmoins, peu de gens remarquèrent cet exploit historique. Raleigh avait décidé que le public anglais ne pouvait pas ou ne voulait pas comprendre le Tour de France. C'était sûrement vrai à l'époque, mais depuis, les choses ont bien changé. Avec l'arrivée de Mark Cavendish, Bradley Wiggins et l'équipe Sky, le cyclisme a fini par trouver son public en Grande-Bretagne, même si ces stars britanniques roulent avec des vélos italiens (Pinarello). Le plus grand constructeur anglais brille par son absence. À une période où le cyclisme est très prisé en Angleterre, Raleigh – qui produisit jusqu'à un million de vélos par an – semble être tombé dans l'oubli. Pour comprendre ce qui s'est passé, il est essentiel d'expliquer le développement des courses cyclistes en Angleterre ou plutôt leur absence de développement.

L'histoire de Raleigh commença en 1887, quand Frank Bowden, riche avocat de trente-huit ans, acheta un vélo sur les recommandations de son médecin. Il le trouva dans un petit atelier sur Raleigh Street à Nottingham dirigé par messieurs Woodhead, Angois et Ellis. Il apprécia tellement son nouveau vélo qu'il retourna dans l'atelier et acheta l'entreprise. Sa première décision fut de lui donner le nom de la rue dans laquelle elle se trouvait : Raleigh. Il créa aussi son emblème en forme de héron inspiré par ses armoiries familiales.

1887	1903	1932	1948
Frank Bowden s'intéresse à un atelier de bicyclettes sur Raleigh Street à Nottingham. Trois ans plus tard, l'entreprise Raleigh Bicycle Company est créée.	Le moyeu à trois vitesses intégrées Sturmey-Archer est commercialisé. Raleigh et Sturmey-Archer produiront aussi l'éclairage dynamo.	Harold Bowden, directeur de Raleigh, quitte l'entreprise. Sous sa direction, la production avait atteint 62 000 bicyclettes par an.	Reg Harris devient coureur professionnel dans l'équipe Raleigh. Il roulera dix ans pour Raleigh et remportera quatre titres mondiaux sur piste.

■ Le duc d'Édimbourg visite la manufacture Raleigh en 1952 pour agrandir l'usine.

■ L'agrandissement de l'usine, réalisé en 1952, comportait un transporteur de chaîne de production au plafond.

1970

Raleigh commercialise le Chopper, qui rencontre un grand succès en Angleterre et aux États-Unis.

1980

Le Hollandais Joop Zoetemelk remporte le Tour de France pour le compte de l'équipe TI-Raleigh Creda.

2001

Derby Cycle Corporation, dirigée par Alan Finden-Crofts, rachète Raleigh.

2012

Raleigh fête son 125ᵉ anniversaire et lance une nouvelle série de modèles classiques comme le Clubman, le Sojourn et le Classic De Luxe ainsi que de nouveaux VTT et BMX.

Au début, Raleigh produisait trois vélos par semaine. Six ans plus tard, il était devenu le plus grand constructeur de vélos au monde, occupant une usine de cinq étages. Le constructeur équipa le premier champion cycliste du monde, Arthur Augustus Zimmermann, qui remporta deux titres en vitesse et sur 10 km à Chicago en 1893.

Zimmermann venait du New Jersey. Il avait déjà couru en Grande-Bretagne en 1892. Quand il revint avec un titre mondial l'année suivante, Raleigh, qui lui avait donné deux vélos, le présenta dans ses publicités et cela fit polémique. L'Union nationale des cyclistes en Angleterre déclara que le coureur avait violé les lois concernant le cyclisme amateur et l'exclua des courses de Grande-Bretagne. Zimmermann partit rouler en France et passa professionnel un an après. Tout cela présageait la division entre l'Angleterre et le continent européen.

Au début des années 1920, Raleigh produisait 100 000 vélos par an avant d'atteindre les 500 000 pièces par an en 1938. À cette époque, Raleigh était un constructeur innovant qui avait inventé le

système de vitesses intégrées Sturmey-Archer. Il construisait toutes sortes de vélos, des cadres de course sans manchon aux vélos pliants pour les parachutistes pendant la guerre. À la mort de son père en 1921, Harold Bowden reprit la direction de l'entreprise qui continua à prospérer.

En 1951, l'entreprise produisait un million de vélos, s'imposant comme le leader mondial. Cependant, la Grande-Bretagne restait toujours à l'écart de l'Europe pour les courses cyclistes. La plupart des courses d'envergure – Tour de France (1903), Tour d'Italie (1909), Paris-Roubaix (1896), Milan-San Remo (1907), Tour des Flandres (1913) – avaient été créées à une époque où les routes britanniques n'étaient pas adaptées. Les premiers événements avaient été interrompus à plusieurs reprises par la police, et l'Union nationale des cyclistes finit par interdire les courses sur route, limitant la compétition aux routes fermées et aux vélodromes.

Un organisme concurrent, le *Road Time Trials Council*, finit par trouver une solution : des contre-la-montre individuels clandestins se déroulant à l'aube avec des tenues noires pour les coureurs. C'est ainsi que se développa une culture du contre-la-montre en Grande-Bretagne, une tradition à l'opposé du spectacle haut en couleurs des courses sur route. En France, en Italie, en Belgique, aux Pays-Bas et en Espagne, les courses sur route faisaient déjà partie de leur réputation, mais en Angleterre, les courses cyclistes restaient dans l'ombre. À une exception près : Reg Harris, le charismatique sprinteur sur piste qui passa professionnel avec Raleigh en 1948 et remporta quatre titres mondiaux pour l'équipe.

La demande de vélos de course était plus forte à l'étranger qu'en Angleterre où le marché était dominé par les modèles fonctionnels ou de loisirs. Après la Seconde Guerre mondiale, la production continua d'augmenter, mais la plupart des vélos construits dans l'usine Raleigh étaient exportés.

À l'instar de nombreux constructeurs, Raleigh fut touché par la démocratisation de la voiture à la fin des années 1950. En 1960, l'entreprise fut rachetée par Tube Investments (TI), déjà propriétaire de la British Cycle Corporation qui regroupait Phillips, Norman, Sun et Hercules, nom bien connu du milieu des courses. Hercules avait soutenu une équipe professionnelle. D'après les récits, il s'agissait de la première équipe britannique qui participa au Tour de France. Même si six coureurs sur les dix de l'équipe roulaient pour Hercules, c'est bien l'Angleterre qu'ils représentaient lors du Tour 1955.

Quand TI racheta Raleigh, il offrit 75 % du marché britannique à la British Cycle Corporation. Mais ce marché était encore dominé par les vélos utilitaires et de cyclotourisme. Raleigh continuait à construire des vélos de course légers et performants.

Tout au long des années 1960, le constructeur tenta de reprendre les vélos à petites roues d'Alex Moulton. Il chercha l'inspiration aux États-Unis, la trouva en Californie et lança le Chopper en 1969.

■ Le moyeu à trois vitesses intégrées Sturmey-Archer fut commercialisé pour la première fois en 1903.

■ Un catalogue de 1910 Sturmey et Archer présente le moyeu compatible avec toutes les bicyclettes, neuves ou anciennes.

■ Vue détaillée du moyeu à vitesses intégrées AW Sturmey-Archer. Toujours disponible aujourd'hui, il appartenait à une plus large gamme de moyeux à trois vitesses qui comprenait les modèles AM, AC, AR et ASC.

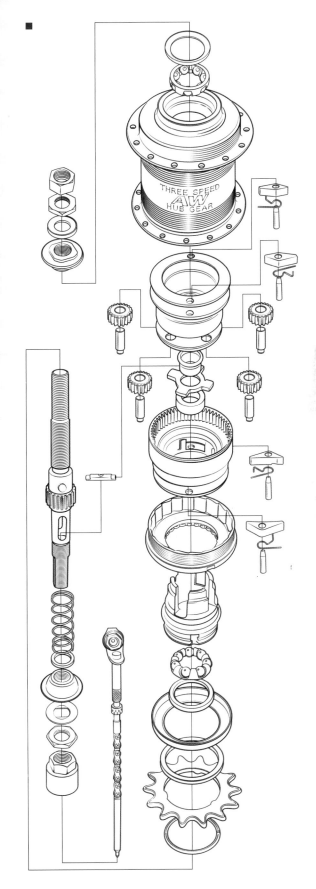

« Les tubes de direction sont noirs pour faire ressortir le blason de Raleigh. Vous ne pouvez pas les rater sur la photo d'un peloton. »

GERALD O'DONOVAN

C'est l'acquisition de Carlton par TI-Raleigh qui permit le retour des vélos de course. Raleigh put créer un petit service de vélos de course construits à la main. Carlton produisait 2 500 cadres par an lorsque l'entreprise était dirigée par le constructeur Gerald O'Donovan.

O'Donovan conserva la direction de Carlton après son rachat par Raleigh. Il continua à développer des vélos de course légers et fabriqués à la main. Cet artisan doué et méticuleux – de superbes manchons ornent de nombreux Carlton des années 1960 – était aussi un grand inventeur. Pour Raleigh, le marché des vélos de course était prometteur. En 1974, O'Donovan s'installa dans un service de produits spécifiques basé à Ilkeston (Derbyshire) avec six autres constructeurs de cadres de l'usine Raleigh.

Les vélos furent tout d'abord commercialisés sous la marque « Raleigh-Carlton » et furent fournis à des équipes cyclistes dans le cadre de partenariats dès 1963. La sponsorisation permettait de tester les vélos tout en en faisant leur promotion. L'ouverture du service de O'Donovan coïncida avec l'expérience la

plus ambitieuse de Raleigh : la formation de l'équipe professionnelle TI-Raleigh. Le service de O'Donovan – qui produisit bientôt 30 cadres par semaine – fut chargé de développer les cadres en acier rouges, jaunes et noirs utilisés par les coureurs de la formation. Les couleurs avaient été mûrement réfléchies, comme l'expliqua O'Donovan : « *Nous les avons choisies car elles sont remarquables sur les photos en couleur ou en noir et blanc. Les tubes de direction sont noirs pour faire ressortir le blason de Raleigh. Vous ne pouvez pas les rater sur la photo d'un peloton.* »

Peter Post, directeur de l'équipe TI-Raleigh, avait été un grand coureur – il avait remporté Paris-Roubaix en 1964 établissant un record encore inégalé. Il était surnommé l'« Empereur des six » car il dominait les courses de six jours sur piste en hiver. Post représentait un choix judicieux bien que son manque d'empathie et son approche directive ne fussent pas du goût de tout le monde.

Avec son arrivée, Raleigh et sa formation basée aux Pays-Bas purent entrer dans la cour des grands après être restés des années

■ Ce cadre F Raleigh Carlton fut créé entre 1970 et 1971, il est équipé de tubes en acier extrêmement souples.

■ En 1980, Zoetemelk remporta son seul Tour de France qui fut aussi le seul de TI-Raleigh.

à l'écart des courses prestigieuses. L'équipe remporta cinquante victoires dès sa première saison. Au cours des dix années qui suivirent, elle gagna cinquante-cinq étapes sur le Tour de France. Raleigh domina les classiques et gagna la plupart de ces courses. La plus belle victoire de la formation fut celle du Tour de France 1980 : Zoetemelk arriva en tête du classement général après l'abandon sur blessure du favori Bernard Hinault. Si cette victoire semblait être le fruit d'un heureux hasard, le nombre de titres de l'équipe TI-Raleigh sur le Tour 1980 révèlait une domination totale : 11 victoires d'étapes sur 21.

Post introduisit une nouvelle philosophie. Son « cyclisme total » était une adaptation du principe de son équipe de foot préféré, l'Ajax, dans laquelle chaque joueur avait un rôle bien défini. Les formations cyclistes étaient traditionnellement hiérarchiques : un coureur dirigeait et les autres roulaient pour lui. Post montra les faiblesses de ce modèle : si le leader n'était pas en forme, il était difficile de le remplacer et les équipiers ne pouvaient pas montrer leur potentiel. Il permit à plusieurs coureurs de diriger l'équipe et de gagner. TI-Raleigh fut sans doute la première équipe professionnelle à proprement parler.

L'équipe de Post semblait pourtant loin de l'entreprise pour laquelle elle courait avec autant de distinction en utilisant ses vélos. Car même si Post recruta des coureurs néerlandais et britanniques pour former son équipe, il se passa vite de ces derniers. Certains se plaignaient de cette dominance néerlandaise, mais les résultats laissaient tout le monde sans voix. Post savait être diplomate. En 1982, il dit à O'Donovan : « *Nous sommes peut-être la meilleure équipe au monde parce que nous avons les vélos les plus performants.* »

La fin du partenariat avec TI-Raleigh signa le déclin de l'équipe. Post trouva un nouveau sponsor, Panasonic, et Raleigh resta co-sponsor. O'Donovan expliqua : « *La barre était tellement élevée que nous nous sommes retirés. Nous ne pouvions plus répondre à leurs besoins.* »

Le service de O'Donovan continua à produire des vélos de course de haute qualité. En 1986, la scène du cyclisme professionnelle britannique prenant de l'importance, l'entreprise demanda au vétéran du Tour, Paul Scherwen, d'être le leader puis le directeur sportif d'une équipe britannique. En 1989, le constructeur équipa la formation de Laurent Fignon (Super U-Raleigh). Ce dernier avait retrouvé la forme, il remporta le Tour d'Italie et il manqua de huit secondes la victoire sur le Tour de France.

Raleigh est toujours en course. Sa dernière incarnation est l'équipe Raleigh créée en 2009 pour participer aux courses cyclistes britanniques. L'entreprise a beaucoup changé. En 1987, TI a vendu Raleigh à Derby International qui l'a relancée. Le constructeur a continué à vendre des vélos dans les années 1990. Ses chaînes de distribution britanniques, canadiennes et irlandaises dominaient le marché de leurs pays respectifs. En 1999, le constructeur a arrêté la production industrielle de cadres en Grande-Bretagne. Le rachat de l'entreprise par ses dirigeants en 2003 mit un terme au montage des vélos.

Raleigh s'est toujours distingué de ses homologues européens. Si son nom est emblématique, ce n'est pas pour les mêmes raisons que Bianchi ou Colnago qui sont associés à des grands champions ou des grandes courses. Raleigh a toujours produit des vélos de course performants. Pourtant en Angleterre, cette marque est connue pour être un très bon constructeur de vélos et non un constructeur de très bons vélos. **RM**

« Nous sommes peut-être la meilleure équipe au monde parce que nous avons les vélos les plus performants. »

PETER POST

■ Coureur au sein de la formation Raleigh, Fignon était le favori du Tour de France 1989. LeMond le devança de 8 secondes.

Reynolds

Principal constructeur de tubes en acier pendant plus d'un siècle Reynolds a inventé le procédé de fabrication de tubes à épaisseur variable qui a permis de construire des vélos plus résistants et plus légers. Reynolds reste à la pointe du progrès dans le domaine des vélos de course légers en acier.

Visiter l'usine Reynolds est aussi magique qu'une excursion dans une distillerie de whisky. Cette usine se trouve dans la zone industrielle de Birmingham, en Angleterre. Les produits qui sortent de ces modestes bâtiments sont réputés dans le monde entier. À l'instar d'une bouteille du single malt vendue dans les bars, de Moscou à Mogadiscio, un vélo composé de tubes Reynolds sera distribué partout dans le monde.

Aujourd'hui, malgré la popularité de matériaux comme le carbone, l'aluminium ou le titane, 95 % des vélos sont encore fabriqués en acier. La plupart d'entre eux sont construits en Chine et en Inde avec de l'acier doux qui est la forme la moins chère et la plus lourde de l'alliage. En revanche, les vélos haut de gamme, construits à la main, sont fabriqués en utilisant des alliages de fer supérieurs, légers et résistants.

Cette marque est connue dans le monde entier. Un jour, interrogé par des douaniers américains sur son domaine d'activité, Keith Noronha, directeur actuel de Reynolds leur répondit : « Nous construisons des tubes de vélos ». L'un des douaniers demanda alors : « Ah, Reynolds ? ». La plupart des entreprises donneraient tout pour une telle reconnaissance.

Mais pour apprécier le travail remarquable que cela représente, il est nécessaire de comprendre le procédé de construction d'un tube. Aujourd'hui, une équipe de dix ouvriers chevronnés réalise ce travail spécifique. Certains sont chez Reynolds depuis plus de 30 ans. Il est vrai que l'usine séduit par son aura. Le constructeur utilise des techniques uniques, aussi bien gardées que la recette du Coca-Cola. Reynolds continue à produire des tubes sélectionnés par les meilleurs constructeurs de cadres au monde.

L'entreprise fut fondée en 1841 par John Reynolds qui fabriqua des clous jusqu'en 1891. C'est son fils, Alfred John qui s'intéressa, comme beaucoup dans les années 1890, aux bicyclettes. Le problème qui se posait à l'époque dans ce secteur en plein essor était de parvenir à assembler des tubes fins et légers sans fragiliser les joints. Le défi était de fixer des tubes fins aux manchons plus épais qui sont nécessaires pour les assembler. Certains constructeurs tentèrent d'insérer des pièces pour renforcer le joint, d'autres utilisèrent des tubes plus larges et plus lourds. Mais aucune solution n'était satisfaisante. Soit les joints étaient trop fragiles, soit les vélos étaient trop lourds.

Reynolds fabriqua des tubes en faisant varier l'épaisseur des parois internes : elles étaient fines au centre et épaisses aux extrémités où elles devaient être plus solides. C'est ainsi que naquirent les tubes « *butted* » (à épaisseur variable). Ce fut une percée dans l'industrie du cyclisme.

Aujourd'hui ce brevet est encore encadré dans le bureau de la direction de Reynolds. Alfred déposa cette demande à l'Office des brevets en Angleterre le 27 octobre 1897. Une licence lui fut octroyée un an plus tard, le 20 décembre 1898 et la société Patent Butted Tube Company Limited fut créée. C'est le procédé de fabrication qui fut breveté. Comme l'indique le certificat de dépôt de brevet : « *l'invention [...] consiste en des améliorations relatives à la fabrication de tubes en acier sans soudure et autres tubes pour les chaudières, la construction de vélos et à d'autres fins, notre but étant de produire rapidement de tels tubes en répartissant le métal différemment, ou en augmentant l'épaisseur sur les extrémités ou sur toute autre partie du tube en fonction du besoin* ».

Les avantages furent considérables en termes de réduction du poids et de résistance. Cinq ans plus tard, l'invention d'Alfred était considérée comme la meilleure dans le domaine

des tubes. Les vélos étaient aussi plus fiables. « *Les joints, qui étaient les points faibles dans la construction de cycles, sont désormais plus solides grâce à ce système* » indiquait la documentation de l'entreprise. Les machines pouvaient aussi produire des tubes de grande précision avec des diamètres réglés au millième près.

Reynolds se faisait livrer des tubes en acier fabriqués dans d'autres usines puis les « façonnait ». La rouille et les dépôts des tubes à l'état brut étaient enlevés à l'aide de bains d'acide sulfurique dilué. Selon les sources historiques officielles de l'entreprise, un homme remuait les tubes immergés dans de grandes cuves avec une longue barre. Puis deux hommes prenaient le relais : l'un tenait le tube et l'autre le façonnait au marteau sur l'enclume.

Les cyclistes, les constructeurs et la presse spécialisée firent l'éloge des tubes Reynolds. *Cycle Referee* déclarait : « *Quel que soit le procédé, il a permis d'obtenir un degré de précision extraordinaire* ». On pouvait lire dans *Cycle Trader* : « *L'intérieur est incroyablement lisse et la graduation de la partie renforcée est faite de telle sorte qu'elle est à peine visible à l'œil nu. Le métal est très résistant et le grain est serré ; ce matériau devrait s'avérer idéal pour la construction de cadres de vélos.* »

En 1923, l'entreprise fut rebâptisée Reynolds Tube Company Ltd. Cinq ans plus tard, elle rejoignit une plus grande société, Tube Investments. Reynolds ne fut pas rachetée par Tube Investments mais travailla pour le conglomérat jusqu'en 1996.

En 1935, Reynolds développa un tube, le 531, qui allait lui assurer un avenir prospère. L'entreprise était alors dirigée par Austyn Reynolds. C'est lui qui choisit le nom de ce nouveau tube, mais on ignore pourquoi. Keith Noronha, directeur général actuel de Reynolds, admet volontiers que la numérotation des célèbres tubes Reynolds (753, 853 et 953 pour n'en citer que quelques-uns) est avant tout une

■ Un ouvrier lisse un fourreau de fourche à la main dans les années 1970.

■ Usine de production et entrepôt de Reynolds dans les années 1970 et 1980.

stratégie marketing, même s'il ajoute qu'il y a au moins deux explications possibles pour la numérotation de l'original. Le numéro « 531 » pourrait en effet se référer aux proportions des trois éléments principaux de la composition chimique de l'acier. Il pourrait aussi représenter sa résistance : 53 tonnes par pouce carré (53:1).

Quelle que soit leur origine, ces numéros symbolisent toujours la plus haute qualité en matière de vélos de course. Austyn entra en contact avec Roger Dupieux à Paris qui, d'après l'histoire officielle de Reynolds « *permit au tube Reynolds 531 de devenir un nom courant sur le continent européen* ». Quant aux tubes, le constructeur les développa en s'appuyant sur ses connaissances des technologies aéronautiques et en utilisant de l'acier suédois. Les nouveaux tubes étaient plus fins que les versions précédentes : 2,3 mm pour les extrémités et 1,6 mm au milieu.

Les tubes étaient si fragiles que Reynolds publia des instructions destinées aux constructeurs de cadres qui précisaient notamment : « *La soudure doit être effectuée dans le sens des aiguilles d'une montre [...] En soudant les cadres avec des tubes 531, les joints doivent être préchauffés et le refroidissement doit être contrôlé. La soudure doit être réalisée dans des ateliers sans courant d'air* ». Le succès des tubes 531 fut immédiat. À la veille de la Seconde Guerre mondiale, Reynolds employait 1 000 ouvriers. Ce nombre atteignit 2 055 pendant la guerre et l'entreprise produisait plus de 40 000 kilomètres d'alliage léger et de tubes en acier dont 18 037 km pour des longerons tubulaires d'aile pour les Spitfires. Le capital de la société était alors de deux millions de livres.

Après la guerre, Reynolds reprit son activité pour vélos, tout en continuant à appliquer

1897	1928	1935	1958
Alfred Reynolds dépose un brevet pour ses tubes « *butted* » utilisés dans la fabrication de vélos. Un an plus tard, l'entreprise Patent Butted Tube Company est créée.	Reynolds intègre la holding Tube Investments. Elle y restera jusqu'en 1996.	En utilisant de l'acier suédois, l'entreprise développe le tube Reynolds 531 qui dominera le marché pendant plus de 50 ans.	Charly Gaul remporte le Tour avec un vélo conçu avec des tubes Reynolds 531. Les 24 Tours suivants seront gagnés avec des vélos fabriqués avec ces tubes.

son expertise à d'autres domaines. Au fil des décennies, le constructeur produisit des tubes 531 pour le châssis de la Jaguar Type E, pour du matériel destiné à la NASA, et pour quelques projets exceptionnels comme la structure d'un trapèze de cirque et des bouteilles d'oxygène pour deux expéditions sur l'Everest.

Le grimpeur Charly Gaul remporta le Tour de France 1958, célébrant ainsi la première victoire avec un tube 531. Sur les 25 victoires suivantes du Tour, 24 furent gagnées par des coureurs qui utilisèrent des vélos composés de tubes 531 comme Jacques Anquetil pour ses cinq victoires du Tour. Eddy Merckx gagna son premier Tour de France en 1969 avec ces mêmes tubes. Merckx aimait tellement le tube 531 qu'il le garda même après la sortie de son successeur en 1976. Le tube 753 recevait un traitement thermique et était 50 % plus résistant que le 531. Il était aussi plus léger. « Ses *parois étaient si fines que la forme du cadre, le choix des manchons, les techniques d'assemblage étaient déterminants. Chaque cadre était bien sûr conçu pour une utilisation particulière.* »

Le tube Reynolds 753 remplaça le 531 dans les cadres de course performants, sauf pour le cadre du grand et puissant Merckx qui préférait un vélo rigide et solide. Le vainqueur du Tour de France 1985, Bernard Hinault, utilisa des tubes 753, tout comme Miguel Indurain, quatrième quintuple vainqueur après Anquetil, Merckx et Hinault.

D'autres tubes suivirent comme le 653, le 708 et le 853. Reynolds utilisa aussi le titane, l'aluminium et le carbone. Mais le tube phare du constructeur est le 953, introduit en 2007, inspiré d'une approche de la société Carpenter Specialty Alloys en Pennsylvanie.

Keith Noronha, qui racheta Reynolds en 2000, explique : « *Les gens de Carpenter étaient spécialisés dans les alliages métalliques à très haute résistance généralement utilisés dans l'aérospatial et le blindage. Ils avaient un alliage spécifique en forme de feuille mais ne l'avaient jamais transformé en tube. Ils nous ont contactés pour nous demander si nous étions intéressés. Nous avons étudié les propriétés mécaniques pour voir si nous pouvions le transformer en un tube « butted » pour vélo. Ce n'était pas facile. Nous devions faire des recherches et certains constructeurs de cadres se sont plaints au début car ce nouvel alliage abîmait leur matériel. Nous avons réglé le problème et aujourd'hui, c'est notre tube phare. Les parois sont très fines : 0,3 mm seulement. Il a aussi le rapport résistance/poids le plus élevé, plus élevé encore que le titane.* »

Il poursuit : « *Avec les cadres 953, vous avez la sensation et le confort de l'acier, mais comme le titane, il durera plus longtemps que vous.* » Le tube 953 est si résistant qu'il a été utilisé dans l'un des environnements de travail les plus durs : le forage pétrolier.

Pour le procédé, Noronha explique que le métal de forme plate est construit selon les standards aérospatiaux par Carpenter aux États-Unis, puis transformé en tube par un sous-traitant avant d'être livré à Reynolds à Birmingham. Une fois dans l'usine, il est travaillé pour devenir un tube pour vélo. Ce procédé est globalement le même – bien que les machines utilisées soient plus modernes – que celui inventé et breveté par Alfred John Reynolds en 1897.

« *Ce que nous aimons aujourd'hui,* conclut Noronha, *c'est ce que Reynolds a inventé en 1897. Le traitement a peut-être évolué, mais nous appliquons toujours les mêmes principes mécaniques un siècle plus tard.* » **RM**

■ Charly Gaul remporta le Tour de France 1958 avec un vélo composé de tubes 531. Une première pour Reynolds.

■ Cette carte publicitaire de 1971 montre que Reynolds était fier de ces exploits sportifs.

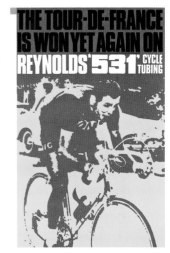

1976

Le tube Reynolds 753 est commercialisé et présenté comme le tube de course le plus léger.

1996

L'entreprise est rachetée par l'Américain Coyote Sports Inc. Deux ans plus tard, le principal constructeur de tubes dans le monde célèbre son 100e anniversaire.

2000

L'entreprise est rachetée par ses dirigeants et renommée Reynolds Cycle Technology Ltd. Reynolds Composites LLC reste une unité à part entière basée en Californie.

2007

L'acier est de nouveau à la mode. Le constructeur lance le tube Reynolds 953 en acier à haute résistance utilisé dans le spatial et le blindage.

L'OLD FAITHFUL DE GRAEME OBREE

À la fin des années 1980, assis dans son magasin de vélos à Ayrshire, contemplant le vélo qui se trouvait devant lui, le cycliste écossais Graeme Obree eut une révélation.

Comme il l'explique : « *Je me suis dit, je vais faire du vélo comme si c'était la première fois de ma vie. Je suis sorti et j'ai fait comme si je n'en avais jamais fait. J'ai essayé d'oulier tout ce que j'avais appris. La première chose qui m'a frappé, c'est que les pédales étaient trop éloignées l'une de l'autre. Je me suis aussi demandé pourquoi le tube supérieur était en plein milieu de mes genous. Je n'avais rien remarqué pendant quinze ans car je n'étais pas à l'écoute.* »

Avec l'esprit plus ouvert, Obree réimagina son vélo. Il diminua l'écart entre les pédales avec un nouvel axe de pédalier plus étroit et il utilisa les roulements de sa machine à laver car c'était les seuls à avoir la bonne dimension. Si son vélo, baptisé Old Faithful (le vieux fidèle), fut surtout connu pour cette anecdote, l'ingéniosité de son constructeur alla bien plus loin. Sa position fut révolutionnaire. S'inspirant de la position des skieurs alpins, Obree se pencha en avant et replia ses bras devant lui.

En juillet 1993, encore inconnu, Obree utilisa son Old Faithful pour le record de l'heure (Norvège), il parcourut 51,596 km et battit le record de Francesco Moser de 445 m. Les autres coureurs voulurent copier la position d'Obree, mais l'UCI l'interdit. En 1995, Obree revint, cette fois-ci avec la position de « Superman », les bras tendus vers l'avant. Après qu'Obree eût remporté le titre mondial de poursuite à Colombia et inspiré d'autres coureurs, sa nouvelle position fut à son tour interdite.

Obree utilisa une selle standard : la célèbre Turbo, bon marché, fabriquée par Selle Italia.

Les roues à trois bâtons Specialized furent introduites au début des années 1990.

sur le point de signer un partenariat à long terme avec Schwinn. Né dans l'Illinois, il fut le seul cycliste professionnel américain à courir en Europe aux côtés de Fausto Coppi et Gino Bartali. De 1935 à 1948, Magnani avait participé à des courses cyclistes professionnelles sur le continent et en avait remporté plusieurs. Il fit un bon classement sur les classiques comme Milan-San Remo et termina à la septième place lors des championnats du monde sur route en 1947.

En 1948, de retour aux États-Unis, il rendait visite à des proches à Chicago quand il fut recruté par Schwinn pour participer aux courses de six jours. Si Magnani se sentait chez lui sur les routes d'Europe, rouler sur la piste étroite d'un vélodrome couvert était très différent. Il se blessa lors de la première course de six jours de la saison à Buffalo (dans l'état de New York) et dut

se retirer du cyclisme professionnel dès octobre 1948. Schwinn l'employa à plein-temps jusqu'à ce qu'il tombe malade en 1972 et décède en 1975.

Après ses exploits comme cycliste professionnel en Europe, Magnani monta les vélos de piste, de route et les tandems Paramount tout au long de sa carrière chez Schwinn. Il contribua à développer les composants du Paramount, construisant des roues et apportant des spécifications sur les dérailleurs Campagnolo et autres matériaux de niveau professionnel.

Alors que le cyclisme de haut niveau était sur le point de disparaître dans les années 1950 et 1960, Schwinn sema involontairement quelques graines qui permirent à un coureur de donner un second souffle à ce sport dans les années 1970. Ce coureur était John Howard, plusieurs fois champion des États-Unis, triple champion

■ La couverture du catalogue de Schwinn en 1955 révèle que le constructeur ne reculait pas devant les slogans très ambitieux...

■ Dans les années 1950, la plupart des vélos Paramount étaient construits par Oscar Wastyn dans son magasin. Après la guerre, Schwinn engagea Ovie Jensen pour construire ses cadres.

1956

Schwinn fournit des vélos Paramount à l'équipe olympique américaine dans le cadre d'un partenariat qui durera jusqu'en 1972.

1960s

Schwinn domine le marché américain des vélos pour enfants avec le Stingray (1963). Le Paramount est équipé de tubes Reynolds 531.

1979

La popularité de Schwinn diminue face à l'émergence des marques japonaises et européennes. Le constructeur n'arrive pas à tirer profit de l'engouement pour le BMX et le VTT.

1992

Sous la pression de concurrents étrangers et américains comme Trek, Specialized et Cannondale, Schwinn fait faillite.

« *Grâce au vélo,
les villes sont plus
agréables à vivre.* »

RICHARD SCHWINN

■ Le Vestige des années
1970 était équipé de
poignées et de garde-
boue en bambou, et
d'un cadre en fibres
de lin qui laisse une
empreinte carbone plus
faible.

Le Paramount des
années 1970 était un
■ vélo haut de gamme
populaire. Son cadre
était chromé pour une
finition durable.

olympique et seul vainqueur américain sur route
aux Jeux panaméricains.

« *Une bande dessinée changea ma vie*, se
souvient John Howard. *Quand j'avais 16 ans, j'ai
vu Schwinn Bike Thrills dans le magasin Schwinn
de Springfield, dans le Missouri. J'étais fasciné. La
BD racontait l'histoire du record de vitesse d'Alfred
Letourneur – 175,28 km/h sur un vélo Paramount
derrière une voiture de course en 1941. Je me suis
dit, je veux faire ça.*

*Je suis allé dans une librairie et j'ai trouvé un
livre intitulé La Grande Boucle. C'était l'histoire du
Tour de France. Je me suis dit quel beau sport. Je suis
retourné dans le magasin de vélos et j'ai acheté mon
premier vélo à 10 vitesses.* »

De 1956 à 1972, Schwinn a fourni des
Paramount à l'équipe olympique américaine dont
Howard a fait partie pour les Jeux de Mexico et
de Munich.

En 1972, la production annuelle de cadres
Paramount atteignit son apogée mais chuta
rapidement dans les années qui suivirent. Afin
de maintenir la production de son modèle phare,
Schwinn sépara la production des Paramount
en 1981, la déplaçant à 145 km au nord de
Chicago, à Waterford dans le Wisconsin. Il créa
le Paramount Design Group dans cette nouvelle
usine qui devint également un *laboratoire d'idées*
dont le but était d'améliorer toutes les gammes
de produits Schwinn.

La célèbre équipe cycliste américaine 7-Eleven
fut fondée en 1981. Lors de sa première saison,
elle courut en tant qu'équipe amateur sous le
nom de 7-Eleven-Schwinn, car le constructeur
lui fournissait alors des vélos. Son coureur le
plus connu était l'Américain Eric Heiden qui était
devenu coureur cycliste après avoir remporté
cinq médailles d'or lors des épreuves de patinage
de vitesse des Jeux Olympiques d'hiver de 1980.

Le cyclisme retrouva les faveurs du public
américain après une ruée vers l'or sans précédent
lors des Jeux Olympiques de 1984. L'année
suivante, des équipes cyclistes professionnelles,

composées des meilleurs cyclistes amateurs qui s'étaient distingués à Los Angeles, se formèrent à travers le pays.

De 1985 à 1989, Schwinn équipa des équipes professionnelles américaines comme Schwinn-Icy Hot ou Wheaties-Schwinn, fournissant ses Paramount à de jeunes coureurs talentueux comme Jeff Pierce, Chris Carmichael et Alexi Grewal pour le Tour de France.

Les premiers championnats de cyclisme sur route professionnels furent organisés en 1985. Des coureurs sponsorisés par Schwinn montèrent sur le podium lors des trois premières années. Tom Broznowski et Mike Engleman furent médaillés d'argent, respectivement en 1985 et 1989.

Quant à Thomas Prehn, il remporta le championnat américain sur un Paramount en 1986.

Malgré les nombreuses innovations réalisées par le Paramount Design Group pour la série Paramount (comme l'introduction des tubes OS), Schwinn rencontra des difficultés financières et dut céder l'entreprise en 1993. Une partie de ses employés, menés par Marc Muller et Richard Schwinn, ont racheté l'usine de Waterford et créé la société Waterford Precision Cycles. L'entreprise a continué à construire des Schwinn Paramount pendant un an et demi avant de créer ses propres modèles Waterford, toujours disponibles aujourd'hui. *PH*

Scott

Cette entreprise américaine qui avait débuté dans le domaine du ski se diversifia dans le vélo où elle introduisit les guidons aérodynamiques en 1989. Après s'être concentrée sur le marché des VTT et du triathlon, elle s'est attaquée aux vélos de route en 2001 avec le premier cadre de moins de 1 kg.

L'évolution technologique des vélos de course fut jalonnée par plusieurs grandes innovations : le système d'attache rapide et le dérailleur arrière de Campagnolo, les pédales automatiques de Look qui marquèrent la fin des cale-pieds et des sangles, les leviers STI de Shimano qui remplacèrent les leviers sur le tube oblique, et le guidon aérodynamique de Scott qui changea radicalement le contre-la-montre.

Le guidon aérodynamique de Scott fut utilisé pour la première fois par Greg LeMond (premier Américain à avoir remporté le Tour en 1986) sur l'étape finale du Tour de France 1989. Après une lutte acharnée avec le double vainqueur du Tour, Laurent Fignon, LeMond remporta le contre-la-montre final (24,5 km) sur les Champs-Élysées s'emparant ainsi du maillot jaune.

Après 21 jours de course, Fignon devançait LeMond de 50 secondes. Tous les deux étaient arrivés *ex aequo* sur le prologue (7,8 km), et même si LeMond avait terminé 56 secondes devant Fignon dans le grand contre-la-montre de la cinquième étape (73 km) et l'avait battu de 47 secondes dans le contre-la-montre de la

■ Ed Scott, ingénieur, skieur et fondateur de Scott Sports, inventa le premier bâton de ski en aluminium.

■ Greg LeMond utilise le guidon aérodynamique conçu par Scott et remporte le contre-la-montre final du Tour de France 1989.

quinzième étape (38 km), Fignon menait et sa victoire semblait assurée.

Le cyclisme professionnel avait déjà travaillé sur l'aérodynamisme pour les contre-la-montre : roues lenticulaires, casques profilés, tenues moulantes, cadres profilés et guidon « *bullhorn* ». Quand LeMond – 137e coureur sur 138 à partir – s'élança de la rampe de départ le 23 juillet, son vélo était équipé d'un guidon aérodynamique. Les plus fins observateurs remarquèrent que des cales provenant de canettes de Coca-Cola avaient été utilisées pour fixer le guidon au centre du cintre standard.

Ce « prolongateur » qui permit à LeMond d'étendre ses bras devant lui, adoptant ainsi la position d'un skieur de descente, fut inventé par Boone Lennon, entraîneur de l'équipe de ski alpin américaine de 1984 à 1986. Le guidon « *bullhorn* » était déjà utilisé pour les contre-la-montre, mais l'invention de Lennon permettait aux coureurs de rouler dans une position plus aérodynamique, réduisant ainsi la résistance de l'air. Le prolongateur était doté d'accoudoirs qui soutenaient le poids du cycliste, et le placement bas et horizontal de son torse et de sa tête réduisait la traînée. Grâce à un contrat de licence, Lennon avait autorisé Scott à construire son « prolongateur ».

LeMond réalisa l'un des temps les plus remarquables que le Tour ait connu en parcourant les 24,5 km en 26 minutes et 57 secondes à une vitesse moyenne de 54,545 km/h. Fignon était à 6 secondes de LeMond au 5e km, puis à 21 secondes au kilomètre 11,5. L'écart entre les deux coureurs continua à se creuser : 24 secondes au 14e km, 35 au 18e, 45 au 20e. Fignon perdit officiellement le Tour à 50 m de la ligne d'arrivée, car c'est à ce moment-là que l'écart dépassa 50 secondes. Il franchit la ligne 8 secondes trop tard, perdant un Tour de 3 258,3 km avec l'écart le plus petit jamais enregistré dans l'histoire du Tour de France.

Le guidon aérodynamique, commercialisé sous le nom Scott DH, avait déjà été adopté par la communauté de triathlètes, mais son utilisation par LeMond au cours du plus prestigieux événement cycliste sur route l'érigea au statut d'équipement indispensable pour le contre-la-montre. C'est donc grâce à une innovation inspirée du ski alpin que Scott entra dans l'univers du cyclisme. L'entreprise avait été fondée en 1958 par Ed Scott, ingénieur de talent et skieur alpin passionné vivant à Sun Valley, dans l'Idaho. Ed Scott commença par développer du matériel de ski et inventa le bâton de ski en aluminium qui remplaça aussitôt les bâtons en bambou et en acier. Grâce à cette invention révolutionnaire, Scott se positionna comme leader sur le marché des produits techniques pour le ski. La vision originale d'Ed Scott et ses innovations constituèrent le socle sur lequel l'entreprise se développa et se diversifia à travers le monde entier.

En 1970, Scott fit son entrée sur le marché du motocross en créant les premières lunettes spécifiques à la pratique de ce sport. L'année suivante, l'entreprise produisit les bottes de ski les plus légères et les premiers masques avec mousse ventilée. À la fin des années 1970, Scott ouvrit son siège européen à Givisiez, près de Fribourg (Suisse). En 1986, il ouvrit une usine de production de bâtons de ski en Italie et l'entreprise devint le leader mondial de ce marché. Cette même année, Scott produisit son premier VTT, faisant ainsi ses débuts dans le monde du cycle. Son guidon aérodynamique rendu célèbre par Greg LeMond en 1989 marqua un tournant dans les activités de Scott. Au début des années 1990, l'entreprise continua à se développer dans le domaine du VTT, sport

1958	1989	1991	2005
Fondée par Ed Scott, un ingénieur de l'Idaho, l'entreprise débute dans le domaine du ski et devient vite un leader du marché.	Scott devient célèbre quand Greg LeMond utilise le guidon aérodynamique sur son deuxième Tour de France qu'il remporte.	Le VTT est en plein essor et Scott fait évoluer sa marque, produisant ses premiers VTT avec suspension. Un an plus tard, il lance les VTT « tout suspendus ».	Scott applique sa technologie carbone CR1 aux vélos de contre-la-montre et développe le cadre Plasma. Le Plasma est doté de tubes aéro et d'une tige de selle intégrée.

en plein essor. En 1991, le constructeur produisit les suspensions Unishock composées d'une couronne unique en acier plus simple que celles utilisées à l'époque.

L'année suivante, en 1992, Scott produisit son premier VTT « tout suspendu » et développa des chaussures et des casques pour le cyclisme. En 1995, l'entreprise eut un impact considérable sur le marché du VTT en produisant l'Endorphin, son premier vélo avec un cadre en carbone. Couronné de succès lors de la Coupe du monde et des Jeux Olympiques, l'Endorphin devint incontournable pour les VTTistes.

Tout en restant présent sur le marché des accessoires de ski, Scott continua à construire des vélos en carbone. En 1998, l'entreprise produisit le G-Zero, le VTT « tout suspendu » le plus léger au monde.

Toujours plus innovant, le constructeur fit également évoluer le marché des vélos de route haut de gamme. En 2001, il commercialisa le Team en carbone, dont le cadre pesait moins de 1 kg. En 2003, il lança le CR1, le cadre en carbone le plus léger sur le marché avec un poids de 895 g. Scott ne s'arrêta pas en si bon chemin. En 2007, il introduisit le cadre carbone de route Addict qui battit tous les records avec un poids de seulement 790 g.

En 2002, treize ans après que LeMond ait introduit le nom de Scott dans les courses cyclistes professionnelles, le constructeur fit une nouvelle fois parler de lui quand Patrice Hagland, de la petite formation Jean Delatour, remporta la dixième étape du Tour de France. Pour cette course, en plus du guidon aérodynamique Scott, il utilisait un vélo Scott avec un cadre en aluminium.

Deux ans plus tard, Scott devint le fournisseur de vélos d'une plus grande équipe, la formation espagnole Saunier Duval. Ce partenariat dura deux saisons au cours desquelles l'équipe gagna des courses importantes, et permit au constructeur de s'implanter dans le cyclisme sur route européen. Néanmoins, plusieurs de ses membres furent touchés par une série de scandales de dopage, comme Riccardo Riccò, Leonardo Piepoli et Iban Mayo. Riccò remporta deux étapes du Tour 2008 avec un Scott avant d'être testé positif, tout comme le vainqueur d'étape Piepoli.

■ Riccardo Riccò lors de la neuvième étape du Tour de France 2008 entre Toulouse et Bagnères-de-Bigorre.

■ L'Endorphin, lancé en 1995, fut la première expérience de Scott pour les cadres en carbone. Grâce à sa fourche Z1, il est idéal dans les montées.

2007	2008	2009	2011/12
Le vélo Addict est présenté, c'est l'un des cadres les plus légers dans le peloton professionnel.	L'équipe Saunier Duval-Scott gagne trois étapes du Tour. Riccardo Riccò et Leonardo Piepoli sont déclassés après un test positif à l'EPO.	Le Britannique Mark Cavendish remporte six étapes du Tour de France avec un Scott Addict.	Scott tente un retour dans le peloton professionnel avec l'équipe Pegasus, mais le projet échoue. Un an plus tard, le constructeur revient avec la formation australienne GreenEDGE.

La formation que Scott équipa ensuite fut très différente. Columbia-HTC fut épargnée de tout scandale de dopage et ses coureurs gagnèrent de nombreuses courses lors des saisons 2009 et 2010. Mark Cavendish, André Greipel et Edvald Boasson Hagen, entre autres, décrochèrent 85 victoires en 2009, dont des victoires d'étapes sur les trois grands Tours, suivies de 64 titres en 2010.

En 2009, Cavendish fit parler de Scott et de ses cadres Addict grâce à sa magnifique victoire dans Milan-San Remo et à sa performance de sprinteur sur le Tour de France. Lors de ce Tour, il roula avec un vélo au design remarquablement personnalisé. Arborant une peinture grise métalisée, il ressemblait à un bombardier de la Seconde Guerre mondiale avec des rivets, un espace pour noter ses victoires et une jolie *pin-up* sur le tube de direction. Ce fut efficace : il gagna six étapes.

Après s'être retiré en 2011 quand l'équipe Pegasus n'a pu s'inscrire comme équipe professionnelle, Scott est revenu dans le peloton en 2012 avec GreenEDGE, la première formation professionnelle australienne. Le constructeur a développé des VTT ultralégers en carbone – le Scale conçu en 2011 pèse 899 g et c'est le VTT le plus léger jamais produit – c'est aujourd'hui l'un des leaders sur le marché du VTT.

En cinquante ans, l'entreprise a parcouru un long chemin. Après avoir démarré comme petite entreprise produisant des bâtons de ski, elle est aujourd'hui un constructeur mondial reconnu comme une grande marque du cyclisme, du ski et du motocross, fidèle à la vision d'Ed Scott en matière d'innovation, de technologie et de design. *PH*

■ Mark Cavendish lors de la quatorzième étape du Tour de France 2009. Il remporta six étapes cette année-là.

■ Le cadre utilisé par Cavendish sur le Tour de France 2009 avait une décoration inspirée de celle d'un bombardier.

■ Le GreenEdge Scott Plasma 3 est doté de la technologie IMP5, d'une selle en carbone, d'un guidon Shimano Dura-Ace et de roues tubulaires.

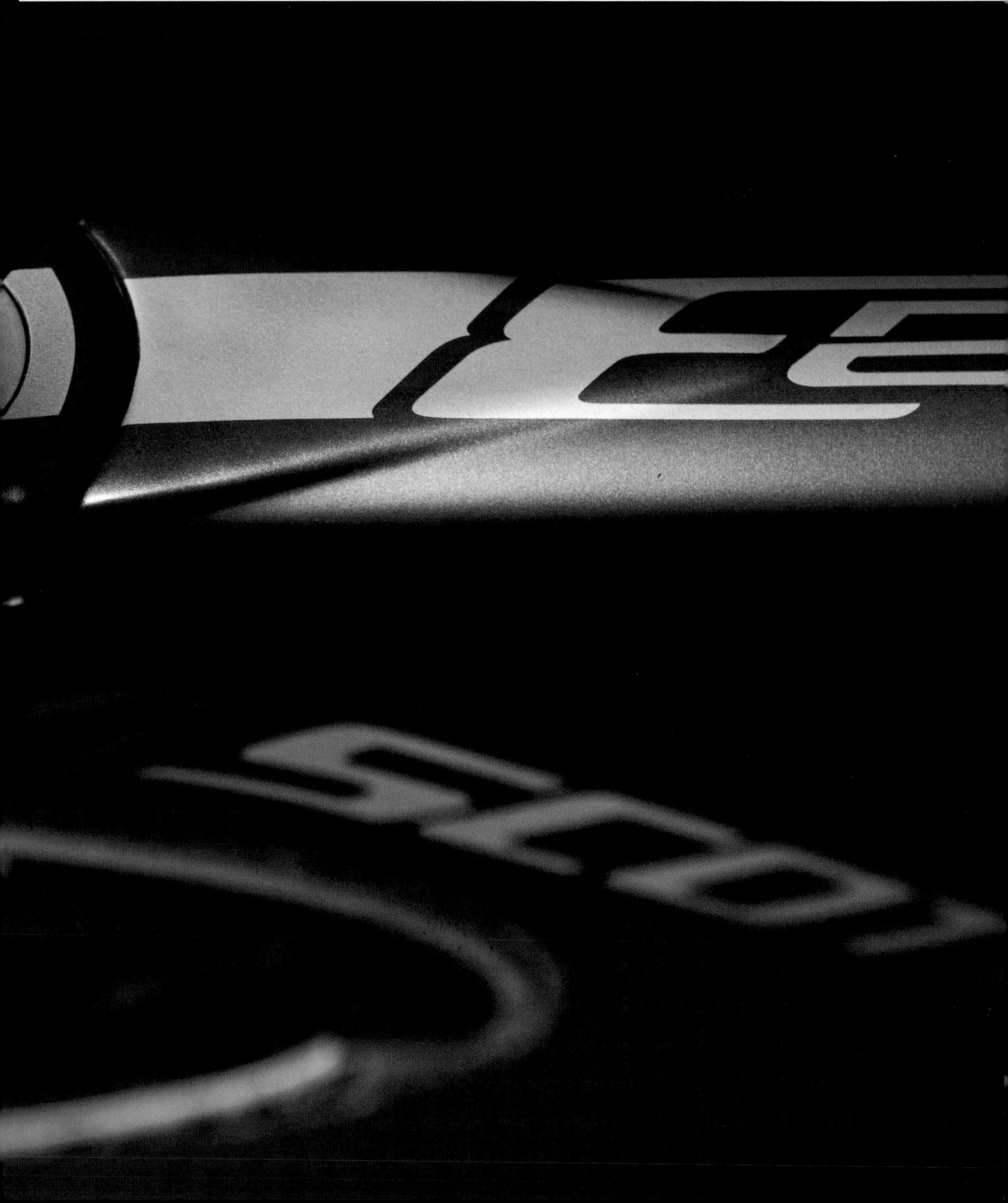

Le Plasma 3 est profilé
pour réduire la traînée.

- Ce Serotta est doté d'un cadre H56 en titane, d'une fourche F3 en carbone et de roues 404 Firecrest.

- Bob Roll roule avec son Serotta Huffy dans une montée de l'étape de San Francisco lors de la Coors Classic 1986

Serotta

Ce petit constructeur américain au nom et au style italiens fabrique à la main des cadres haut de gamme sur-mesure pour des vélos de route, de piste et des VTT grâce à son innovant « Size-Cycle » pour la prise des mesures.

> *« Le meilleur vélo ne devient vraiment le meilleur vélo que lorsqu'il est considéré comme tel par la personne pour laquelle il a été construit. »*

BEN SEROTTA

Ben Serotta a créé son entreprise de construction de cadres en 1972 à Saratoga Springs dans l'état de New York. Il a toujours eu à cœur d'acheter les meilleurs matériaux pour construire des cadres sur-mesure très convoités par les cyclistes.

Serotta a appris à construire des cadres chez Witcomb Lightweight Cycles dans le quartier de Deptford à Londres pendant l'hiver 1971-1972. Il est ensuite retourné aux États-Unis et a ouvert son propre atelier, réalisant ses rêves en construisant des cadres de vélos. Avant son séjour en Angleterre, Serotta avait travaillé dans le magasin familial à Saratoga ; à la fin du lycée,

il aurait même pu ouvrir son propre magasin et vendre des composants et des cadres Peugeot importés.

À ses débuts, Serotta construisait des cadres avec de l'acier – un matériau qu'il considère toujours comme l'un des meilleurs. Mais le constructeur a su évoluer avec son temps et a adopté le titane puis le carbone.

Serotta a toujours été une marque très américaine, ce qui a attiré de nombreux clients. En 1986, Serotta a fourni des vélos à la première équipe américaine qui a participé au Tour de France, 7-Eleven. Mais le nom de Serotta n'apparaissait pas. Huffy était une marque vendue en supermarché qui avait besoin de publicité. Serotta gagna un peu d'argent en s'effaçant devant cette marque. Son nom figurait toutefois sur les bases des vélos.

Voulant absolument construire des vélos sur-mesure, Serotta développa le « Size-Cycle » en 1979 : une machine réglable sur laquelle monte le cycliste pour une prise exacte des mesures du cadre. Une école de cyclisme Serotta spécialisée dans l'ergonomie fut également créée en 1998. Elle a permis aux revendeurs de venir dans l'usine de production à Saratoga pour être formés par Serotta lui-même. Cette école est devenue par la suite le « Serotta International Cycling Institute » et une nouvelle génération de « Size-Cycle », plus élaborée, fut développée pour construire des cadres sur-mesure garantissant une position idéale pour une puissance maximale.

Les ouvriers de l'usine de Saratoga Springs ont toujours été formés à tous les aspects du procédé de construction. Ainsi, tout le monde peut intervenir et aider si quelqu'un est absent. Ben Serotta supervise la totalité du procédé de construction, vérifiant à de nombreuses reprises que tout est parfait. C'est lui qui teste et approuve chaque nouveau modèle avant sa production.

La production de Serotta a augmenté au milieu des années 2000, période de croissance soutenue. Le constructeur a commercialisé des cadres en stock bon marché. Aujourd'hui, le Serotta est devenu le vélo de choix pour les personnalités qui veulent rouler avec de bons vélos. C'est le cas de Robin Williams, Ron Perelman et Ellen Barkin et du sénateur John Kerry qui utilisa un vélo de cette marque au cours de sa campagne présidentielle. Plus récemment, Serotta a décidé de se consacrer entièrement à ses cadres sur-mesure haut de gamme SE, redevenant ainsi un constructeur qui produit les meilleurs cadres de vélos. *EB*

- L'usine de Shimonoseki fut bénie par les prêtres shintoïstes en 1970. À l'époque, c'était la plus grande usine de production de pièces de vélos au monde.
- En 1921, Shozaburo Shimano créa Shimano Iron Works et produisit des roues libres.
- La roue libre Shimano 333, produit rêvé par Shozaburo, est commercialisée en 1922.

Shimano

Ce fabricant de composants japonais innovant apparut comme un sérieux concurrent de Campagnolo au début des années 1970. Il fit de l'ombre au constructeur italien sur le marché des composants au cours des vingt années qui suivirent.

En 1973 lors des championnats du monde sur route, Shimano, sur le point de remporter sa première victoire, aurait été contré par le fabricant de composants italien Campagnolo. Depuis le début des années 1970, Campagnolo dominait la scène du cyclisme professionnel grâce à son groupe performant et fiable.

Des concurrents comme Stronglight et Universal avaient décliné face à l'excellence de l'innovant Campagnolo. Sur le point d'asseoir une domination suprême, le constructeur italien se retrouva confronté à un nouvel adversaire qui, bien que peu habitué au monde européen du

cyclisme sur route, fabriquait des pièces de vélos de qualité depuis longtemps. Mais si Shimano avait l'air d'un débutant, il bénéficiait d'une plus longue histoire que Campagnolo. L'entreprise japonaise avait été fondée en 1921, soit près de dix ans avant la société italienne.

Le premier composant fabriqué par Shimano fut une roue libre monovitesse haut de gamme. En 1931, l'entreprise commença à exporter sa roue libre. Shimano développa son premier dérailleur en 1956 puis un moyeu trois vitesses. En 1960, le constructeur adopta le forgeage à froid pour ses pièces en aluminium et posa les

premières pierres pour le développement du groupe de composants qui concurrencera puis destituera le puissant Campagnolo.

Ce groupe, baptisé Dura-Ace, fut introduit en 1972. D'excellente facture, il séduisit l'équipe cycliste belge Flandria qui signa avec Shimano pour la saison 1973. Ce fut la première fois qu'un composant développé par un constructeur asiatique fut utilisé lors d'une course cycliste en Europe.

En vérité, le groupe de Shimano n'égalait en rien le Nuovo et le Super Record de Campagnolo. Il n'avait pas encore été testé et nécessitait une attention constante. Le dérailleur arrière Crane, seul élément à ne pas porter le nom Dura-Ace, se révéla difficile à régler. Malgré ce point faible, ce dérailleur à parallélogramme à rappel par ressort, initialement développé par le Japonais Sun Tour, représenta une avancée technologique par rapport au dérailleur de Campagnolo.

Cependant, Shimano obtint ses premiers succès grâce aux victoires d'étapes de Walter Godefroot dans le Tour d'Andalousie et le Tour de France, et à une victoire d'étape de Wilfried David dans le Tour de France. Lors des championnats du monde sur route à Barcelone,

- Les premiers composants Dura-Ace apparurent en 1973 et furent utilisés par l'équipe Flandria.

- Le moyeu trois vitesses Shimano était populaire jusqu'à la commercialisation de son premier dérailleur en 1956.

« *Mon dieu, pas lui. Il roule avec du matériel Shimano. Shimano ne doit absolument pas gagner dimanche.* »

TULLIO CAMPAGNOLO

le groupe haut de gamme de Shimano menaça l'hégémonie de Campagnolo.

Certains racontent que la veille de la course, une voiture où se trouvait Tullio Campagnolo passa près de l'équipe belge lors de leur sortie d'avant-course. Campagnolo aurait demandé à Walter Godefroot qui gagnerait le lendemain. Ce dernier lui aurait répondu que ce serait le jeune coureur de Flandria Freddy Maertens. Campagnolo se serait alors exclamé : « *Mon dieu, pas lui. Il roule avec du matériel Shimano. Shimano ne doit absolument pas gagner dimanche.* »

Le final fut disputée par quatre des plus grands coureurs de l'époque (Freddy Maertens, Eddy Merckx, Luis Ocana et Felice Gimondi) qui s'échappèrent à quelques mètres de l'arrivée. Maertens devait rouler pour Merckx mais ce dernier fut incapable d'accrocher la roue de son cadet et termina à la quatrième place. Maertens affirma que s'il avait su plus tôt que Merckx était épuisé, il aurait gagné. Sa deuxième place derrière Gimondi après une seconde attaque tardive laisse supposer qu'il avait peut-être raison. Maertens pensa que le final était un coup monté des trois coureurs Campagnolo. Dans sa biographie il expliqua : « *Si je m'étais retrouvé avec le maillot arc-en-ciel sur les épaules, grâce à Shimano, c'est moi qui serait soudain devenu millionnaire* ». La presse belge se délectait du résultat de chacune des courses qui représentait une vitrine inestimable pour Shimano. Néanmoins, cela ne suffit pas à convaincre Flandria de garder le Dura-Ace.

Pendant dix ans, les composants haut de gamme de Shimano restèrent le parent pauvre du cyclisme, et ce malgré une série d'innovations, comme le premier moyeu à cassette en 1978, la version aérodynamique AX du groupe Dura-Ace utilisée par Alexi Grewal quand il remporta

---

1921

Shimano est créé et son premier composant est un pignon roue libre. Dix ans plus tard, l'entreprise japonaise exporte son modèle.

1956

Le premier dérailleur est produit. Il représente une grande avancée par rapport au moyeu trois vitesses construit jusqu'à présent par Shimano.

1960

Shimano lance des composants en aluminium forgé à froid, ce qui entraîne le développement de son groupe phare Dura-Ace.

1972

Le groupe Dura-Ace est présenté au grand public et est utilisé par l'équipe cycliste professionnelle belge Flandria la saison suivante.

l'épreuve de cyclisme sur route aux J.O. de 1984, et les étriers compacts Parapull développés avant le modèle Delta de Campagnolo et adoptés plus tard par Lance Armstrong pour les contre-la-montre.

Même l'introduction du groupe phare 7400 en 1984 ne réussit pas à détrôner Campagnolo. C'est pourtant ce groupe au design simple qui ouvrit la voie à la domination de Shimano sur la scène du cyclisme professionnel sur route. Quand il fut remplacé par la génération de groupe suivante, il avait été utilisé au plus haut niveau par des équipes comme 7-Eleven, Panasonic, Lotto et

Mapei. Au cours de ses douze années d'existence, il fut sans cesse amélioré. L'amélioration la plus notable fut le changement de vitesse indéxé (SIS) qui mit fin au changement de vitesse en continu pour trouver la bonne position de la chaîne et permit de déplacer le système de changement de vitesse sur le guidon.

Lorsqu'Andy Hampsten remporta le Tour d'Italie en 1988 pour l'équipe 7-Eleven, le Dura-Ace 7400 prenait l'ascendant sur le groupe phare de Campagnolo qui, bien que très esthétique, n'égalait pas le Japonais en matière de fonctionnalité. Shimano révolutionna à nouveau le

1978	1990	2004	2012
Le premier moyeu-roue libre est introduit. Six ans plus tard, il est utilisé par le champion olympique sur route Alexi Grewal.	Le système *Shimano Total Integration* (STI) révolutionne les freins et les vitesses en les intégrant dans un unique levier. Cette innovation s'inspire des VTT.	Shimano introduit un dizième pignon au nouveau groupe Dura-Ace 7800.	Bradley Wiggins remporte le Tour de France en utilisant le groupe Shimano Dura-Ace Di2 7970.

marché en 1990 avec le système de changement de vitesses intégré aux manettes de freins (STI), l'innovation la plus importante de la période d'après-guerre depuis le dérailleur. Merckx déclara même qu'il aurait aimé utiliser cette technologie.

S'inspirant des commandes Rapidfire situées sur le guidon, développées un an auparavant pour les VTT, les ingénieurs de Shimano cherchèrent un moyen de combiner les fonctions de changement de vitesses avec le freinage. Ils finirent par opter pour un système intégrant le changement de vitesses aux leviers de frein. Grâce à un levier qui tirait le câble de dérailleur et à un autre levier pour relâcher le câble, les manettes STI permettaient un changement de vitesses rapide, précis et ergonomique.

Un câble externe reliait cependant les leviers au cadre et le poids du mécanisme représentait un inconvénient du fait de l'inertie, car les leviers « claquaient » en roulant sur des surfaces irrégulières. Mais la version huit vitesses du STI

fut un développement révolutionnaire qui obligea Campagnolo et les autres constructeurs (comme Modolo) à concevoir leurs propres leviers de frein avec un système de changement de vitesses à double commande.

Aucun n'égala le STI de Shimano, qui avait emprunté la technologie de haute précision développée pour les moulinets de pêche. Seules les poignées Ergopower de Campagnolo offrirent une bonne alternative, mais la version huit vitesses était plus difficile à faire fonctionner. Par ailleurs, le câble des vitesses des Ergopower passait sous la guidoline, ce qui permettait aux spectateurs de différencier les coureurs sponsorisés par Shimano de ceux équipés par Campagnolo lors des courses cyclistes.

Le système de freins Super SRL fut introduit en 1989. S'il ne fut pas aussi révolutionnaire que le STI, il représenta une avancée importante dans le domaine des composants et améliora fortement la puissance, la progressivité et la souplesse du freinage. Le SRL était une

ÉVOLUTION DES LEVIERS DE FREIN ET DE VITESSE

BL-7400

Les cocottes des leviers de frein Dura-Ace commercialisés en 1984 ont été conçues de façon distincte pour la main droite et la main gauche.

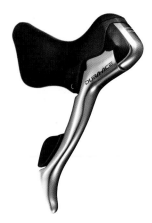

ST-7800

Pesant 417 g, le Shimano 7800 fut le premier à utiliser une cassette dix vitesses.

ST-7900

Le levier 7900 est en carbone et les câbles de vitesses passent sous la guidoline.

ST-7970

Les leviers STI, commercialisés en 2009, sont dotés de deux interrupteurs de changement de vitesses en carbone.

La génération de leviers Dura-Ace STI 7700, commercialisée en 1996, introduisit une cassette neuf vitesses.

technologie développée à partir d'une invention d'une extrême simplicité par le concurrent japonais Dia Compe. Il suffisait de placer un ressort de rappel dans le levier de frein pour réduire la force du ressort dans l'étrier. Comme la résistance au mouvement d'un câble Bowden dépend du coefficient de frottement entre la gaine et le câble, donc de la tension appliquée au câble qui le ramène contre la gaine, une réduction de la force du ressort de l'étrier entraîne une diminution de la traction qui doit être appliquée au câble et réduit ainsi les frottements du câble.

En plus de ce simple concept, le Super SRL comportait un étrier à double pivot qui assurait une décélération proportionnelle à l'augmentation du freinage. Ajoutant à cela les pédales automatiques PD-7410 SPD, le groupe moderne était né.

L'étape suivante consista à l'améliorer. À l'instar de Shimano, d'autres constructeurs, souvent plus petits, s'étaient consacrés à l'innovation. Au début des années 1990, la Magic Motorcycle Company commercialisa un pédalier très avancé. Le pédalier en aluminium 7075 usiné CNC était composé de deux éléments importants : roulements externes et manivelles creuses. Ce modèle innovant, acheté par Cannondale et vendu sous la marque CODA Magic, influença les deux versions suivantes de Dura-Ace.

La première version numérotée 7700 s'inspirait autant de la technologie de pointe des VTT que du cyclisme sur route. En 1996, le groupe complet XTR pour VTT fut modernisé : finition grise, cassette huit vitesses, manivelles creuses reliées à un axe de pédalier cannelé de grand diamètre qui ressemblait à l'innovation de Magic Motorcycle. L'année suivante, le 7700 se dotait des mêmes éléments pour la route avec un modèle épuré neuf vitesses.

Ce n'est pas un hasard si Shimano forma le groupe Dura-Ace avec ses plus belles pièces à l'occasion de son 25ᵉ anniversaire. Le groupe Dura-Ace 7700 neuf vitesses représentait une véritable avancée par rapport à son prédécesseur, notamment le pédalier. Usinées en utilisant un procédé complexe consistant à souder une feuille d'aluminium au dos d'une rainure forgée en forme de U pour créer la structure creuse, les manivelles étaient particulièrement légères et rigides. Elles étaient reliées à un axe de pédalier de grand diamètre en acier creux grâce à huit cannelures qui assuraient une excellente transmission de puissance entre la manivelle et le plateau de pédalier. Le groupe Dura-Ace se distinguait clairement du groupe Record de Campagnolo, composé d'un axe carré et de manivelles forgées rigides.

Pendant les huit annnées qui suivirent, la réputation du groupe phare de Shimano ne cessa d'augmenter, notamment grâce à Lance Armstrong. En remportant le Tour de France 1999 (victoire révoquée depuis), il donna à Shimano un premier goût de la victoire avec la course la plus prestigieuse. Le constructeur détrôna Campagnolo et domina le marché des vélos de course haut de gamme.

La société italienne, jamais à court de fidèles, contre-attaqua en 2000 en ajoutant un dérailleur arrière dix vitesses au groupe Record de plus en plus sophistiqué, et doté de leviers de frein en carbone très esthétiques. Shimano répliqua à son tour en lançant le groupe Dura-Ace 7800 composé d'un dérailleur dix vitesses.

Cette version était beaucoup plus performante que celle d'avant et bouleversa les codes traditionnels de l'esthétique avec un pédalier d'une grande originalité.

Pièce maîtresse du groupe, ce modèle abandonnait le boulon habituellement situé sur la manivelle droite pour une surface lisse, continue et magnifiquement brillante reliant la pédale au plateau à quatre bras.

ÉVOLUTION DES PÉDALIERS

FC-7400
Le FC-7400 fut commercialisé pour la première fois en 1984. Il est doté de manivelles en aluminium forgé à froid.

FC-7703
Le pédalier triple plateau 7703 fut commercialisé en 2002. Il est fabriqué en duraluminium plaqué nickel pour la résistance.

FC-7800
Shimano introduisit l'axe de pédalier avec roulements externes et changea radicalement l'esthétique du pédalier.

FC-7900
Le plateau extérieur creux innovant améliore la rigidité pour un changement de plateau plus performant.

Le design des plateaux procurait une impression de puissance. Si les étriers de freins, qui formaient une voûte au-dessus des pneus, s'accordaient parfaitement avec le pédalier, les leviers STI étaient plus contrastés et le resteraient. Larges et arrondis, ils étaient cependant dotés du système de changement de vitesse le plus performant développé par Shimano jusqu'alors. Quand ils furent remplacés en 2009 par une nouvelle version, les 7800 restèrent une référence en termes de légèreté, de facilité et de précision.

Le groupe 7900 fut ensuite présenté très rapidement. La jeune société SRAM, créée pour répondre à la complexité de la technologie de changement de vitesses de Shimano pour ses VTT, fit son entrée dans le peloton professionnel avec un nouveau système à commande double, simple et efficace, dont les câbles de vitesse passaient sous la guidoline. Pour distinguer ses nouvelles pièces du groupe 7800, Shimano changea l'apparence du groupe 7900 (en revenant à un aspect moins moderne) et intégra un nouveau concept STI qui, après près de vingt ans d'existence, comportait enfin des câbles internes.

Campagnolo continua à concurrencer Shimano en développant le dérailleur arrière Super Record onze vitesses.

La réaction du constructeur japonais ne tarda pas. Il ajouta le dérailleur Dura-Ace Di2 au groupe 7900, premier système électronique de la série Dura-Ace et l'un des premiers à réussir dans le monde hostile des courses cyclistes professionnelles.

Après avoir tant bataillé, Dura-Ace ne cédera pas facilement sa place au sommet, si durement gagnée. *RH*

ÉVOLUTION DES DÉRAILLEURS

CRANE

Le Crane D-501, commercialisé en 1971, fut le premier dérailleur à parallélogramme en aluminium.

RD-7400

Le dérailleur arrière Dura-Ace RD-7400, sorti en 1984, était d'abord un dérailleur six vitesses et passa ensuite à huit vitesses.

RD-7800

Dérailleur dix vitesses de 2004 pesant 192 g. Le galet est en DuPont Zytel.

RD-7900

Le RD-7900 de 2008 est doté d'une chape en carbone. Il s'agit du dérailleur Shimano le plus léger.

■ Bradley Wiggins lors du contre-la-montre de la dix-neuvième étape du Tour de France 2012. Il remporta l'étape et le Tour avec le groupe Shimano Dura-Ace Di2.

Le pédalier Dura-Ace Hollowtech II est doté d'une fine manivelle en aluminium et d'un plateau extérieur creux. Il est aussi disponible en version compact.

La cassette Dura-Ace est équipée de supports en aluminium et offre huit combinaisons de cassette pour convenir au plus grand nombre de cyclistes.

La chape du dérailleur arrière est en carbone pour réduire le poids.

En 2009, Shimano améliora son dérailleur avant en l'élargissant, permettant ainsi d'éliminer les frottements de la chaîne.

Leviers à commande double STI – Shimano fait passer les câbles de vitesses sous la guidoline.

Shimano modernisa la géométrie de l'étrier de frein 7900 en 2009 afin d'améliorer la force de freinage et le contrôle.

DURA-ACE 7900

La série légère 7900 fut une refonte totale de la 7800, et très peu de composants étaient compatibles entre les deux. Le changement de plateaux était bien plus performant et le système de freinage amélioré. Ce fut la première fois que Shimano fit passer les câbles de vitesses sous la guidoline.

Le dérailleur arrière Dura-Ace Di2 est doté d'un servo-moteur de précision logé à l'intérieur.

La batterie lithium Di2 se charge en 90 minutes et a une autonomie de 1 609 km.

Le dérailleur avant Dura-Ace Di2 est relié au compteur, le réglage automatique empêche les frottements de la chaîne sur la chape.

Les leviers de frein contre-la-montre ont des interrupteurs pour un changement rapide des vitesses. Ils sont positionnés pour que le cycliste n'ait pas à déplacer sa main.

Les manettes Di2 en carbone utilisent le système SEIS (*Shimano Electronic Intelligent System*) pour un changement de vitesses réactif.

Les vélos de contre-la-montre équipés de commandes satellites Di2 ont des interrupteurs électriques qui permettent au cycliste de conserver sa position aérodynamique tout en changeant de vitesse.

DURA-ACE Di2

Présenté sur le circuit de Suzuka, au Japon, en 2008, le système électrique Shimano Dura-Ace Di2 fut l'un des développements majeurs dans la fabrication de composants. Les équipes cyclistes professionnelles et les passionnés amateurs considèrent cette technologie comme la meilleure et la plus innovante.

Specialized

Passionné par les composants européens fabriqués à la main, Mike Sinyard importa en Californie les pièces les plus difficiles à trouver aux États-Unis. Il fonda ensuite sa propre entreprise qui équipe à présent certains des plus grands coureurs.

À le voir aujourd'hui, homme élancé aux cheveux gris et au portefeuille de millionnaire, on est loin de s'imaginer que Mike Sinyard commença comme simple vendeur de pièces de vélos. Il étudia tout d'abord l'aviation mais abandonna pour entrer dans une école de commerce. Fuyant l'attrait de la Silicon Valley et de Wall Street, il décida de gagner sa vie en important des cadres et des composants fabriqués en Europe, à la grande joie des passionnés de vélos américains. Déjà à l'université de San José, il s'était essayé au commerce du vélo : il achetait des cycles sur les marchés aux puces et les revendait *via* le journal de l'université.

À l'été 1972, pour fêter l'obtention de son diplôme, Sinyard partit faire le tour du Vieux continent en vélo avec 1 500 dollars en poche.

Dans une interview avec CNN en 2008, Sinyard raconte : « *Ça faisait trois mois que je roulais, je venais de relier Amsterdam à Milan. J'ai rencontré une Suisse dans un hôtel et j'ai commencé à lui parler de vélo. Elle connaissait quelques cyclistes italiens et me proposa d'organiser une rencontre avec des gens importants de Campagnolo et Cinelli. Jusqu'alors, je voyageais avec un jean et un sweat, je ne m'étais pas lavé depuis des mois. J'ai dépensé mes derniers dollars dans un costume pour ne pas ressembler à un clochard* ».

Persuasif et créatif, il vanta ses liens à moitié fictifs avec le milieu du cyclisme américain et convainquit Cito Cinelli de lui vendre des guidons et des composants pour une valeur de 1 200 dollars. Quand il rentra aux États-Unis, il les stocka sous une remorque pour les garder au sec. Sans un sou et sans voiture, il assembla alors les pièces pour en faire des vélos qu'il utilisait ensuite pour se rendre chez les revendeurs locaux et leur proposer de les vendre. « *En Italie, les artisans qui fabriquent des manchons, des cadres et des tubes sont considérés comme des spécialistes,* déclara Sinyard en 2008. *J'ai baptisé mon entreprise Specialized Bicycle Components car je voulais garder un lien avec cette passion et cette exigence. Quelque chose qui distinguerait mes produits des vélos grand public de l'époque.* »

L'entreprise prospéra. Les banques, qui quelques mois plus tôt s'étaient moquées de son *business plan*, acceptaient à présent de lui prêter des milliers de dollars. Sinyard se diversifia. Se déplaçant toujours avec son propre vélo, il remarqua que les pneus importés d'Italie laissaient beaucoup à désirer. Avec son ami, le constructeur de cadres Jim Merz, il commença à tester des mélanges avec du caoutchouc. Un an et quarante prototypes plus tard, Specialized Bicycle Components lança son premier produit : le pneu Specialized, destiné au vélo de tourisme.

Le constructeur commença doucement. Peu de magasins de cycles osèrent parier sur sa première création et seuls quelques revendeurs acceptèrent de vendre son stock. Mais le retour fut positif et les ventes de son pneu dépassèrent celles des modèles importés d'Europe. Sinyard remporta son pari et le pneu permit à sa marque de se faire un nom. Les vélos viendraient ensuite.

Selon certains, Specialized aurait commercialisé le premier VTT, mais ce point fait l'objet d'un débat. Une chose est certaine : un petit groupe de marginaux utilisait les composants de Sinyard pour construire des vélos capables de résister aux chemins accidentés du comté de Marin au nord de la Californie bien des années avant l'apparition officielle du terme « VTT ». C'est-à-dire avant que Sinyard n'étudie ces hybrides résistants et ne lance en 1981 le Stumpjumper, premier VTT destiné au grand public.

« *Le VTT n'a pas eu le succès escompté,* avoua Sinyard. *Seuls cinq ou six de nos revendeurs l'ont accepté. Les autres nous demandaient*

> ## « Je voulais garder un lien avec cette passion et cette exigence européennes. »
>
> MIKE SINYARD

Mario Cipollini remporte la première étape du Tour d'Italie 2002 en Allemagne pour l'équipe Acqua & Sapone.

1974	1975	1981	1983
Mike Sinyard fonde Specialized et lance le slogan : « *Pour offrir à chacun le meilleur vélo de sa vie.* »	Les ventes sont multipliées par quatre. Sinyard réalise le premier catalogue de la marque.	Le Stumpjumper est commercialisé. Il s'agit du premier VTT destiné au grand public.	Specialized crée la première équipe de VTT professionnelle.

"Qu'est-ce que vous faites avec ce gros BMX pour enfant ?" Les clients vont se blesser avec. »

En réalité, ces premières réserves étaient justifiées. Les ventes ne décollèrent pas avant l'engouement pour le VTT au milieu des années 1980. À ce moment-là, Specialized s'empara d'une grande partie du marché. Le Stumpjumper demeure, pour de nombreux VTTistes, un modèle emblématique.

L'entreprise fondée par un homme qui était parti de rien employait désormais plus de cent personnes. Mais la prospérité ne dura pas et Specialized fut au bord de la faillite après seulement quelques années d'activité. Alors que Sinyard tentait de répondre à la forte demande, il avait engagé trois personnes pour développer et diriger l'entreprise.

L'une de leurs initiatives fut le lancement de la série Full Force en 1995. Cette sous-marque, destinée au marché bas de gamme, était distribuée dans le supermarché Costco. La commercialisation de ces modèles mécontenta un grand nombre des revendeurs de longue date et Sinyard aurait ainsi perdu 30 % de sa base client. Full Force fut retiré du marché un an plus tard.

Au fil du temps, l'entreprise retrouva sa position sur le marché, mais cet épisode eut un effet considérable sur Sinyard et sa marque. Sur les conseils du nouveau dirigeant – les trois précédents partis – Sinyard rédigea une note sur la mission de Specialized, sur l'ADN de ses origines et sur ses objectifs. Ce document fut décisif pour son développement et lui permit d'aller de succès en succès. À l'époque, Specialized ne produisait qu'un seul vélo de route, le Allez, et était absent du peloton professionnel.

En 2000, Specialized s'engagea avec l'équipe Festina. C'était deux ans après le scandale de dopage qui avait touché la formation. L'équipe était désormais très différente de celle qui avait été exclue du Tour de France. Mais contrairement à l'alliance entre Trek et Lance Armstrong, de l'équipe US Postal Service, ou à la relation entre Giant et Laurent Jalabert de ONCE, Festina n'avait pas de coureurs connus.

« *Nous avions déjà équipé des formations pro par le passé*, raconta l'ancien directeur marketing de Specialized, Nic Sims. *Nous fournissions des casques, et nous avons réalisé que nous devions revenir et légitimer notre présence avec des vélos. Le partenariat avec Festina nous a permis de mettre un pied dans le peloton, mais ça n'avait rien à voir avec le temps que nous avons passé par la suite avec les équipes pour développer notre technologie.* »

En 2002, Specialized signa un contrat avec l'équipe Acqua & Sapone, qui malgré un petit budget, avait réussi à recruter l'un des plus grands noms du cyclisme : Mario Cipollini. Le sprinteur extravagant avait permis à Cannondale de percer à la fin des années 1990 quand il roulait pour Saeco.

La saison 2002 fut l'apogée de sa carrière. Il remporta Milan-San Remo et les championnats du monde de Zolder sur un cadre S-Works E5 rayé noir et blanc, tel un zèbre. C'est l'agent du coureur italien qui contacta Specialized après avoir vu les coureurs de Festina rouler avec les vélos du constructeur sur le Tour de France 2001.

Grâce à la signature de Cipollini, Specialized devint beaucoup plus célèbre que lors de son partenariat avec Festina. Le coureur italien faisait également beaucoup de remarques sur la technique qui furent essentielles pour le développement des modèles Specialized. « *Mario Cipollini était très critique et nous faisait de nombreux retours très intéressants* » déclare Sinyard.

> *« Mario Cipollini était très critique et nous faisait de nombreux retours très intéressants. »*
>
> MIKE SINYARD

2001	2002	2011	2012
Specialized signe un contrat de plusieurs années avec l'équipe Festina. C'est la première fois que le constructeur sponsorise une équipe cycliste européenne.	Mario Cipollini réalise sa plus belle saison avec un vélo Specialized et remporte Milan-San Remo, Gand-Wevelgem, six étapes du Tour d'Italie et les championnats du monde.	Mark Cavendish gagne les championnats du monde à Copenhague avec un vélo Specialized. Matt Goss décroche la médaille d'argent sur un Specialized également.	Tom Boonen réalise une superbe saison pour son équipe Omega-Pharma Quick Step, remportant son deuxième Tour des Flandres et son quatrième Paris-Roubaix.

Mark Cavendish (au centre) au sprint final lors de la cinquième étape du Tour de France 2011, au Cap Fréhel.

Au cours des saisons suivantes, le constructeur travailla avec d'autres équipes comme Gerolsteiner, Quick Step, Astana, Saxo Bank et plus récemment HTC-Highroad. Les victoires s'accumulèrent. Quick Step gagna Paris-Roubaix en 2008, 2009 et 2012. Alberto Contador remporta le Tour de France 2010, offrant ainsi à Sinyard sa première victoire sur la course la plus prestigieuse au monde. Mais un mois après avoir enfilé le maillot jaune à Paris, on annonça qu'il avait été testé positif au Clenbuterol lors de la dernière semaine du Tour. Ce qui aurait dû être l'un des moments les plus forts en termes de ventes et de relations publiques se transforma soudain en véritable cauchemar.

L'association entre Specialized et HTC éclipsa l'affaire Contador, notamment grâce aux nombreuses victoires de Mark Cavendish. Ses retours et son exigence ont aidé les meilleurs ingénieurs de Specialized à repousser les limites techniques en développant des vélos de route haut de gamme. Le plus performant fut le Venge, présenté avant le départ du Tour d'Italie 2011. *« C'est bien de travailler avec des sprinteurs car ils poussent leur vélo au maximum. L'équilibre et la maniabilité sont aussi importants pour nous. Il n'est pas seulement question de légèreté et de rigidité »*, explique Sinyard.

Le constructeur envoya une équipe d'ingénieurs en Europe pour accompagner Cavendish et observer chacun de ses mouvements lors de ses sprints. Specialized avait un grand souci du détail, ce qui s'accordait parfaitement avec la volonté de Cavendish de rouler avec la meilleure des armes. On sait tous que Cavendish s'entraîne dur et qu'il est l'un des coureurs les plus méticuleux en matière de position sur le vélo et de rigidité du cadre.

Lors d'une conférence de presse organisée à la fin 2011, un journaliste demanda à Cavendish ce qui lui manquerait le plus chez son ancienne formation HTC-Highroad. Il répondit aussitôt :

« *les vélos Specialized* ». Cette réponse naïve fit rire le public, mais le visage de Cavendish resta de marbre. Il était sincère.

L'impact de Specialized sur le développement de produits est tel qu'il peut influencer le choix d'une équipe pour les coureurs professionnels. Le partenariat entre Specialized et Omega Pharma-Quick Step en 2012 permit au champion du monde de contre-la-montre 2011 Tony Martin de garder son vélo de contre-la-montre SHIV, autre modèle phare de Specialized.

« *Nous avons beaucoup appris sur l'aérodynamisme, mais le SHIV a remis en question tout ce que nous savions sur son prédécesseur, le Transition. Nous savions ce qui se passait en roulant face au vent, mais ce qui est essentiel, c'est de créer une forme efficace en situation réelle, avec un vent de travers. Ce fut un moment crucial pour nous* » affirme Nic Sims.

Apprendre, développer et avancer. Aujourd'hui, Specialized est considéré comme l'un des constructeurs les plus influents dans le milieu du cyclisme. Le constructeur est bien loin de ses débuts – quand Sinyard n'avait plus un sou en poche mais était plein d'ambition –, et il s'est affranchi des artisans italiens qui l'ont inspiré. « *En Italie, vous ressentez ce mythe comme nulle part ailleurs dans le monde. Cinelli, De Rosa…Je me suis beaucoup inspiré de leur façon de travailler* » affirme Sinyard.

« *Nous voulions les imiter – construire des vélos originaux et sur-mesure mais à plus grande échelle. Je pense que c'est ce que nous avons fait. Nous avons construit nos premiers vélos de route en 1975 et 1976, le LA et le Sequoia, et nous avons essayé de rester fidèles à nos principes. L'aspect artistique me tient beaucoup à cœur. Si vous me demandez s'il y a un moment où Specialized pourrait devenir trop grand, je dirais que c'est quand nous commencerons à négliger cela et à mal faire notre travail. Tant que nous sommes au service des coureurs et que nous les aidons à être plus performants, je suis content que nous nous développions.* » **DB**

> ### « *En Italie, vous ressentez ce mythe comme nulle part ailleurs dans le monde. Cinelli, De Rosa… je me suis beaucoup inspiré de leur façon de travailler.* »
>
> MIKE SINYARD

■ Alberto Contador remporta le Tour de France 2010 mais fut déclassé en 2012 pour dopage.

■ Ce Specialized SHIV est doté d'un cadre en carbone avec un guidon aérodynamique, de composants Dura-Ace, d'une tige de selle profilée et d'un pédalier S-Works.

LE SPECIALIZED VENGE DE MARK CAVENDISH

La veille de Milan-San Remo 2011, Mark Cavendish, vainqueur de l'édition 2009, présenta son nouveau vélo. Ce moment était très attendu car son fournisseur Specialized, en collaboration avec le constructeur de Formule 1 McLaren, avait passé neuf mois à concevoir et mouler un cadre pour le sprinteur le plus rapide du monde. À vingt-quatre heures du départ, alors que Cavendish visait une deuxième victoire de cette classique de printemps, le Venge fut dévoilé.

Le vélo était fait pour Cavendish et correspondait parfaitement à son style unique de sprinteur : penché en avant, la tête au-dessus du guidon touchant presque la roue avant.

Étant donné une répartition du poids du corps inhabituelle, les concepteurs renforcèrent l'avant du cadre, le rendant plus rigide tout en intégrant les courbes aérodynamiques caractéristiques de McLaren et un tube supérieur épuré.

Malgré un départ prometteur, Cavendish faiblit au cours de la course, il fut ralenti par une chute puis distancé. Mais il roula avec ce vélo sur le Tour de France 2011 où il remporta le maillot vert, et aux championnats du monde de Copenhague, où il devint le premier vainqueur britannique en 46 ans.

Le Venge futuriste pesait 7,65 kg, ce qui était un peu lourd. Mais ce vélo était – et est encore aujourd'hui – l'un des modèles les plus beaux et les plus impressionnants du peloton.

Les finitions du Venge étaient des plus modernes : une selle Fi'zi:k Arione CX avec des rails en carbone, une tige de selle Venge et une batterie Shimano Di2 intégrée.

Les roues de Cavendish étaient construites à la main avec des moyeux Dura-Ace et des jantes Zipp en carbone de profondeur différente.

Tube de direction et pivot de fourche profilés : idéal pour un sprinteur puissant comme Mark Cavendish.

Le Venge de Cavendish était doté d'un capteur de puissance SRM monté sur le pédalier Shimano.

DÉTAILS DE CONCEPTION

GUIDON

Les commandes de changement de vitesses sont plus hautes et les leviers de frein ont été réduits pour compenser l'angle. Le guidon est un Pro Vibe Sprint connu pour sa rigidité.

PLATEAU

Le Venge comportait un capteur de puissance SRM monté sur le pédalier Shimano Dura-Ace 7900 avec un plateau de 53 dents très rigide et creux. Pour les montées, Cavendish utilisa le plateau intérieur de 39 dents standard 7900.

■ Le système Grip Shift fut commercialisé en 1988 et fut un grand succès pour SRAM.

■ Le pédalier Red édition limitée Tour de France en carbone fut commercialisé en 2010 en hommage aux coureurs du Tour.

SRAM

Petit dernier des constructeurs de composants de vélos, SRAM a réussi à se hisser au niveau de Campagnolo et Shimano, les deux géants du marché. Tôt ou tard, l'un des prochains Tours de France verra la victoire d'un vélo équipé SRAM.

SRAM est devenu l'un des trois grands constructeurs de composants de cycles, rejoignant ainsi le géant industriel japonais Shimano et « l'artisan » italien Campagnolo. Une belle réussite pour ce nouvel arrivant sur le marché. L'entreprise fut fondée en 1987 à Chicago par Stan Day, son ami l'ingénieur Sam Patterson et son frère cadet Frederik Day. Leur but était de concevoir « la meilleure commande de vitesses » du marché.

Le premier produit SRAM, la commande DB-1, rencontra peu de succès dans le milieu du cyclisme sur route mais s'implanta dans le

triathlon. Le trio avait prévu de vendre 100 000 unités la première année mais n'en vendit que 800. Ils visèrent alors les marchés du VTT et des vélos hybrides en commercialisant un produit similaire, la commande Grip Shift, qui rapporta beaucoup d'argent quand de grands noms comme Cannondale, Specialized et Trek commencèrent à l'utiliser.

Depuis, SRAM n'a cessé de se développer. L'entreprise doit sa position actuelle de leader à son travail de suivi des tendances du marché et à l'élaboration de solutions ainsi qu'à des acquisitions commerciales bien étudiées et à une

prise de risque intelligente. Le siège social de SRAM se trouve à Chicago. L'entreprise emploie plus de 2 500 personnes et dispose de bureaux à Nijkerk (Pays-Bas) et à Taïwan.

En 1997, SRAM racheta le constructeur de moyeux allemand Sachs, augmentant ainsi sa présence sur le marché de l'hybride. Cette fièvre acheteuse se poursuivit avec le rachat de RockShox (suspensions), d'Avid (freins) et de Truvativ (guidons, potences et pédaliers). Le constructeur se retrouva alors en mesure de fournir la quasi-totalité des composants existants.

En 2007, SRAM acheta Zipp, acteur majeur du marché des roues. À l'instar des autres entreprises acquises précédemment, plutôt que de vendre les produits sous son logo, SRAM conserva la marque Zipp et l'entreprise continua à se développer davantage grâce à ces revenus supplémentaires. Plus récemment, SRAM a

acheté le producteur de capteurs de puissance Quarq pour répondre à la demande croissante de technologies d'entraînement personnel haut de gamme.

Tirant profit des sites de production des entreprises acquises, de leur savoir-faire et de leur expérience, SRAM a pu développer de nouveaux produits. À cet arsenal prospère se sont ajoutés les propres composants SRAM. En 2006, SRAM frappa fort en commercialisant un groupe complet de vélo de route, ce qui permit à l'entreprise américaine de passer à la vitesse supérieure. Avec ses deux groupes route – Force et Rival – dotés de la technologie Double Tap, SRAM prit des parts de marché. Si dans les années 1990 et 2000, les clients avaient bénéficié de nouveaux matériaux pour leurs cadres (titane et fibres de carbone), la technologie Double Tap était une innovation à part entière car elle

■ Schleck, Contador
et Armstrong sur le
podium du Tour 2009.
Ils avaient utilisé des
composants SRAM.

■ La victoire d'Alberto
Contador sur le Tour
2009 fut décisive dans
la promotion de SRAM.

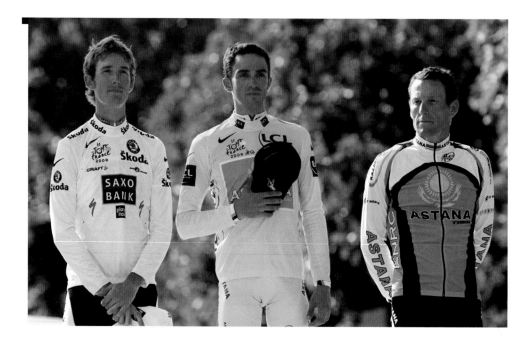

concernait les commandes de vitesses, domaine qui n'avait pas évolué depuis le système Shimano Total Integration de 1990 qui combinait les leviers de frein et le changement de vitesses, et depuis la commercialisation en 1992 de son équivalent Ergopower de Campagnolo.

Le système de SRAM, simple et innovant – un levier pour changer les vitesses situé derrière le levier de frein – fut très bien accueilli. Il était rapide, léger et moderne. Il fut amélioré pour la saison 2008 grâce à l'introduction d'un nouveau groupe haut de gamme, le Red. Premier groupe complet à peser moins de 2 kg, il fut conçu pour concurrencer les groupes phares de Campagnolo et Shimano, respectivement Super Record et Dura-Ace. Le nouveau groupe développé par SRAM et doté de la technologie Double Tap rencontra vite le succès.

SRAM devint le sponsor de l'équipe kazakhe Astana, dirigée par Alberto Contador. Ce dernier utilisa le groupe Red sur le Tour d'Italie 2008, qu'il remporta, offrant ainsi à SRAM sa première victoire sur un grand Tour. Dans un sport dominé par Campagnolo et Shimano, ce fut un coup de maître pour le petit nouveau. Bien que champion en titre ayant roulé pour une équipe différente (Discovery Channel) l'année précédente, Contador et sa formation Astana ne furent pas invités sur le Tour de France 2008 car un autre coureur de l'équipe, Alexandre Vinokourov, avait été testé positif lors d'une course en 2007.

Contador se consacra alors au Tour d'Espagne. Une fois encore, il réalisa une superbe course et offrit à SRAM une seconde victoire sur un grand Tour après trois semaines d'effort. La Britannique Nicole Cooke permit à SRAM de

1987

L'entreprise est fondée à Chicago par les frères Stan et Frederik Day et leur ami Sam Patterson.

1988

Après un début difficile avec la commande DB-1, SRAM rencontre le succès grâce au lancement de la poignée Grip Shift.

1990

SRAM intente un procès à Shimano pour pratique commerciale déloyale et gagne trois millions de dollars après un règlement à l'amiable ainsi que le droit de concurrencer Shimano.

1991

Les vélos Trek et Specialized sont équipés des poignées Grip Shift. Une usine de production est ouverte à Taïwan la même année.

clore la saison sur une victoire aux championnats du monde sur route à Varèse (Italie) avec le groupe Red.

En 2009, Contador gagna le Tour de France. Mais plus remarquable encore, les autres marches du podium furent occupées par deux coureurs qui avaient aussi utilisé le groupe SRAM Red : Andy Schleck pour Saxo Bank et Lance Armstrong, coéquipier de Contador au sein de la formation Astana. Fin 2008, Armstrong investit une grosse somme d'argent dans SRAM et rejoignit le constructeur comme conseiller technique pour aider au développement de nouveaux produits. Son départ et son retour dans le peloton professionnel en 2009 furent un joli coup pour l'entreprise – d'autant qu'il avait utilisé des vélos équipés Shimano lors des Tours de France précédents.

Depuis, SRAM est devenu un incontournable dans le milieu international du cyclisme sur route. La marque a remporté toutes les courses prestigieuses : Fabian Cancellara a gagné le contre-la-montre des championnats du monde en 2009 et Paris-Roubaix 2010, Thor Hushovd a décroché le titre de champion du monde de cyclisme sur route à Melbourne à la fin de la saison et Contador a gagné le Tour d'Italie 2011.

Autre signe du succès spectaculaire de SRAM : la répartition des trois grands constructeurs de composants au sein des dix-huit équipes cyclistes professionnelles pour la saison 2011. Pour la première fois, SRAM a équipé huit formations, soit plus que ses concurrents et plus que l'année précédente (cinq équipes en 2010). Shimano n'a perdu qu'une seule équipe par rapport à la saison 2010 et a fourni des composants à six formations. En revanche, Campagnolo a perdu deux équipes et n'en a équipé que quatre. Mais SRAM est

2000

L'entreprise se diversifie et s'implante dans de nouveaux pays, employant 1 000 personnes à Taïwan, en Chine, aux Pays-Bas, au Portugal, en Allemagne, en Irlande et au Mexique.

2002

SRAM achète la marque de suspensions pour VTT RockShox pour 5,6 millions de dollars.

2003

SRAM va de succès en succès et pénètre le marché des vélos de route avec ses cassettes et ses chaînes. Les ventes annuelles sont estimées à 150 millions de dollars.

2005

L'organisation à but non lucratif World Bicycle Relief est créée pour fournir des vélos suite au tsunami dans l'océan Indien.

Fabian Cancellara gagne
le contre-la-montre
des championnats
du monde à Mendrisio
en 2009 sur un vélo
équipé SRAM.

encore loin derrière en termes de victoires sur le Tour de France. Campagnolo enregistre vingt-neuf victoires et Shimano dix. Avec Contador, SRAM n'en a qu'une... pour l'instant.

Le succès est comparable dans le domaine du VTT. SRAM et Shimano se partagent le marché, même si le dernier développement de SRAM – son groupe XX 2x10 vitesses – a failli le hisser en tête. Shimano a répondu en introduisant une option double plateau pour son groupe haut de gamme, le XTR.

En concurrençant les deux plus grands constructeurs de composants, SRAM a mis un

terme à ce duopole et s'est créé l'image d'une jeune entreprise innovante. Un tel succès entraîne des responsabilités et SRAM a toujours pris sa position dans le trio de tête avec sérieux. Le constructeur s'est assuré de fournir les meilleurs composants à des coureurs comme Contador et Hushovd, tout en s'impliquant dans des projets humanitaires promouvant le vélo comme solution pratique pour des régions du monde touchées par la pauvreté ou ravagées par des catastrophes naturelles.

L'organisation à but non lucratif World Bicycle Relief est au cœur de cet engagement.

Elle fut fondée en 2005 après le tsunami de 2004 par Frederik, le plus jeune des frères Day ; Stan, l'aîné, continuant à gérer les affaires de SRAM en tant que directeur général. Au début, plus de 24 000 vélos furent distribués au Sri Lanka pour aider la population à se reconstruire après cette tragédie. Ils fournirent un moyen de transport pour aller à l'école, au travail, facilitèrent la livraison des médicaments, et furent utilisés pour transporter de la nourriture et de l'eau.

Puis ce fut le tour de la Zambie (Afrique) qui reçu 23 000 vélos. Les médecins bénévoles et autres travailleurs humanitaires pouvaient ainsi rendre visite à leurs patients et à leur famille infectés par le VIH. Ce programme s'est ensuite développé dans les pays africains les plus pauvres, où près de 100 000 vélos sont désormais utilisés et entretenus par 1 000 réparateurs qualifiés qui disposent d'outils et de pièces de rechange pour que les vélos restent en bon état.

Le constructeur a également créé le SRAM Cycling Fund en 2008 pour améliorer les infrastructures cyclistes en Europe et en Amérique du Nord. Cette fondation subventionne des organismes cherchant à améliorer la sécurité routière pour les cyclistes et finance des campagnes dans les écoles et au travail qui présentent le vélo comme une alternative saine et viable aux voitures. SRAM, entreprise prospère et impliquée dans deux projets sanitaire et humanitaire, a parcouru beaucoup de chemin en peu de temps. **EB**

ROUES SRAM

S30 AL SPRINT FR

Jante aéro de hauteur moyenne fabriquée en aluminium 6061 avec dix-huit rayons SAPIM CX Sprint. La S30 AL Sprint pèse 680 g.

S30 AL SPRINT RR1

La roue avant pèse 705 g et est dotée de dix-huit rayons. La roue arrière pèse 825 g et est composée de vingt rayons.

ROUE AVANT S40 2010

Cette roue construite à la main pèse 760 g et a une jante en fibres de carbone tissées avec une surface de freinage en aluminium.

ROUE ARRIÈRE S80 2010

La roue arrière S80 pèse 1 130 g. Il s'agit d'un autre modèle de jante en fibres de carbone tissées qui, comme la S40, présente une forme hybride toroïdale.

SRAM

SRAM utilise un processus de forgeage à froid pour usiner ses pédaliers Apex qui permet d'obtenir des manivelles en alliage, légères et rigides.

Le dérailleur arrière Apex est doté de la technologie Exact Actuation. Il est compatible avec une cassette présentant une plage de vitesses étendue.

Le dérailleur avant a un corps en aluminium et une chape en acier. Il est compatible avec des plateaux standards et compacts.

La commande Apex utilise un levier unique pour un changement de braquet plus facile et plus ferme.

Tout comme la série de freins RED, les freins Apex utilisent un design à double pivot et sont dotés d'étriers en alliage.

APEX

Apex est peut-être le groupe de base de SRAM, mais il est la parfaite illustration de la volonté de la marque de développer des composants performants, fiables et légers. Ce groupe a une plage de vitesses suffisamment étendue pour ne pas utiliser un triple plateau.

Le groupe RED édition limitée Tour de France fut utilisé par les coureurs lors du Tour de France 2010 et fut commercialisé plus tard dans l'année.

Le dérailleur arrière RED (édition limitée Tour de France) fut peint en jaune pour s'accorder avec le Tour de France 2010.

Le dérailleur avant est doté d'une chape en titane.

Les leviers de vitesses R2C (*Return to Centre*) sont spécialement conçus pour les vélos de contre-la-montre : les leviers reviennent automatiquement au centre après le changement de vitesses.

Les freins RED ont un design à double pivot qui augmente la force de freinage.

Les leviers de frein SRAM en carbone pèsent 90 g.

RED édition limitée Tour de France

Plusieurs anciens vainqueurs du Tour prirent le départ de l'édition 2010 en utilisant le groupe RED. L'entreprise basée à Chicago améliora son plus célèbre groupe et ajouta quelques nuances de jaune aux différents composants pour que le groupe RED soit assorti au maillot jaune.

Les leviers sont en fibres de carbone et se distinguent par le logo SRAM jaune.

Time

Ce constructeur français fut à l'origine des pédales automatiques avec mobilité latérale dans les années 1980 avant de devenir l'un des leaders de la production de cadres en carbone dans les années 1990.

Certaines marques se racontent autant par les exploits des coureurs que par la contribution de l'entreprise au développement technologique des vélos ou des pièces qui les composent. Time est différent. On ne peut apprécier son histoire sans présenter les technologies actuelles, car l'entreprise s'est construite à travers les innovations techniques.

Il est vrai que l'une des inventions les plus importantes du vélo contemporain fut celle des pédales automatiques. Même si elles n'apparurent au sein du peloton professionnel que dans les années 1980, certains prototypes et modèles remontent à 1895. Aucun ne menaça néanmoins le cale-pied en acier chromé traditionnel et la sangle en cuir. La difficulté était de produire un système qui maintenait le pied du cycliste à la

pédale tout en facilitant la libération du pied à l'arrêt – ou automatiquement en cas d'accident.

Au début des années 1970, Cino Cinelli créa la pédale M71. En dépit de son système de fixation très sûr, il était souvent difficile d'enlever son pied de la pédale. Celle-ci fit peu d'adeptes et son utilisation se limita dans l'ensemble au contre-la-montre.

En 1984, l'inventeur des fixations de ski Look introduisit le premier système de pédale automatique sûr et efficace. Ce système se répandit très vite grâce à Bernard Hinault et Greg LeMond qui l'utilisèrent sur le Tour de France en 1895 et 1986. En 1985, Hinault gagna le Tour devant LeMond. En 1986, ce fut l'inverse. Bien que la pédale Look représentât une grande avancée, le modèle était loin d'être parfait.

En pédalant, la plupart des cyclistes ont le pied qui bouge légèrement. Ce mouvement de rotation ressemble au mouvement que l'on fait pour écraser un mégot de cigarette.
Le premier modèle de Look, conçu par Jean Beyl, ne permettait aucun mouvement latéral du pied. La cale était fixée à la pédale, maintenant le pied du coureur bien en place. Parmi ceux qui la testèrent, plusieurs se plaignirent de douleurs dans le genou et d'autres gênes.

Quand Beyl l'apprit, il travailla aussitôt sur une solution. Il reprit son modèle initial et commença à le modifier. Mais après le travail et le budget considérables investis dans le premier modèle, les patrons de Beyl furent réticents à l'idée de financer un modèle Look Mk II.

Déçu, Beyl se tourna vers Roland Cattin en 1987. Ce dernier était un entrepreneur qui fonda une entreprise concurrente baptisée Time Sport International.

C'est au sein de cette nouvelle entreprise française que Beyl se mit à développer la pédale révolutionnaire Time Racing 50.1.

Cette pédale réduisait l'espace entre l'axe de pédalier et le pied, la rendant ainsi plus efficace. Mais la véritable innovation était la mobilité latérale : le pied n'était plus complètement fixé à la pédale. Grâce à une liberté angulaire et latérale, la jambe du coureur pouvait suivre un mouvement plus naturel (non linéaire) lors du pédalage. Les cales aussi étaient différentes du modèle Look à trois vis. Autrement dit, les deux pédales automatiques étaient incompatibles, ce qui engendra une véritable « guerre des formats » dans le milieu du cyclisme.

L'enjeu augmenta quand Time lança une chaussure spéciale blanche et rouge – couleurs caractéristiques mais peu habituelles. L'avantage de cette chaussure résidait dans la semelle : elle était très fine et rapprochait davantage le pied du cycliste de l'axe. Elle était aussi très rigide.

Un adaptateur était disponible pour les chaussures d'autres marques, mais il était imposant et augmentait la distance entre le pied et l'axe. Par la suite, les cales Time furent améliorées pour être compatibles avec les chaussures

1987

Roland Cattin fonde l'entreprise
Time qui conçoit et commercialise
un système de pédale automatique.

1988

Pedro Delgado devient le premier
coureur à gagner le Tour de France
avec des pédales Time. Steven
Rooks et Fabio Parra terminent
respectivement 2ᵉ et 3ᵉ.

1993

L'entreprise produit des cadres,
des fourches, des potences
et des tiges de selle en carbone
en utilisant la technologie RTM
(moulage par transfert de résine).

1995

Miguel Indurain (Banesto) remporte
son cinquième et dernier Tour
de France. Depuis 1991, il utilisait
les pédales Time.

d'autres marques. La commercialisation de chaussures si facilement identifiables fut un coup de maître en termes de marketing. Beaucoup de coureurs du peloton utilisèrent les pédales et les chaussures Time, ce qui influença fortement le choix des cyclistes amateurs.

Les premiers cyclistes qui adoptèrent les pédales Look, comme le vainqueur des Tours de France 1983 et 1984, Laurent Fignon, se blessèrent. Cela aurait pu être une simple coïncidence, mais quand le coureur passa aux pédales Time, il retrouva sa forme d'avant. LeMond aussi opta pour les pédales Time après avoir utilisé les Look. Mais c'est Pedro Delgado qui offrit au constructeur sa première victoire sur le Tour en 1988, un an avant l'affrontement légendaire entre Fignon et LeMond.

Les premières pédales et les cales Time étaient légèrement plus lourdes que les Look, mais cela fut corrigé lors de la sortie d'une version 50.1 avec un corps en magnésium. Un axe de pédalier en titane fut introduit peu de temps après. Time continua à s'associer aux meilleurs coureurs, ce qui ne fit qu'accroître sa crédibilité. Le coéquipier de Delgado, Miguel Indurain, utilisa lui aussi les pédales Time pour gagner ses cinq Tours de France.

Récemment, de nouvelles versions des pédales Time ont été commercialisées. Chaque modèle visait à réduire le poids tout en conservant l'ergonomie. Le concept original de Beyl a résisté à l'épreuve du temps, chaque nouveau modèle étant toujours plus performant que les premières pédales de 1987.

Time ne s'est pas limité aux pédales. Le succès de son système révolutionnaire a poussé le constructeur à explorer le monde de la fabrication de cadres composites et à appliquer son approche rigoureuse et exigeante à ce domaine. Jeune entreprise dans la « vieille Europe », Time a peut-être su se défaire plus facilement des traditions que d'autres constructeurs. Ainsi, il a pu investir dans les technologies relatives à la fibre de carbone dès 1993, à l'aube de la révolution du carbone.

Au lieu d'opter pour la facilité en délocalisant en Extrême-Orient, Time préféra produire en interne autant que possible. Aujourd'hui, les concepteurs travaillent aussi bien avec les constructeurs de filaments de carbone utilisés pour fabriquer les cadres qu'avec les coureurs professionnels sponsorisés par Time, ce qui permet de garantir ainsi un développement de produits rapide et de qualité.

En tissant la fibre de carbone sur place – fibre provenant des meilleurs fournisseurs comme le Japonais Toray – le constructeur français peut contrôler la qualité des produits bien plus facilement que ses concurrents. Time a une connaissance approfondie des difficultés liées à la production et est bien placé pour changer rapidement de méthodes si nécessaire.

Time se distingue des autres constructeurs de cadres. Les premiers cadres en carbone utilisaient des sections tubulaires traditionnelles fixées à des raccords en aluminium. Time comprit très vite que la fiabilité de ce type de cadre se réduirait à la solidité de ces raccords. Par conséquent ses efforts considérables pour développer des manchons composites l'emportèrent sur les nombreuses préoccupations concernant les précédentes méthodes de fixation.

Comme le dit le fondateur de Time, Roland Cattin : « *Construire des vélos est difficile, car vous devez développer le produit le plus léger mais aussi le plus sûr. Si votre raquette de tennis en carbone*

■ Thomas Voeckler porte le maillot jaune pour Time lors de la treizième étape du Tour de France 2004.

2004

Paolo Bettini remporte l'épreuve de cyclisme sur route aux J.O. d'Athènes avec un vélo Time.

2005

Tom Boonen devient champion du monde sur route à Madrid sur un vélo Time. La même année, il remporte Paris-Roubaix et le Tour des Flandres.

2006

Boonen participe aux classiques de printemps avec le nouveau cadre, le VXS. Le coureur conserve son titre sur le Tour des Flandres mais termine deuxième de Paris-Roubaix.

2011

L'équipe Saur-Sojasun de Stéphane Heulot utilise des vélos Time et participe à son premier Tour de France en 2011.

« Une équipe pro est une source d'inspiration, car ils nous poussent à concevoir des vélos toujours plus performants, plus légers et plus résistants. »

ROLAND CATTIN

■ La technologie RTM (moulage par transfert de résine) offre une grande liberté en termes de forme.

■ Time affirme être le seul constructeur à fabriquer des vélos grâce au procédé RTM.

casse, ce n'est pas très grave. Mais vous ne pouvez pas vous permettre de casser votre cadre, c'est trop dangereux ».

Les techniques de moulage continuent à évoluer, en grande partie grâce au service recherche et développement de Time. Comme l'indiqua Cattin, le but ultime de l'équipe de concepteurs est un cadre toujours plus léger et plus résistant. La quête de la légèreté ne doit pas se faire au détriment de la solidité.

Time privilégie la technique RTM (moulage par transfert de résine) par rapport au système plus traditionnel de la déformation par vessie gonflable. Le résultat de l'injection d'une résine thermodurcissable dans un moule est une finition d'excellente facture. Cela peut ne pas paraître évident à l'œil nu, mais la structure interne des cadres est aussi lisse et parfaite que la surface extérieure, bien que le but recherché ne soit pas esthétique. Tout est question de solidité. Grâce à la technique de moulage par transfert de résine, on observe une meilleure cohésion des couches de fibres, un meilleur contrôle de la densité du tube et plus de résistance.

Parmi les grands coureurs qui ont utilisé des cadres Time, on compte Tom Boonen et Paolo Bettini, qui ont décroché à eux deux trois titres mondiaux (2005, 2006, 2007) et ont remporté de nombreuses classiques. Fiers de leurs origines françaises, les deux meilleurs coureurs de ces dernières années, Thomas Voeckler et Sylvain Chavanel, ont roulé avec des cadres Time.

Le constructeur continue à repousser les limites de l'innovation, notamment dans le domaine des pédales et des cadres. Time évolue avec son temps et le devance parfois. **RD**

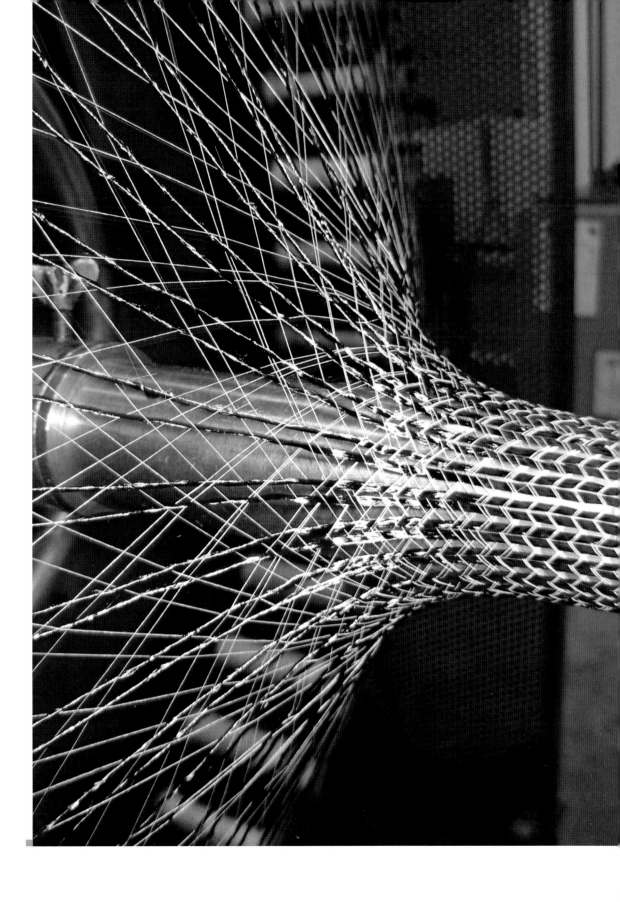

- Richard Burke fonda Trek en 1976 dans le Wisconsin.

- Le 850 fut le premier VTT conçu par Trek. Le cadre ressemblait au modèle Trek de cyclotourisme.

- Andy Schleck grimpe le Col du Galibier avec son Trek Madone lors du Tour de France 2011.

Trek

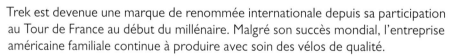

Trek est devenue une marque de renommée internationale depuis sa participation au Tour de France au début du millénaire. Malgré son succès mondial, l'entreprise américaine familiale continue à produire avec soin des vélos de qualité.

Le but de toute entreprise – quel que soit le secteur d'activité – est de croître et de faire des bénéfices. Donnez-lui l'opportunité de se faire connaître à l'internationnal et elle saisira l'occasion.

Dans le cas du constructeur Trek Bicycle Corporation, personne n'aurait pu prévoir qu'il deviendrait un jour une aussi grande marque. Son destin changea en 1998, lorsqu'il commença à équiper un coureur professionnel encore peu connu à l'époque : Lance Armstrong, futur septuple vainqueur du Tour de France.

Cette carrière sensationnelle porta Armstrong au sommet de la gloire, mais sa chute à la suite d'un scandale de dopage fut sans précédent dans le monde du cyclisme. Le succès de Trek est indissociable de celui d'Armstrong. Reste à voir si la déchéance du coureur entraînera celle du constructeur.

Si Trek est présent au plus haut niveau du cyclisme, sa ligne de conduite, plutôt modeste, n'a pas changé. Elle demeure cette « petite grande entreprise » qui veut seulement amener les gens à faire du vélo. Le modèle économique de l'entreprise n'est pas basé sur le profit. Trek, c'est l'amour du vélo, et le constructeur s'entoure de personnes qui partagent cette même passion. D'après le site Internet de Trek « *rendre le vélo accessible au plus grand nombre permet de mettre en place une solution simple aux problèmes complexes de ce monde. Le vélo est un moyen de transport efficace, il contribue à la santé publique et permet de s'évader* ».

Pour comprendre comment Trek est devenu le constructeur mondialement connu d'aujourd'hui, il faut remonter jusqu'en 1976, dans une petite ville du Midwest des États-Unis. C'est à Waterloo, dans le Wisconsin, que Richard Burke et Bevel Hogg commencèrent à fabriquer des cadres en acier pour vélos de randonnée. En 1980, Trek produisait des vélos complets. En 1982, il construisait ses propres vélos de course. Le constructeur s'est toujours distingué par son investissement dans la recherche et le développement et son désir de faire évoluer ses vélos.

En 1983, Trek conçut son premier VTT, le 850. Lors de l'engouement pour le VTT à la fin des années 1980 et au début des années 1990, Trek était plus que prêt. La nouvelle machine de Trek était si novatrice que le constructeur expliqua dans son catalogue de 1983 : « *Ce vélo pour terrain accidenté a été conçu pour être utilisé dans les conditions les plus difficiles* ».

Trek développa bientôt des modèles « tout suspendu ». Au début des années 1990, les États-Unis étaient devenus l'un des leaders de la conception de VTT. Grâce à son étiquette « Fabriqué aux États-Unis », Trek attirait les clients du monde entier, à l'instar de Specialized. Quant à la formation cycliste équipée par le constructeur, elle accumulait les titres tout en promouvant Trek.

Trek fut l'un des premiers à adopter la fibre de carbone, et à créer à ce titre un service composite OCLV en 1992. Aujourd'hui, l'acronyme OCLV (*Optimum Compaction, Low Void*) est largement connu. Il se réfère au procédé

de fabrication de la fibre de carbone chez Trek. Les cadres et les composants sont réalisés par « compactage optimal », une compression des couches multidirectionnelles de fibres de carbone pour minimiser les pores entre les couches de carbone (vide faible). Cette méthode permet de construire des cadres et des composants en carbone très résistants, qui ont fait la réputation de Trek.

En 1996, Trek évolua une nouvelle fois en créant son Advanced Concepts Group, une sorte de division secrète qui avait pour but d'imaginer le prochain modèle ultraperformant destiné aux coureurs soutenus par le constructeur. Le travail de cette division consistait à tester les prototypes sur les chemins de la région et à utiliser la soufflerie pour vérifier les dernières théories en matière d'aérodynamisme. L'Advanced Concepts Group est formé d'une petite équipe d'élite qui travaille sur l'avenir du cycle en fabriquant quelques prototypes à partir de nouvelles idées. De nos jours, l'Union cycliste internationale exige que tous les modèles de vélos soient commercialisés. Les nouveaux produits développés par Trek doivent donc d'abord être aprouvés par l'Advanced Concepts Group avant d'être construits en grande quantité et utilisés par les coureurs professionnels.

Le chapitre Armstrong occupe une grande place dans l'histoire de Trek en dépit de sa fin peu glorieuse. Il débuta par le retour du coureur après son cancer. En 1998, Armstrong avait couru avec l'équipe professionnelle américaine US Postal Service alors équipée par Trek.

Armstrong était revenu en pleine forme, mais personne n'aurait pu prévoir sa victoire sur le Tour de France l'été suivant. Son titre propulsa le constructeur au sommet. Si Trek était déjà une entreprise de cycles assez grande et réputée, elle devint soudain celle qui produisait le vélo que tout le monde voulait.

Tout ça n'était que le début. Armstrong décrocha sept victoires sur le Tour de France. D'un point de vue commercial, Armstrong, en nouveau « coureur d'essai », se trouva dans une excellente position pour aider le constructeur à développer et promouvoir ses nouveaux modèles.

En 2003, le cadre de route Madone 5.9 fit sa première apparition. Il avait été conçu pour l'équipe US Postal Service et baptisé ainsi d'après

1976

Richard Burke et Bevel Hogg créent une entreprise avec un capital de 100 000 dollars. Ils s'installent dans une grange rénovée à Waterloo dans le Wisconsin.

1983

Harry Spehar, responsable commercial chez Trek, teste un prototype du VTT 850 lors de la course Whiskeytown Downhill à Redding, en Californie.

1990

L'entreprise se développe en fabriquant des vélos en aluminium, produisant davantage de cadres de VTT que de route, et elle commence à tester le carbone.

1997

Trek devient le fournisseur de l'équipe US Postal Service qui participe à son premier Tour de France.

le col de la Madone où Armstrong s'entraînait souvent. Commercialisé dans de nombreuses versions depuis, il reste le modèle phare de Trek et l'exemple parfait d'un travail artisanal d'une qualité exceptionnelle.

La production d'un Madone peut prendre jusqu'à douze heures et nécessiter une équipe de plus de quarante personnes pour superviser la production du cadre dans l'usine du Wisconsin. La série Madone est très prisée. Le haut de gamme Madone 6.9 SSL, utilisé par les frères Andy et Fränk Schleck et leur équipe RadioShack, coûte 8 800 dollars.

En 2005, la division Advanced Concepts Group conçut un nouveau cadre de contre-la-montre : le TTX. Le but était de développer le cadre le plus rapide en travaillant sur l'aérodynamisme et le poids. Le TTX aida

le triathlète Chris Lieto, de l'équipe Trek/K-Swiss, à rester parmi les meilleurs triathlètes. Le Californien a gagné trois Ironman et est réputé pour être le cycliste le plus rapide sur les triathlons.

Le fait que Trek n'ait pas jugé utile d'améliorer son TTX avant 2009, année de lancement du cadre Speed Concept TT, en dit long sur ses concepteurs. Le Speed Concept, vendu comme « le vélo le plus rapide de la planète », est utilisé par l'équipe de triahtlon K-Swiss. Lieto en dit beaucoup de bien : « Avec le Speed Concept, je sais que j'ai le vélo le plus rapide sur les courses ».

Le Speed Concept fut introduit lors du retour d'Armstrong en 2005, après sa retraite. Simple coïncidence ? Entre-temps, le constructeur avait trouvé un nouveau coureur cycliste pour représenter Trek : l'Espagnol Alberto Contador.

1999

Lance Armstrong remporte son premier Tour de France. Au total, il gagnera sept éditions du Tour avant d'être déchu de ses titres en 2012.

2009

Alberto Contador et Lance Armstrong participent au Tour de France pour Astana et roulent avec des vélos Trek. L'Espagnol remporte le Tour et Armstrong termine troisième.

2010

Greg LeMond et Trek trouvent un accord après une longue bataille juridique.

2012

Trek met fin à son partenariat avec Armstrong après que ce dernier s'est vu retirer ses titres suite à un scandale de dopage.

Avant d'être impliqué dans un scandale de dopage, Contador fut considéré comme le meilleur grimpeur au monde. Il avait en quelque sorte repris le flambeau d'Armstrong et permit à Trek de conserver son excellente réputation, tout comme Armstrong avait aidé à la construire huit ans plus tôt.

Le coureur espagnol rejoignit l'équipe Discovery Channel et remporta le Tour de France 2007 – le huitième pour Trek. À la fin de la saison, Contador signa avec l'équipe Astana. L'équipe fut privée du Tour 2008 car son leader Alexandre Vinokourov avait été testé positif l'année précédente. Cela n'empêcha pas Contador de remporter le Tour d'Italie et le Tour d'Espagne, deux nouveaux grands Tours pour Trek, fournisseur officiel d'Astana pour les saisons 2008 et 2009.

Contador s'entendait bien mieux avec le constructeur Trek qu'avec son co-équipier Armstrong. Même si Contador remporta le Tour 2009 et Armstrong termina à la troisième place, les deux co-équipiers s'étaient querellés pendant la majeure partie de la course. Leurs chemins se séparèrent à la fin de la saison. Armstrong créa sa propre équipe, RadioSchack, et Trek le suivit.

Mais personne ne put détrôner Contador. Il gagna son troisième Tour de France en 2010 (il fut déchu de son titre en 2012 pour contrôle positif) sur un vélo Specialized, tandis qu'Armstrong et son Trek restaient « cloués au sol », des images de ses nombreuses chutes appuyant cette parfaite métaphore.

Le Tour 2010 coïncida avec une enquête fédérale à son encontre suite à des allégations de dopage. Sur la course, le corps d'Armstrong fut tout aussi ébranlé que son nom. Dans la conscience collective, le coureur et Trek étaient presque indissociables ; il est donc possible que cette mauvaise publicité ait pu affecter le constructeur.

Trek fut touché par une autre controverse : un procès opposant le constructeur et Armstrong au vainqueur du Tour de France américain Greg LeMond. Trek rompit son partenariat avec l'entreprise de cycles de LeMond après un conflit entre Armstrong et LeMond – ce dernier avait publiquement remis en question les performances d'Armstrong. S'ensuivit une longue procédure qui se termina quand les deux parties trouvèrent enfin un accord en 2010 : Trek fit un don d'un montant tenu secret à une association choisie par LeMond.

En janvier 2011, Trek devint pour la première fois co-sponsor d'une équipe cycliste en rejoignant la formation d'Andy et Fränk Schleck, Leopard-Trek. Au cours de cette saison, deux équipes professionnelles roulèrent avec des vélos Trek. En 2012, Trek n'équipa qu'une équipe, RadioShack-Nissan-Trek. Il s'agissait en fait de Leopard-Trek rebaptisée suite à l'arrivée d'un nouveau sponsor, RadioShack.

Pour beaucoup, 2012 fut entachée par l'affaire de dopage concernant l'ancienne superstar de Trek, Lance Armstrong. Un rapport de l'USADA (l'agence américaine antidopage) l'accusa d'être impliqué dans un grand scandale de dopage. Il fut exclu à vie des compétitions et déchu de tous ses titres. Trek « déçu », rompit tout lien avec son champion en octobre 2012.

Malgré l'indignation qui toucha le monde du cyclisme, Trek fut épargné. Le constructeur était toujours resté fidèle à sa philosophie : le vélo est une « bonne chose ». Et cela vaut autant pour les vélos de course en carbone les plus performants que pour les modèles du quotidien ou pour enfants.

Le constructeur lie la parole aux actes en encourageant ses employés à venir au travail en vélo et en les dissuadant d'utiliser leur voiture. Par exemple, le parking près des bureaux est réservé à ceux qui font du co-voiturage. Les employés qui viennent seuls doivent se garer plus loin et marcher jusqu'à leur bureau.

Si le co-voiturage est apprécié, le vélo l'est encore plus : un petit-déjeuner copieux est offert

pour chaque personne qui fait au moins 20 km en vélo pour venir travailler.

Le siège social à Waterloo s'est développé parallèlement à la croissance de l'entreprise, mais Trek n'en reste pas moins un constructeur de cadre américain fier de ses racines. Le fondateur Richard Burke est mort en 2008. Aujourd'hui, son fils est le président de l'entreprise. Il poursuit l'engagement philanthropique et environnemental de son père.

Trek a aidé à la création de DreamBikes, une organisation à but non lucratif située à Madison et Milwaukee, dans le Wisconsin, qui revend aux habitants des vélos d'occasion bon marché. Les jeunes peuvent travailler dans les magasins où les vélos sont vendus et réparés, et où les modèles inutilisables sont démontés pour recycler les composants en acier et en aluminium.

Avec l'utilisation croissante du carbone, de grands noms de l'industrie comme Trek et Specialized s'assurent de la mise en place d'un programme de recyclage. Bontrager, une des filiales de Trek, utilise désormais les cadres recyclables pour ses accessoires. Les revendeurs américains de Trek envoient les chambres à air usagées de leurs clients à Alchemy Goods qui les recycle pour fabriquer des sacs et des sacoches Bontrager.

Aujourd'hui, Trek est l'une des marques les plus identifiables du cyclisme, mais l'entreprise reste fidèle à ses origines. C'est bien là le contraste de l'empire Trek : une renommée mondiale mais une ambiance simple et familiale. Initialement, Trek voulait simplement construire les meilleurs vélos au monde. Les titres sur le Tour de France pourraient bien être la preuve que cet objectif a été atteint. Trek considère le vélo comme une solution pour promouvoir une activité physique, réduire les embouteillages et préserver l'environnement. La devise deTrek est d'ailleurs : « *Nous croyons en un monde meilleur* ». **EB**

■ Alberto Contador assit sa domination en remportant le contre-la-montre à Annecy lors du Tour de France 2009.

LE TREK OCLV
DE LANCE ARMSTRONG

Lance Armstrong n'avait pas participé à une course depuis la saison 2005, après avoir raccroché son vélo à l'âge de 33 ans. Son retour à la compétition à l'occasion du Tour de France 2009 fut marqué par un conflit avec son coéquipier espagnol Alberto Contador, par une fracture de la clavicule après une chute lors de la première étape du Tour de Castille-et-Leon et par des allégations de dopage (qui seront confirmées en 2012).

Le retour du Texan fut aussi caractérisé par les sept vélos personnalisés qu'il utilisa au cours de la saison. Il choisit sept de ses artistes préférés et demanda à chacun d'eux de décorer ses vélos de route et de contre-la-montre. À la fin de l'année, tous les cadres furent vendus aux enchères chez Sotheby à New York, ce qui permit au coureur de collecter 1,25 million de dollars au profit de sa fondation LiveStrong.

Le modèle le plus remarquable fut celui décoré par l'artiste britannique Damien Hirst. Le magnifique « Butterfly » Trek Madone doté de jantes larges Bontrager assorties fut utilisé par Armstrong lors de la dernière étape du Tour de France à Paris. C'est le chanteur du groupe U2, Bono, un ami de longue date d'Armstrong, qui avait approché Hirst. Ce dernier utilisa de vrais papillons car ils chatoyaient à la lumière. Une fois terminé, ce modèle suscita beaucoup d'intérêt (et de nombreuses critiques de la part des défenseurs d'animaux) sur le Tour car il illustrait parfaitement le concept selon lequel tout est dans le vélo.

Armstrong et Trek furent les premiers à tester de nombreuses technologies, mais Armstrong utilisa les selles San Marco tout au long de sa carrière. Sur cette photo en revanche, le vélo est doté d'un modèle Bontrager.

En 2009, sur chacun des vélos de course d'Armstrong était inscrit le numéro 1274 qui représentait le nombre de jours passés hors du circuit professionnel après sa retraite en 2005.

Construit à la main aux États-Unis, le Trek Madone est devenu un vélo légendaire qui a remporté plusieurs Tours de France et des classiques d'une journée. Armstrong utilisa son vélo, décoré par Damien Hirst, sur le Tour 2009.

Lance Armstrong roula avec les commandes Double Tap SRAM Red montées sur un cintre Bontrager VR (*Variable Radius*).

DÉTAILS DE CONCEPTION

FOURCHE

Le Trek Madone est le modèle phare de l'entreprise, conçu pour être à la fois rigide et réactif. Le vélo est doté d'un tube de direction asymétrique visant à améliorer la transition entre la fourche et le cadre.

PÉDALIER

Avant 2005, Armstrong utilisait des Trek équipés Shimano. Après son retour en 2009, il opta pour les composants SRAM RED. En 2008, le coureur investit plusieurs millions de dollars dans la marque SRAM.

Damien Hirst décora le Trek d'Armstrong avec de vrais papillons. Il les posa sur le cadre et sur les jantes des roues Bontrager.

TVT

Pionnier de la construction de vélos en carbone, TVT développa des cadres utilisés par certains vainqueurs légendaires du Tour de France dans les années 1980. Malgré son succès, la contribution de TVT dans le cyclisme reste peu connue.

Spécialiste de matériaux composites, TVT (Technique du verre tissé) est une énigme dans l'histoire de la construction de cycles. Basée à Saint-Genix-sur-Guiers, aux contreforts des Alpes, cette entreprise peu connue, fondée en 1975, révolutionna les méthodes de construction de cycles. Aujourd'hui, elle ne produit plus de cadres.

Au cours des années 1980 et au début des années 1990, l'acier était le matériau le plus utilisé. Les constructeurs comme Reynolds et Columbus avaient développé des techniques innovantes, les tubes à épaisseur variable, pour réduire le poids des cadres, néanmoins les cadres en acier restaient lourds et sujets à l'oxydation, notamment après le chromage.

Les constructeurs commencèrent à utiliser l'aluminium pour fabriquer des cadres plus légers, mais ceux-ci devaient avoir les mêmes dimensions externes que les cadres en acier pour être compatibles avec les composants disponibles sur le marché. Bien que plus légers, les premiers cadres en aluminium étaient plus souples que les modèles en acier. En un coup de pédale, ce manque de rigidité annulait toute réduction de poids. Les constructeurs préféraient donc l'acier.

Néanmoins, face à l'évolution rapide des cadres, il semblait évident que l'hégémonie de l'acier ne durerait pas éternellement. TVT fut l'un des premiers constructeurs à exploiter les avantages du carbone en les appliquant à la construction de cycles. D'après TVT, l'utilisation de la fibre de carbone était essentielle pour concevoir une bonne alternative aux cadres en acier haut de gamme. Les ingénieurs avaient compris que les coureurs recherchaient l'excellence. Ils créèrent donc des tubes solides, légers, capables d'absorber les chocs, d'atténuer les vibrations et ils présentèrent le cadre TVT 92.

En 1986, ce cadre fut lancé sous la marque Look et attira l'attention de Greg LeMond et Bernard Hinault. Les deux coureurs de La Vie Claire les utilisèrent sur le Tour de France, où ils terminèrent à la première et deuxième place. LeMond devint le premier à gagner cette prestigieuse course avec un vélo en carbone. Mais ce fut Look, et non TVT, qui s'en attribua tout le mérite. À l'époque, l'équipe était sponsorisée par Look, qui avait développé les pédales automatiques révolutionnaires utilisées par les deux coureurs. Mais en y regardant de plus près, il était facile de voir que les cadres avaient été construits par TVT.

Ce fut le début d'une mode. Dans les années qui suivirent, d'autres grands coureurs passèrent aux vélos en carbone développés par TVT, même si la marque visible sur leurs cadres n'était pas celle du constructeur. Pedro Delgado remporta le Tour de France 1988 avec un vélo ressemblant à un Pinarello composé de tubes étiquetés Columbus. Mais sous ces stickers se cachait l'un des premiers cadres TVT 92.

LeMond gagna le Tour 1989 et les championnats du monde avec des vélos dotés de tubes TVT et d'autres coureurs comme Gert-Jan Theunisse, Gilles Delion et Steve Bauer utilisèrent les cadres TVT. Certains des vélos de Miguel Indurain, notamment ceux utilisés pour les étapes de montagne, étaient aussi composés de tubes TVT. Le supporter moyen ignorait tout de la contribution de TVT à ces victoires. On pourrait penser que le constructeur se plaisait à rester caché. **RD**

Vitus

Le constructeur de cadres français est derrière certaines histoires mythiques du cyclisme comme les plus belles victoires de Sean Kelly. Malgré des difficultés financières dans les années 1990, Vitus est revenu au plus haut niveau grâce à ses innovations.

■ Le Vitesse est composé d'un cadre en carbone unidirectionnel pesant 950 g et équipé du groupe Dura-Ace 7900.

■ Le Sean Kelly Signature Edition est doté de leviers Dura-Ace avec un cintre 3T Rotundo Pro, d'un pédalier Dura-Ace, d'une fourche profilée en carbone unidirectionnel et d'un cadre en carbone unidirectionnel haut module.

Vitus est la marque qui aida Sean Kelly, l'un des coureurs cyclistes les plus talentueux, à décrocher un grand nombre de ses 188 titres. Aujourd'hui, l'Irlandais est le digne ambassadeur de la célèbre marque renaissante.

C'est sur un Vitus que Kelly remporta de nombreuses classiques, même s'il est parfois difficile de s'en apercevoir aujourd'hui en regardant des photographies sur lesquelles le vélo, le blason de la marque et le coureur sont méconnaissables – les routes du Tour des Flandres étant assez boueuses...

L'entreprise française de tubes commença par fournir les principaux constructeurs de cycles puis se diversifia et produisit ses propres cadres

dans les années 1970. Son Vitus 979 devint un classique dès sa commercialisation. Les tubes en aluminium, peu utilisés à l'époque, étaient manchonnés et collés, procurant au vélo une apparence inhabituelle. Ce modèle sembla sonner le glas de l'acier utilisé jusqu'alors dans le peloton professionnel.

Le fait que les cadres soient réalisés avec des tubes collés et que le risque de casse existe fut longuement débattu sans qu'aucune conclusion évidente ne soit pour autant adoptée. Il était indéniable que ce modèle en aluminium était révolutionnaire et donc imparfait, mais de nombreux 979 sont encore utilisés aujourd'hui, ce qui révèle que leur résistance n'était pas un

problème. Quant à l'oxydation, elle était reléguée au passé.

L'une des problématiques le plus souvent abordées concerne la souplesse des tubes. Tout le monde s'accorde à dire que les grands coureurs avaient – et ont – tout intérêt à ne pas utiliser le 979. Sean Kelly reconnaît que les tubes sont « souples » mais préfère miser sur le principal point fort du vélo : « *Le vélo était très léger – c'est ce qui m'a tout de suite surpris. J'ai dû rouler avec Vitus pendant six ans avant de rejoindre PDM [en 1989]. J'étais sur un Vitus pour la plupart de mes victoires.* »

Kelly comprit vite l'avantage que représentait le 979 Duralinox par rapport aux cadres en acier plus lourds utilisés par la plupart des coureurs du peloton. L'Irlandais gagna Paris-Nice sept fois de suite, débutant avec une magnifique première victoire de la « course au soleil » en 1982.

« *Jean de Gribaldy [directeur sportif de l'équipe Sem] m'a fait faire un vélo spécialement pour le contre-la-montre du col d'Èze* » raconte Kelly à propos de sa tentative de battre Gilbert Duclos-Lassalle, de l'équipe Peugeot, dans la dernière étape alors qu'il était à 4 secondes du leader de la course. Kelly, pourtant connu comme sprinteur, gagna avec 14 secondes d'avance et remporta le classement général.

Kelly reconnaît avec plaisir le rôle que joua le Vitus dans la première de ses sept victoires mais il est surpris de voir que les choses ont peu évolué ensuite. « *Je me souviens quand Andreas Klöden a remporté le contre-la-montre de Paris-Nice 2000,* déclare Kelly. *Ce fut sûrement la dernière fois que le TT influença la course [jusqu'à l'édition 2012 gagnée par le Britannique Bradley Wiggins], et son vélo n'était pas aussi léger que le mien en 1982, ce qui m'a paru incroyable.* »

La question de la souplesse reste contestée par certains. Pour un sprinteur comme Kelly, la rigidité a toujours été un problème : « *Ils devenaient souples assez rapidement* confirme Kelly. *Mais ce type de tube était incassable. Les*

> **« *Le vélo était très léger – c'est ce qui m'a tout de suite surpris. Avant ça, nous roulions tous avec de l'acier. »***

SEAN KELLY

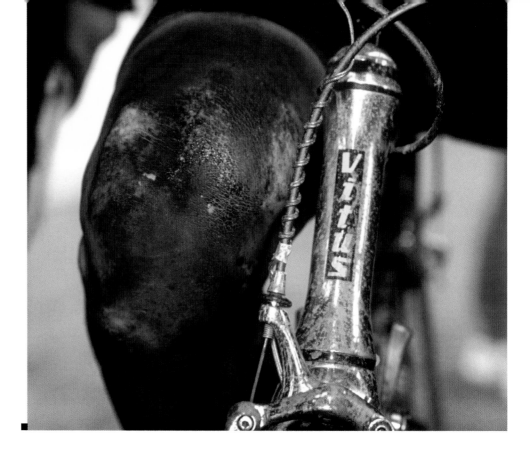

■ Kelly souffrit beaucoup sur Paris-Roubaix 1992.

▪ Sean Kelly (équipe KAS) arriva juste derrière Eric Vanderaerden (équipe Panasonic) au sprint, terminant deuxième du Tour des Flandres 1987.

> *« Ce type de tube était incassable. Les gens avaient l'impression que nous avions beaucoup de casse, mais nous avons eu peu de problèmes. »*

SEAN KELLY

gens pensaient que nous avions beaucoup de casse, mais nous avons eu très peu de problèmes. Il est vrai qu'ils s'assouplissaient avec le temps, contrairement aux cadres en acier, donc je les changeais régulièrement. »

Le changement régulier de cadres n'est pas réaliste pour les amateurs, donc tout cycliste envisageant d'acheter un 979 vintage doit s'attendre à ce que le cadre se détende. Ce vélo demeure toutefois, à juste titre, un classique. L'entreprise italienne Alan précéda Vitus d'un an ou deux en lançant son beau cadre Super Record – sans parler de sa version cyclocross que l'on voit partout – mais le constructeur français était bien implanté et avait présenté l'aluminium comme une option sérieuse.

Le 979 était très innovant, mais l'entreprise située à Saint-Etienne, ne se reposa pas sur ses lauriers et développa le 992 (tubes ovoïdes – en

forme d'œuf – pour éviter le problème de souplesse) puis le 979 Carbone en 1982. Le cadre en carbone composé de sept tubes et de raccords lança une nouvelle mode. Les concurrents comme Look et Trek admirèrent le modèle et passèrent à la production de cadres en carbone. *« Les manchons et la résine de la version en carbone posaient problème »* explique Kelly. Vitus n'était d'ailleurs pas la seule entreprise à rencontrer des soucis dans ce domaine. La notion de tubes en carbone étroits, d'imposants pédaliers et de tubes au diamètre de plus en plus large devint la norme. Vitus se démarqua avec son cadre monocoque en carbone ZX1 en 1991, ce fut son meilleur modèle.

Les Américains ouvrirent la voie dans les années 1990, s'inspirant des avancées technologiques réalisées par les secteurs automobile et aérospatial. Le matériel sportif

1931	1982	1986	1988
Ateliers de la Rive, une entreprise française, commence à fabriquer des tubes. Après la Seconde Guerre mondiale, elle développe des tubes Vitus. Le premier est le Vitus 171.	Après le succès de Vitus 979, l'entreprise lance le Carbone. L'un des premiers cadres composite avec manchons et tubes collés utilisé chez les professionnels.	Le légendaire coureur irlandais Sean Kelly remporte son deuxième et dernier Paris-Roubaix sur un cadre Vitus.	Sean Kelly gagne le Tour d'Espagne pour l'équipe cycliste Kas-Canal 10. Il devient le premier vainqueur irlandais.

évolua rapidement : les équipements pour le tennis, le bateau, le tir à l'arc, le ski, le golf et la pêche ont tiré profit des nouveaux matériaux composites. Le cyclisme n'échappa pas à la règle, mais certains constructeurs s'adaptèrent plus rapidement que d'autres. Vitus rencontra des difficultés financières et fit presque faillite à la fin des années 1990. Aujourd'hui, l'entreprise est de retour avec l'aide de Kelly : « *Vitus produisait des vélos basiques et bon marché en France quand ils m'ont contacté. Ils ont souhaité développer des modèles haut de gamme, explique-t-il. J'ai fait quelques essais à Majorque, notamment en descente – la maniabilité devait être parfaite. Le pilotage est ma préoccupation principale. Il doit être efficace* ».

Quelques réserves ont été émises concernant l'apparence des vélos. L'allure élégante des années 1980 a laissé la place à des graphiques de couleurs vives et une large police de caractères – un style qui ne plaît pas à tout le monde. Kelly souligne que ce n'est pas son domaine, et à juste titre : un seul homme ne peut pas tout faire, même si cet homme est l'un des plus grands cyclistes vivants. Vitus a écouté les remarques et des modèles aux couleurs atténuées, qui correspondent davantage à l'héritage de la marque, sont désormais visibles sur les routes, avec toutefois une touche de modernité.

L'ambassadeur de la marque a également donné les dimensions exactes de son propre vélo pour une réplique parfaite (taille 54 cm) : le Sean Kelly Signature. Le monde du cyclisme espère sincèrement que ce nouveau modèle sera un succès. Il est toujours attristant de voir une marque en difficulté et le nom de Vitus mérite peut-être plus que d'autres de continuer à produire des vélos. Après tout, on a toujours préféré voir Sean Kelly sur un Vitus. *IC*

1989

L'équipe professionnelle belge Lotto choisit Vitus comme fournisseur. Les vélos sont utilisés par Dirk Demol et Hendrik Redant, mais ce partenariat prend fin au bout d'une saison.

1995

Le partenariat avec Lotto est relancé et dure cinq saisons de plus, avec des résultats mitigés car l'équipe peine à gagner les courses d'envergure.

2011

Chain Reaction Cycles rachète le nom Vitus et commence à produire une nouvelle gamme de vélos.

2012

Vitus lance le modèle Sean Kelly, un vélo de route haut de gamme équipé du groupe Shimano Dura-Ace.

Squara Wilier Triestina ~ Anno 1946

Wilier Triestina

Le constructeur italien centenaire s'est établi sur les rives du fleuve Brenta. Ses vélos, surnommés « bijoux chromés », ont été utilisés par de célèbres coureurs italiens des années 1930 à nos jours.

Malgré ses sonorités allemandes, Wilier est une marque italienne bien ancrée dans la tradition. « Wilier » est un acronyme, ce qui le distingue de ses concurrents, surtout en Italie où l'identité d'un constructeur de vélos est souvent associée à son fondateur. Le nom de l'entreprise vient de l'italien « *Viva l'Italia liberata e redenta* » : *Vive l'Italie libre et affranchie*, le « W » étant l'abréviation de « Viva ».

L'entreprise fut tout d'abord baptisée Ciclomeccanica Dal Molin. Elle fut fondée en 1906 par Pietro Dal Molin, un homme d'affaires passionné de cyclisme originaire du nord de l'Italie. L'entreprise se trouvait à Bassano del Grappa. Il s'agissait en fait de la ville Bassano Veneto qui avait été renommée en 1928 pour commémorer les milliers de soldats morts sur les pentes du

Monte Grappa lors de la Première Guerre mondiale.

Après la guerre, l'un des fils de Pietro, Mario, reprit la direction de Wilier et produisit la finition chromée emblématique des vélos Wilier grâce à une utilisation originale des techniques de revêtement.

Mario décida de participer au Tour d'Italie 1946 et forma une équipe cycliste professionnelle, dont le leader était le Triestin Giordano Cottur – coureur assez puissant pour affronter les deux légendes italiennes de l'époque, Fausto Coppi et Gino Bartali. Cottur fut coureur professionnel de 1938 à 1950. Il remporta plusieurs courses au cours de sa carrière et monta sur la troisième marche du podium du Tour d'Italie à trois

Giordano Cottur
(debout au centre)
en 1946, coureur
de l'équipe Wilier
Triestina.

Quand il courait pour
Wilier (1945-1949),
Cottur (centre)
remporta quatre étapes
du Tour d'Italie.

reprises : en 1940, 1948 et 1949. Il est mort en 2006 à 91 ans.

La relation avec Cottur explique la deuxième partie de l'histoire du nom de l'entreprise. En 1946, la ville de Trieste était indépendante ; elle n'appartenait ni à l'Italie, ni à la Yougoslavie. Mais pour Mario, Trieste était italienne et il ajouta « Triestina » au nom de son équipe lorsque celle-ci participa au Tour d'Italie. Il réalisa ainsi un coup marketing et put exprimer son opinion politique. Cette année-là, l'arrivée d'une étape du Tour d'Italie se déroulait à Trieste. Cottur remporta l'étape, bien que la course fût interrompue en cours de route en raison d'affrontements. Le nom Wilier Triestina fut gardé en mémoire de cette victoire.

Malgré les efforts de Mario, le pays se désintéressa du vélo, préférant les scooters et les motos qui se démocratisaient avec la forte croissance économique des années d'après-guerre et devenaient de véritables objets de désir.

L'entreprise fondée par Pietro fit faillite et l'usine ferma en 1952.

Dix-sept ans plus tard, l'entreprise fut rachetée par Giovanni Gastaldello et ses deux fils. Les Gastaldello emportèrent avec eux ce qu'ils pouvaient encore utiliser de l'ancienne usine et s'installèrent à quelques kilomètres de là, à Rossano Veneto (entre Vérone et Venise). Ils réintroduisirent les vélos caractéristiques de la marque et se développèrent pour former le petit groupe solidaire et passionné, toujours dirigé par la famille Gastaldello aujourd'hui.

Wilier Triestina reste présent dans le peloton professionnel et a adopté les méthodes et matériaux modernes pour construire des vélos qui rivalisent avec les modèles de ses plus grands concurrents. La plupart des stars cyclistes italiennes contemporaines – Alessandro Petacchi, Damiano Cunego, Davide Rebellin, Stefano Garzelli et Marco Pantani – ont gagné sur un Wilier. **RD**

■ Marco Pantani sur un Wilier Triestina dans l'Alpe d'Huez lors du Tour de France 1997.

■ Le Wilier Twinfoil est conçu pour réduire les turbulences et la résistance de l'air.

Annexes

Les vainqueurs du Tour de France

ANNÉE		VAINQUEUR	ÉQUIPE	CADRE	COMPOSANTS
1903		Maurice Garin	La Française	La Française	Voir note**
1904		Henri Cornet	Cycles JC	Cycles JC	
1905		Louis Trousselier	Peugeot	Peugeot	
1906		René Pottier	Peugeot	Peugeot	
1907		Lucien Petit-Breton	Peugeot	Peugeot	
1908		Lucien Petit-Breton	Peugeot	Peugeot	
1909		François Faber	Alcyon	Alcyon	
1910		Octave Lapize	Alcyon	Alcyon	
1911		Gustave Garrigou	Alcyon	Alcyon	
1912		Odile Defraye	Alcyon	Alcyon	
1913		Philippe Thys	Peugeot	Peugeot	
1914		Philippe Thys	Peugeot	Peugeot	
1919		Firmin Lambot	La Sportive	Non connu	
1920		Philippe Thys	La Sportive	Non connu	
1921		Léon Scieur	La Sportive	Non connu	
1922		Firmin Lambot	Peugeot	Peugeot	
1923		Henri Pélissier	Automoto	Automoto	
1924		Ottavio Bottecchia	Automoto	Automoto	
1925		Ottavio Bottecchia	Automoto	Automoto	
1926		Lucien Buysse	Automoto	Automoto	
1927		Nicolas Frantz	Alcyon	Alcyon	
1928		Nicolas Frantz	Alcyon	Alcyon	
1929		Maurice De Waele	Alcyon	Alcyon	
1930		André Leducq	France	Voir note*	
1931		Antonin Magne	France		
1932		André Leducq	France		
1933		Georges Speicher	France		
1934		Antonin Magne	France		
1935		Romain Maes	Belgique		
1936		Sylvère Maes	Belgique		
1937		Roger Lapébie	France		Super Champion
1938		Gino Bartali	Italie		Vittoria Margherita
1939		Sylvère Maes	Belgique		Super Champion

* De 1930 à 1939, le Tour a équipé tous les coureurs avec des vélos « classiques ».
** Les dérailleurs ne furent autorisés sur le Tour qu'à partir de 1937.

ANNÉE	VAINQUEUR	ÉQUIPE	CADRE	COMPOSANTS
1947	Jean Robic	Ouest	Lucifer	Simplex
1948	Gino Bartali	Italie	Legnano	Campagnolo
1949	Fausto Coppi	Italie	Bianchi	Simplex
1950	Ferdinand Kübler	Suisse	Fréjus	Simplex
1951	Hugo Koblet	Suisse	La Perle	Campagnolo
1952	Fausto Coppi	Italie	Bianchi	Huret
1953	Louison Bobet	France	Stella	Huret
1954	Louison Bobet	France	Stella	Huret
1955	Louison Bobet	France	Bobet	Campagnolo
1956	Roger Walkowiak	Nord-Est-Centre	Geminiani	Simplex
1957	Jacques Anquetil	France	Helyett	Simplex
1958	Charly Gaul	Hollande-Luxembourg	Learco Guerra	Campagnolo
1959	Federico Bahamontes	Espagne	Coppi	Campagnolo
1960	Gastone Nencini	Italie		Campagnolo
1961	Jacques Anquetil	France	Helyett	Simplex
1962	Jacques Anquetil	St-Raphaël	Helyett	Simplex
1963	Jacques Anquetil	St-Raphaël	Gitane	Campagnolo
1964	Jacques Anquetil	St-Raphaël	Gitane	Campagnolo
1965	Felice Gimondi	Salvarini	Magni	Campagnolo
1966	Lucien Aimar	Ford	Geminiani	Campagnolo
1967	Roger Pingeon	France	Peugeot	Simplex
1968	Jan Janssen	Hollande	Lejeune	Campagnolo
1969	Eddy Merckx	Faema	Merckx	Campagnolo
1970	Eddy Merckx	Faemino	Merckx	Campagnolo
1971	Eddy Merckx	Molteni	Merckx*	Campagnolo
1972	Eddy Merckx	Molteni	Merckx*	Campagnolo
1973	Luis Ocaña	Bic	Motobecane	Campagnolo
1974	Eddy Merckx	Molteni	Merckx/De Rosa	Campagnolo
1975	Bernard Thévenet	Peugeot	Peugeot	Simplex
1976	Lucien Van Impe	Gitane	Gitane	Campagnolo
1977	Bernard Thévenet	Peugeot	Peugeot	Simplex
1978	Bernard Hinault	Renault	Gitane	Campagnolo
1979	Bernard Hinault	Renault	Gitane	Campagnolo

* En 1971 et 1972, un cadre Colnago a aussi pu être utilisé.

Les vainqueurs du Tour de France

ANNÉE	VAINQUEUR	ÉQUIPE	CADRE	COMPOSANTS
1980	Joop Zoetemelk	TI-Raleigh	Raleigh	Campagnolo
1981	Bernard Hinault	Renault	Gitane	Campagnolo
1982	Bernard Hinault	Renault	Gitane	Campagnolo
1983	Laurent Fignon	Renault	Gitane	Simplex
1984	Laurent Fignon	Renault	Gitane	Campagnolo
1985	Bernard Hinault	La Vie Claire	Hinault	Campagnolo
1986	Greg LeMond	La Vie Claire	Look	Campagnolo
1987	Stephen Roche	Carrera	Battaglin	Campagnolo
1988	Pedro Delgado	Reynolds	Concorde	Campagnolo
1989	Greg LeMond	ADR	Bottecchia	Mavic
1990	Greg LeMond	Z	LeMond/TVT	Campagnolo
1991	Miguel Indurain	Banesto	Pinarello	Campagnolo
1992	Miguel Indurain	Banesto	Pinarello	Campagnolo
1993	Miguel Indurain	Banesto	Pinarello	Campagnolo
1994	Miguel Indurain	Banesto	Pinarello	Campagnolo
1995	Miguel Indurain	Banesto	Pinarello	Campagnolo
1996	Bjarne Riis	Deutsche Telekom	Pinarello	Campagnolo
1997	Jan Ullrich	Telekom	Pinarello	Campagnolo
1998	Marco Pantani	Mercatone Uno	Bianchi	Campagnolo
1999	*			
2000	*			
2001	*			
2002	*			
2003	*			
2004	*			
2005	*			
2006	Óscar Pereiro	Caisse d'Epargne	Pinarello	Campagnolo
2007	Alberto Contador	Discovery Channel	Trek	Shimano
2008	Carlos Sastre	CSC-Saxo Bank	Cervélo	Shimano
2009	Alberto Contador	Astana	Trek	SRAM
2010	Andy Schleck	Saxo Bank	Specialized	SRAM
2011	Cadel Evans	BMC	BMC	Shimano
2012	Bradley Wiggins	Sky	Pinarello	Shimano
2013	Chris Froome	Sky	Pinarello	Shimano

* Lance Amstrong, d'abord déclaré vainqueur, a ensuite été déclassé et privé de ses titres pour dopage par l'UCI en 2012.

CLASSEMENT PAR COUREURS

5		Jacques Anquetil	1957, 1961, 1962, 1963, 1964
		Eddy Merckx	1969, 1970, 1971, 1972, 1974
		Bernard Hinault	1978, 1979, 1981, 1982, 1985
		Miguel Indurain	1991, 1992, 1993, 1994, 1995
3		Philippe Thys	1913, 1914, 1920
		Louison Bobet	1953, 1954, 1955
		Greg LeMond	1986, 1989, 1990
2		Lucien Petit-Breton	1907, 1908
		Firmin Lambot	1919, 1922
		Ottavio Bottecchia	1924, 1925
		Nicolas Frantz	1927, 1928
		André Leducq	1930, 1932
		Antonin Magne	1931, 1934
		Sylvère Maes	1936, 1939
		Gino Bartali	1938, 1948
		Fausto Coppi	1949, 1952
		Bernard Thévenet	1975, 1977
		Laurent Fignon	1983, 1984
		Alberto Contador	2007, 2009

CLASSEMENT PAR CONSTRUCTEURS DE COMPOSANTS

38		Campagnolo
11		Simplex
4		Shimano
3		Huret
2		Osgear/Super Champion
2		SRAM
1		Vittoria Margherita
1		Mavic

CLASSEMENT PAR CONSTRUCTEURS

10		Peugeot	1905, 1906, 1907, 1908, 1913, 1914, 1922, 1967, 1975, 1977
		Pinarello	1991, 1992, 1993, 1994, 1995, 1996, 1997, 2006, 2012, 2013
9		Gitane	1963, 1964, 1976, 1978, 1979, 1981, 1982, 1983, 1984
7		Alcyon	1909, 1910, 1911, 1912, 1927, 1928, 1929
4		Automoto	1923, 1924, 1925, 1926
		Merckx	1969, 1970, 1971, 1972
3		Bianchi	1949, 1952, 1998
		Helyett	1957, 1961, 1962
2		Legnano	1938, 1948
		Stella	1953, 1954
		Geminiani	1956, 1966
		Trek	2007, 2009

CLASSEMENT PAR PAYS

36		France
18		Belgique
12		Espagne
9		Italie
4		Luxembourg
3		États-Unis
2		Suisse
2		Pays-Bas
2		Royaume-Uni
1		Irlande
1		Danemark
1		Allemagne
1		Australie

Les vainqueurs du Tour d'Italie

ANNÉE	VAINQUEUR	ÉQUIPE	ANNÉE	VAINQUEUR	ÉQUIPE
1909	Luigi Ganna	Atala	1950	Hugo Koblet	Guerra–Svizzera
1910	Carlo Galetti	Atala	1951	Fiorenzo Magni	Ganna
1911	Carlo Galetti	Bianchi	1952	Fausto Coppi	Bianchi
1912	Team Atala*	Atala	1953	Fausto Coppi	Bianchi
1913	Carlo Oriani	Maino	1954	Carlo Clerici	Guerra–Svizzera
1914	Alfonso Calzolari	Stucchi	1955	Fiorenzo Magni	Nivea–Fuchs
1919	Costante Girardengo	Stucchi	1956	Charly Gaul	Guerra
1920	Gaetano Belloni	Bianchi	1957	Gastone Nencini	Chlorodont
1921	Giovanni Brunero	Legnano	1958	Ercole Baldini	Legnano
1922	Giovanni Brunero	Legnano	1959	Charly Gaul	Emi–Guerra
1923	Costante Girardengo	Maino	1960	Jacques Anquetil	Fynsec
1924	Giuseppe Enrici	Legnano	1961	Arnaldo Pambianco	Fides
1925	Alfredo Binda	Legnano	1962	Franco Balmamion	Carpano
1926	Giovanni Brunero	Legnano	1963	Franco Balmamion	Carpano
1927	Alfredo Binda	Legnano	1964	Jacques Anquetil	St. Raphael
1928	Alfredo Binda	Wolsit	1965	Vittorio Adorni	Salvarani
1929	Alfredo Binda	Legnano	1966	Gianni Motta	Molteni
1930	Luigi Marchisio	Legnano	1967	Felice Gimondi	Salvarani
1931	Francesco Camusso	Gloria	1968	Eddy Merckx	Faema
1932	Antonio Pesenti	Wolsit	1969	Felice Gimondi	Salvarani
1933	Alfredo Binda	Legnano	1970	Eddy Merckx	Faemino
1934	Learco Guerra	Maino	1971	Gösta Pettersson	Ferretti
1935	Vasco Bergamaschi	Maino	1972	Eddy Merckx	Molteni
1936	Gino Bartali	Legnano	1973	Eddy Merckx	Molteni
1937	Gino Bartali	Legnano	1974	Eddy Merckx	Molteni
1938	Giovanni Valetti	Frejus	1975	Fausto Bertoglio	Jollyceramica
1939	Giovanni Valetti	Frejus	1976	Felice Gimondi	Bianchi–Campagnolo
1940	Fausto Coppi	Legnano	1977	Michel Pollentier	Flandria
1946	Gino Bartali	Legnano	1978	Johan De Muynck	Bianchi–Faema
1947	Fausto Coppi	Bianchi	1979	Giuseppe Saronni	Scic–Bottecchia
1948	Fiorenzo Magni	Wilier Triestina	1980	Bernard Hinault	Renault–Gitane
1949	Fausto Coppi	Bianchi	1981	Giovanni Battaglin	Inoxpran

* 1912 fut la seule année disputée par équipe.

ANNÉE	VAINQUEUR	ÉQUIPE
1982	Bernard Hinault	Renault–Elf–Gitane
1983	Giuseppe Saronni	Del Tongo–Colnago
1984	Francesco Moser	Gis–Tuc Lu
1985	Bernard Hinault	La Vie Claire–Look
1986	Roberto Visentini	Carrera–Inoxpran
1987	Stephen Roche	Carrera Jeans–Vagabond
1988	Andy Hampsten	7–Eleven Hoonved
1989	Laurent Fignon	Système U
1990	Gianni Bugno	Château d'Ax
1991	Franco Chioccioli	Del Tongo MG
1992	Miguel Indurain	Banesto
1993	Miguel Indurain	Banesto
1994	Evgeni Berzin	Gewiss-Ballan
1995	Tony Rominger	Mapei–GB
1996	Pavel Tonkov	Panaria–Vinavil
1997	Ivan Gotti	Saeco
1998	Marco Pantani	Mercatone Uno-Bianchi
1999	Ivan Gotti	Polti
2000	Stefano Garzelli	Mercatone Uno-Albacom
2001	Gilberto Simoni	Lampre–Daikin
2002	Paolo Savoldelli	Index–Alexia
2003	Gilberto Simoni	Saeco Macchine per Caffè
2004	Damiano Cunego	Saeco Macchine per Caffè
2005	Paolo Savoldelli	Discovery Channel
2006	Ivan Basso	CSC
2007	Danilo Di Luca	Liquigas
2008	Alberto Contador	Astana
2009	Denis Menchov	Rabobank
2010	Ivan Basso	Liquigas–Doimo
2011	Michele Scarponi	Lampre–ISD
2012	Ryder Hesjedal	Garmin–Barracuda
2013	Vincenzo Nibali	Astana

CLASSEMENT PAR COUREURS

5	Alfredo Binda	1925, 1927, 1928, 1929, 1933
	Fausto Coppi	1940, 1947, 1949, 1952, 1953
	Eddy Merckx	1968, 1970, 1972, 1973, 1974
3	Giovanni Brunero	1921, 1922, 1926
	Gino Bartali	1936, 1937, 1946
	Fiorenzo Magni	1948, 1951, 1955
	Felice Gimondi	1967, 1969, 1976
	Bernard Hinault	1980, 1982, 1985
2	Carlo Galetti	1910, 1911
	Costante Girardengo	1919, 1923
	Giovanni Valetti	1938, 1939
	Charly Gaul	1956, 1959
	Jacques Anquetil	1960, 1964
	Franco Balmamion	1962, 1963
	Giuseppe Saronni	1979, 1983
	Miguel Indurain	1992, 1993
	Ivan Gotti	1997, 1999
	Gilberto Simoni	2001, 2003
	Paolo Savoldelli	2002, 2005
	Ivan Basso	2006, 2010

CLASSEMENT PAR PAYS

68	Italie
7	Belgique
6	France
3	Espagne
3	Suisse
3	Russie
2	Luxembourg
1	Suède
1	Irlande
1	États-unis
1	Canada

Les vainqueurs du Tour d'Espagne

ANNÉE	VAINQUEUR	ÉQUIPE	ANNÉE	VAINQUEUR	ÉQUIPE
1935	Gustaaf Deloor	Colin Wolber	1980	Faustino Rupérez	Zor–Vereco
1936	Gustaaf Deloor	Colin Wolber	1981	Giovanni Battaglin	Inoxpran
1941	Julián Berrendero	En individuel	1982	Marino Lejarreta	Teka
1942	Julián Berrendero	Informaciones	1983	Bernard Hinault	Renault-Elf-Gitane
1945	Delio Rodríguez	En individuel	1984	Éric Caritoux	Skil–Reydel
1946	Dalmacio Langarica	Galindo–Cicles Tabay	1985	Pedro Delgado	MG–Orbea
1947	Edward Van Dijck	Garin–Wolber	1986	Álvaro Pino	Zor–BH
1948	Bernardo Ruiz	UD Sans–Alas Color	1987	Luis Herrera	Café de Colombia
1950	Emilio Rodríguez	Sangalhos	1988	Sean Kelly	Kas
1955	Jean Dotto	France	1989	Pedro Delgado	Reynolds
1956	Angelo Conterno	Italie	1990	Marco Giovannetti	Seur
1957	Jesús Loroño	Espagne	1991	Melcior Mauri	ONCE
1958	Jean Stablinski	France	1992	Tony Rominger	CLAS–Cajastur
1959	Antonio Suárez	Licor 43	1993	Tony Rominger	CLAS–Cajastur
1960	Frans De Mulder	Groene Leeuw	1994	Tony Rominger	Mapei–Clas
1961	Angelino Soler	Faema	1995	Laurent Jalabert	ONCE
1962	Rudi Altig	Saint Raphaël–Helyett	1996	Alex Zülle	ONCE
1963	Jacques Anquetil	Saint Raphaël	1997	Alex Zülle	ONCE
1964	Raymond Poulidor	Mercier–BP	1998	Abraham Olano	Banesto
1965	Rolf Wolfshohl	Mercier–BP	1999	Jan Ullrich	Deutsche Telekom
1966	Francisco Gabica	Kas	2000	Roberto Heras	Kelme–Costa Blanca
1967	Jan Janssen	Pelforth–Sauvage	2001	Ángel Casero	Festina
1968	Felice Gimondi	Salvarani	2002	Aitor González	Kelme–Costa Blanca
1969	Roger Pingeon	Peugeot	2003	Roberto Heras	US Postal
1970	Luis Ocaña	Bic	2004	Roberto Heras	Liberty Seguros
1971	Ferdinand Bracke	Peugeot–BP	2005	Denis Menchov	Rabobank
1972	José Manuel Fuente	Kas	2006	Alexandre Vinokourov	Astana
1973	Eddy Merckx	Molteni	2007	Denis Menchov	Rabobank
1974	José Manuel Fuente	Kas	2008	Alberto Contador	Astana
1975	Agustín Tamames	Super–Ser	2009	Alejandro Valverde	Caisse d'Épargne
1976	José Pesarrodona	Kas	2010	Vincenzo Nibali	Liquigas-Doimo
1977	Freddy Maertens	Flandria–Latina	2011	Juan José Cobo	Geox-TMC
1978	Bernard Hinault	Renault–Gitane	2012	Alberto Contador	Saxo Bank-Tinkoff Bank
1979	Joop Zoetemelk	Miko–Mercier	2013	Chris Horner	RadioShack–Leopard

CLASSEMENT PAR COUREURS

3	🇨🇭	Tony Rominger	1992, 1993, 1994
	🇪🇸	Roberto Heras	2000, 2003, 2004
2	🇧🇪	Gustaaf Deloor	1935, 1936
	🇪🇸	Julián Berrendero	1941, 1942
	🇪🇸	José Manuel Fuente	1972, 1974
	🇫🇷	Bernard Hinault	1978, 1983
	🇪🇸	Pedro Delgado	1985, 1989
	🇨🇭	Alex Zülle	1996, 1997
	🇷🇺	Denis Menchov	2005, 2007
	🇪🇸	Alberto Contador	2008, 2012

CLASSEMENT PAR PAYS

31	🇪🇸	Espagne
9	🇫🇷	France
7	🇧🇪	Belgique
5	🇨🇭	Suisse
5	🇮🇹	Italie
3	🇩🇪	Allemagne
2	🇳🇱	Pays-Bas
2	🇷🇺	Russie
1	🇨🇴	Colombie
1	🇮🇪	Irlande
1	🇰🇿	Kazakhstan
1	🇺🇸	USA

CLASSEMENT GÉNÉRAL POUR LES GRANDS TOURS

(Tour de France, Tour d'Italie et Tour d'Espagne)

11	🇧🇪	Eddy Merckx
10	🇫🇷	Bernard Hinault
8	🇫🇷	Jacques Anquetil
7	🇪🇸	Miguel Indurain
	🇮🇹	Fausto Coppi
5	🇮🇹	Gino Bartali
	🇪🇸	Alberto Contador
	🇮🇹	Felice Gimondi
	🇮🇹	Alfredo Binda
4	🇨🇭	Tony Rominger
3	🇫🇷	Louison Bobet
	🇺🇸	Greg LeMond
	🇧🇪	Philippe Thys
	🇮🇹	Giovanni Brunero

	🇮🇹	Carlo Galetti
	🇮🇹	Fiorenzo Magni
	🇫🇷	Laurent Fignon
	🇱🇺	Charly Gaul
	🇪🇸	Pedro Delgado
	🇷🇺	Denis Menchov
	🇪🇸	Roberto Heras
2	🇮🇹	Ottavio Bottecchia
	🇱🇺	Nicolas Frantz
	🇧🇪	Firmin Lambot
	🇫🇷	André Leducq
	🇧🇪	Sylvère Maes
	🇫🇷	Antonin Magne
	🇫🇷	Lucien Petit-Breton
	🇫🇷	Bernard Thévenet
	🇮🇹	Costante Girardengo
	🇮🇹	Franco Balmamion
	🇮🇹	Ivan Basso

	🇮🇹	Ivan Gotti
	🇮🇹	Paolo Savoldelli
	🇮🇹	Giuseppe Saronni
	🇮🇹	Gilberto Simoni
	🇮🇹	Giovanni Valetti
	🇨🇭	Hugo Koblet
	🇮🇹	Marco Pantani
	🇫🇷	Roger Pingeon
	🇮🇪	Stephen Roche
	🇳🇱	Jan Janssen
	🇪🇸	Luis Ocaña
	🇩🇪	Jan Ullrich
	🇳🇱	Joop Zoetemelk
	🇮🇹	Giovanni Battaglin
	🇪🇸	Julián Berrendero
	🇧🇪	Gustaaf Deloor
	🇪🇸	José Manuel Fuente
	🇨🇭	Alex Zülle
	🇮🇹	Vincenzo Nibali

Glossaire

ATTAQUE
Accélération rapide et soudaine pour se détacher du peloton.

AXE DE PÉDALIER
Maintient les manivelles au cadre (boîtier de pédalier) grâce à un système de cuvettes et de roulements.

BASES
Paire de tubes fins à l'arrière du vélo qui maintiennent la roue arrière et qui vont du pédalier au moyeu.

CADENCE
Vitesse à laquelle les pédales tournent.

CALE
Support en métal ou en plastique situé sous la chaussure. La cale permet de fixer la chaussure à la pédale du vélo.

CASSETTE
Ensemble de pignons de la roue arrière.

CLASSIQUE
Épreuve d'envergure d'une journée comme Milan-San Remo, le Tour des Flandres, Paris-Roubaix, Liège-Bastogne-Liège et le Tour de Lombardie.

CONTRE-LA-MONTRE PAR ÉQUIPES
Les coureurs parcourent une distance donnée par équipes. L'équipe qui termine avec le meilleur temps est déclarée vainqueur.

COURSE AUX POINTS
Spécialité dans laquelle le classement final s'établit aux points gagnés et accumulés par les coureurs lors des sprints et par tour gagné.

COURSE DE SIX JOURS
Course cycliste qui a lieu principalement en hiver en Europe durant laquelle les cyclistes s'affrontent chaque jour sur un vélodrome.

CRITÉRIUM
Course de plusieurs tours se déroulant sur un circuit.

DÉRAILLEUR
Mécanisme de changement de vitesses : le dérailleur arrière déplace la chaîne entre les plateaux de la roue arrière ; le dérailleur avant déplace la chaîne entre les plateaux du pédalier.

DÉRAILLEUR INDEXÉ
Dispositif permettant de changer de pignon ou de plateau par un système de crantage : à chaque cran correspond un pignon.

DERNY
Entraînement, course sur piste, course sur route derrière derny. L'entraîneur pédale sur un engin à moteur (motocyclette) et le coureur calque son allure sur celle de la machine.

ÉCHAPPÉE
Attaque permettant à un ou plusieurs coureurs de distancer le groupe de poursuivants ou le peloton.

EPO
Érythropoïétine : hormone stimulant la formation de globules rouges et améliorant les performances physiques.

ÉQUIPIER
Coureur dont le seul objectif est d'aider le leader de son équipe lors d'une course.

ÉVENTAIL
Groupe ou ligne de coureurs souhaitant se protéger du vent. Un éventail se forme lorsque le vent vient de côté.

FLAMME ROUGE
Drapeau rouge situé sous les banderoles (sur la route) indiquant le dernier kilomètre d'une course cycliste.

FOURCHE
Maintient la roue avant au cadre.

GIRO D'ITALIA
Tour d'Italie, course annuelle de cyclisme sur route.

GRIMPEUR
Coureur cycliste spécialisé dans les montées.

GROUPE
Ensemble des composants d'un vélo.

HAUBANS
Paires de tubes fins à l'arrière du vélo qui maintiennent la roue arrière et qui vont de la selle au moyeu.

HORS CATÉGORIE
Terme désignant l'ascension la plus difficile.

JANTE
Partie extérieure d'une roue sur laquelle est fixée le pneu.

JEU DE DIRECTION
Système porteur qui relie la fourche au tube directionnel et à la potence.

KEIRIN
Course de vitesse sur piste. Les coureurs roulent à la file indienne derrière un cyclomoteur qui s'écarte à la cloche pour laisser les coureurs sprinter.

LANTERNE ROUGE
Expression qui désigne le dernier coureur de la course.

MAILLOT ARC-EN-CIEL
Maillot blanc avec des bandes couleur arc-en-ciel remis au champion du monde de cyclisme.

MAILLOT JAUNE
Maillot du vainqueur du Tour de France.

MAILLOT ROSE
Maillot du vainqueur du Tour d'Italie.

MANIVELLE
Deux manivelles, une de chaque côté, relient les pédales à l'axe de pédalier. Leur longueur peut varier et elles peuvent être fabriquées en alliage d'aluminium, en titane, en fibres de carbone ou en acier chromé.

MONDIAUX
Terme désignant les championnats du monde de cyclisme. Chaque discipline a ses propres championnats chaque année.

MONUMENT
Course mythique, symbole de la splendeur du cyclisme. Les monuments représentent cinq courses prestigieuses : Milan-San Remo, le Tour des Flandres, Paris-Roubaix, le Tour de Lombardie et Liège-Bastogne-Liège.

PÉDALIER
Système composé des manivelles et des plateaux.

PELOTON
Groupe principal de coureurs dans une course sur route.

PLATEAU
Permet la traction de la chaîne pour un transfert de puissance vers la roue arrière. Présente des dents à l'extérieur pour loger la chaîne.

POISSON PILOTE
Coureur qui roule à bloc pour emmener l'un de ses équipiers au sprint à la fin d'une étape.

POTENCE
Composant permettant de fixer le guidon au cadre (jeu de direction).

POURSUITE PAR ÉQUIPES
Équipes de quatre hommes (ou trois femmes) qui se relayent sur un vélodrome ou sur piste pour rattraper et dépasser les équipes adverses.

PROLOGUE
Courte course contre-la-montre individuelle qui se déroule au début d'une course par étapes.

PROLONGATEUR
Extension aérodynamique du cintre utilisée pour la première fois par des triathlètes et popularisée par Greg LeMond sur le Tour de France 1989.

ROI DE LA MONTAGNE
Titre et maillot donnés au meilleur grimpeur.

ROUE LENTICULAIRE
Roue dont les parois sont pleines et parallèles.

ROUE PARACULAIRE
Roue dont les parois sont bombées de chaque côté. Beaucoup moins utilisée aujourd'hui.

ROULEUR
Coureur performant sur les parcours plats ou roulants.

SOIGNEUR
Assistant d'un coureur professionnel pour les massages après la course, le transport et la nourriture.

SPRINT DU PELOTON
Sprint final de l'ensemble du peloton pour franchir la ligne d'arrivée.

TIFOSI
Mot italien désignant les supporters de cyclisme.

TRAIN
Coureurs d'une même équipe qui amènent le sprinteur de leur équipe près de la ligne d'arrivée pour que ce dernier puisse disputer le sprint final.

TRIPLE COURONNE
Terme désignant un coureur qui remporte le Tour d'Italie, le Tour de France et les championnats du monde de cyclisme sur route en une saison.

TUBE VERTICAL
Tube reliant la selle au boîtier de pédalier.

TUPE SUPÉRIEUR
Le tube supérieur relie la partie supérieure du tube de direction à la partie supérieure du tube vertical.

UCI
Acronyme d'Union cycliste internationale, organisation basée en Suisse qui régit le cyclisme.

VUELTA A ESPANA
Tour d'Espagne, course annuelle de cyclisme sur route de trois semaines.

WIELERVOLK
Fervents supporters flamands.

WORLD TOUR
Liste de courses de l'UCI pour les dix-huit équipes cyclistes professionnelles.

Les contributeurs

ELLIS BACON a été journaliste spécialisé dans le cyclisme pendant dix ans. Ancien rédacteur-adjoint du magazine Procycling, il travaille aujourd'hui à son compte et a récemment traduit l'autobiographie du manager de l'équipe Saxo Bank, Bjarne Riis. Il écrit régulièrement des articles dans le magazine Cycle Sport. Il vit dans le quartier sud-ouest de Londres et aimerait avoir plus de temps pour aller rouler dans Richmond Park.

DANIEL BENSON est le rédacteur en chef de Cyclingnews.com, premier site d'information sur le cyclisme au monde. Il a couvert quatre Tours de France et les classiques de printemps. Né en Irlande, il vit aujourd'hui dans l'Oxfordshire.

IAN CLEVERLY a fait du vélo pendant trente-cinq ans, s'essayant à toutes les disciplines avec de bons résultats à chaque fois. Après une remise en question en milieu de carrière, il est devenu journaliste. Il a travaillé pendant un an chez Cycling Weekly puis a rejoint le magazine Rouleur dont il est aujourd'hui le rédacteur en chef.

SARAH CONNOLLY s'est découvert une passion pour le cyclisme en regardant les championnats du monde de cyclisme sur piste en 2007. Elle rédige des articles, notamment sur les courses féminines, sur le blog www.podiumcafe.com et écrit pour Cyclingnews.com.

PETER COSSINS a écrit sur tous les aspects du vélo pendant ces vingt dernières années. Il a également travaillé comme éditeur de Procycling et du Guide officiel du Tour de France. Récemment, il a collaboré avec le vainqueur du Tour, Stephen Roche, pour écrire un livre sur sa vie et sa carrière publié en mai 2012.

SAM DANSIE écrit pour le magazine Procycling au Royaume-Uni. Après une formation de reporter et un premier poste dans un quotidien régional, il a vécu trois ans en Afrique du Sud où il a commencé à écrire pour des magazines de vélo. À son retour au Royaume-Uni, il a travaillé comme journaliste chez Procycling.

ROHAN DUBASH a travaillé dans le secteur du vélo pendant plus de trente ans et a acquis une réputation d'italophile passionné.

Aujourd'hui, il dirige sa propre entreprise spécialisée dans le cyclisme (www.doctord.co.uk) et écrit régulièrement pour le magazine Rouleur.

RICHARD HALLETT est un passionné de vélo de longue date et a écrit pour des magazines comme Winning, Procycling et Cycling Plus. Ancien éditeur technique de Cycling Weekly et Cycle Sport, Richard fut plus récemment l'éditeur du magazine de vélo en ligne roadcyclinguk.com. Aujourd'hui, il est l'éditeur de cycletechreview.com.

PETER HYMAS est l'éditeur de Cyclingnews.com et vit en Caroline du Nord. Pendant plus de trente ans, il a pratiqué avec passion le vélo de route après avoir fait du BMX.

FEARGAL McKAY est un écrivain indépendant passionné de cyclisme résidant à Dublin.

RICHARD MOORE est journaliste et écrivain. Son premier livre In Search of Robert Millar, a remporté le prix de la meilleure biographie aux British Sports Book Awards. Son deuxième livre Heroes, Villains & Velodromes a été sélectionné au William Hill Sports Book of the Year en 2008. Ancien coureur cycliste, il a représenté l'Écosse lors des Jeux du Commonwealth 1998 et la Grande-Bretagne au Tour de Langkawi 1998. Il est l'auteur de Slaying the Badger: LeMond, Hinault and the Greatest Tour de France et Sky's the Limit.

JOHN STEVENSON a suivi le parcours classique du spécialiste de cyclisme, travaillant pour les magazines Mountain Biking UK, Australian Mountain Bike, Cyclingnews.com et BikeRadar.com. Plus récemment, il a été rédacteur en chef de la section cyclisme chez Future Publishing. Aujourd'hui, il est écrivain et éditeur et aime se promener en vélo près de Bath.

SAM TREMAYNE s'est converti au cyclisme sur le tard. Enfant, il préférait les courses de voitures et de motos. Lance Armstrong fit connaître le cyclisme sur route au grand public et suscita sa curiosité. Sam se passionna progressivement pour ce sport éprouvant, exigeant mais magnifique.

ATALA
Via della Guerrina 108
20052 Monza (MB)
Numero REA MB-1857109
Italie
www.atala.it

BATAVUS
Industrieweg 4 8444 AR Heerenveen
Pays-Bas
www.batavus.nl

BH
1829 West Drake Drive
Suite 104
Tempe, AZ 85283
USA
www.bhbikes-us.com

BIANCHI
Via delle Battaglie, 5
24047 Treviglio (BG)
Italie
www.bianchi.com

BILLATO
Viale Austria 6 Z.A. Roncajette
I-35020 Ponte San Nicolò (PD)
Italie
www.billato.com

BOTTECCHIA
Viale Enzo, Ferrari 15/17
30014
Cavarzere VE
Italie
www.bottecchia.com

CAMPAGNOLO
Via della Chimica 4
36100 Vicenza VI
Italie
www.campagnolo.com

CANNONDALE
172 Friendship Road
Bedford, PA 15522
USA
www.cannondale.com

CANYON
Karl-Tesche-Straße 12
56073 Koblenz
Allemagne
www.canyon.com

CERVÉLO
171 East Liberty Street
Toronto
Canada
www.cervelo.com

CINELLI
Via G. Di Vittorio, 21
20090 Caleppio di Settala (MI)
Italie
www.cinelli.it

COLNAGO
Viale Brianza, 9
20040 Cambiago (Mi)
Italie
www.colnago.com

COLUMBUS
Via G.Di Vittorio 21
20090 Caleppio di Settala
Italie
www.columbustubi.com

CONCORDE
Via Guglielmo Marconi, 56
Curno
Bergamo
Italie
www.ciocc.it

DACCORDI
Via Ilaria Alpi, 26/28
56028 San Miniato Basso
Italie
www.daccordicicli.com

DE ROSA
Via Bellini, 24
20095 Cusano Milanino
Milan
Italie
www.derosanews.com

EDDY MERCKX
Frans Schachtstraat 29
B-1731 Zellik
Belgique
www.eddymerckx.be

FLANDRIA
Unit 33a, Progress Business Park
Kirkham, PR4 2TZ
Royaume-Uni
www.flandriabikes.com

FOCUS
Siemensstraße 1–3
D - 49661 Cloppenburg
Allemagne
www.focus-bikes.com

GAZELLE
Koninklijke Gazelle N.V.
Wilhelminaweg 8
6951 BP Dieren
Pays-Bas
www.gazelle.nl

GIANT
3587 Old Conejo Road
Newbury Park, CA 91320
USA
www.giant-bicycles.com

GIOS
Fasco International LTD.
Unit 03-05, 25/F,
Trendy Centre
682-684 Castle Peak Road
Lai Chi Kok, Kowloon, Hong Kong
www.gios.it

GITANE
161, rue Gabriel Péri - B.P 108
10104 Romilly-sur-Seine Cedex
France
www.gitane.com

GUERCIOTTI
Srl Via Petrocchi, 10 - 20127 Milan
Italie
www.guerciotti.it

LEMOND
15540 Woodinville-Redmond Rd NE
Bldg A-800
Woodinville, WA 98072
USA
www.lemondfitness.com

LITESPEED
PO Box 22666
Chattanooga, TN 37422
USA
www.litespeed.com

LOOK
27, rue du Dr Léveillé – BP13
58028 NEVERS Cedex
France
www.lookcycle.com

MASI
1230 Avenida Chelsea
Vista, CA 92081
USA
www.masibikes.com

MAVIC
Les Croiselets
74370 Metz-Tessy
France
www.mavic.com

MERCIAN
7 Shardlow Road,
Alvaston, Derby
Derbyshire DE24 0JG
Royaume-Uni
www.merciancycles.co.uk

MERCIER
Postbus 435, 8440 AK
Industrieweg 4, 8444 AR
Heerenveen
Pays-Bas
www.cyclesmercier.com

OLMO
Via Poggi, 22
17015 Celle Ligure (SV)
Italie
www.olmo.it

ORBEA
Polígono Industrial Goitondo s/n
48269, Mallabia (Bizkaia)
Espagne
www.orbea.com

PEGORETTI
Via dei Golden, 3
38052 Caldonazzo (TN)
Italie
www.pegoretticicli.com

SPECIALIZED
15130 Concord Circle
Morgan Hill, CA 95037
USA
www.specialized.com

SRAM
1333 N. Kingsbury,
4th Floor
Chicago, IL 60622
USA
www.sram.com

TIME
2 rue Blaise Pascal
38090 Vaulx Milieu
France
www.time-sport.com

TREK
801 W Madison Street
Waterloo, WI 53594
USA
www.trekbikes.com

VITUS
St. Etienne
France
www.vitusbikes.com

WILIER TRIESTINA
Wilier Triestina S.p.A.
Via Fratel Venzo 11
36028 Rossano Veneto (VI)
Italie
www.wilier.it

Index

Index

Index

Crédits photographiques

REMERCIEMENTS Merci à Ray Dobbins (www.raydobbins.com), Daniel Friebe,
John Pierce, Fotoreporter Sirotti (www.sirotti.it), James Huang
et à tous les constructeurs pour leurs images et leurs explications.

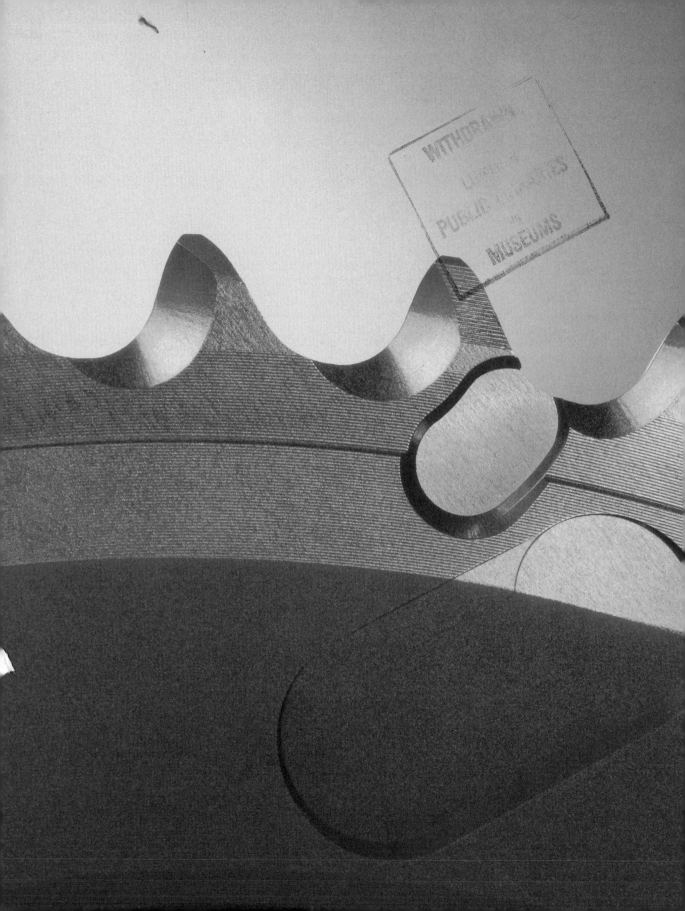